I0816366

Marginales

Nuevos textos sagrados

Colección dirigida por
Antoni Marí

José Emilio Pacheco

TARDE O TEMPRANO

Poesía completa

[1958-2009]

LOS ELEMENTOS DE LA NOCHE • EL REPOSO DEL FUEGO
NO ME PREGUNTES CÓMO PASA EL TIEMPO • IRÁS Y NO VOLVERÁS
ISLAS A LA DERIVA • DESDE ENTONCES
LOS TRABAJOS DEL MAR • MIRO LA TIERRA • CIUDAD DE LA MEMORIA
EL SILENCIO DE LA LUNA • LA ARENA ERRANTE
SIGLO PASADO (DESENLACE) • COMO LA LLUVIA
LA EDAD DE LAS TINIEBLAS

Diseño de la colección: Clotet-Tusquets
Fotografía del autor: © Rogelio Cuéllar Ramírez
Colección: Marginales

Bajo el sello editorial TUSQUETS M.R.
Avenida Presidente Masarik núm. 111,
Piso 2, Polanco V Sección, Miguel Hidalgo
C.P. 11560, Ciudad de México
www.planetadelibros.com.mx

Primera edición en formato epub: marzo de 2025
ISBN: 978-607-39-2663-8

Primera edición impresa en México: marzo de 2025
ISBN: 978-607-39-2622-5

Impreso en los talleres de Litográfica Ingramex, S.A. de C.V.
Centeno núm. 162-1, colonia Granjas Esmeralda, Ciudad de México
Impreso en México – *Printed and made in Mexico*

SUMARIO

Para Cristina, Laura Emilia y Cecilia

... —but there is no competition—
There is only the fight to recover what has been lost
And found and lost again and again: and now, under conditions
That seem unpropitious. But perhaps neither gain nor loss.
For us, there is only the trying. The rest is not our business.

T. S. Eliot, «East Coker» V, *Four Quartets*

[... —pero no hay competencia:
Sólo existe la lucha por recobrar lo perdido
Y encontrado y perdido una vez y otra vez
Y ahora en condiciones que parecen adversas.
Pero quizá no hay ganancia ni pérdida:
Para nosotros sólo existe el intento.
Lo demás no es asunto nuestro.

Cuatro cuartetos, traducido por J.E.P.]

Se ha usado el signo ∞ para indicar, a final de página, cambio de estrofa.

I

LOS ELEMENTOS DE LA NOCHE

[1958-1962]

Para Anna María Icaza y Ramón Xirau

Si les mots n'étaient que signes
timbres-postes sur les choses
qu'est-ce qu'il resterait
poussière
gestes
temps perdu
il n'y aurait ni joie ni peine
par ce monde farfelu.

TRISTAN TZARA

I. PRIMERA CONDICIÓN
[1958-1959]

ÁRBOL ENTRE DOS MUROS

Sitiado entre dos noches
el día alza su espada de claridad,
hace vibrar al esplendor del mundo,
brilla en el paso del reloj al minuto.

Mientras avanza el día se devora.
Y cuando llega ante la puerta roja
arde su luz, su don, su llama
y derriba a los ojos de sus reinos hipnóticos.

Ante el día calcinado dejo caer tu nombre:
haz de letras hurañas,
isla en llamas que brota y se destruye.

Es medianoche a la mitad del siglo.
Todo es el huracán y el viento en fuga.
Todo nos interroga y recrimina.
Pero nada responde,
nada persiste contra el fluir del día.

Atrás el tiempo lucha contra el cielo.
Agua y musgo devoran las señales,
navegación inmóvil de la savia,
muro de nuestras sombras enlazadas,
hoguera que se abisma en sus rescoldos.

Al centro de la noche todo acaba,
dura lo que el relámpago
y lo sepulta el trueno en su rezongo.

CANCIÓN PARA ESCRIBIRSE EN UNA OLA

Ante la soledad se extienden días quemados.
En la ola del tiempo el mar se agolpa,
se disuelve en la playa donde forma el cangrejo
húmedas galerías que la marea destruye.

Las palabras del mar se entremezclan y estallan
cuando se hunde en la tierra el rumor de las olas.
Un caracol eterno son el mar y su nombre.
En la apagada arena viene a encallar la noche.

Y el mar se vuelve espejo de la luna desierta.

JARDÍN DE ARENA

Cuando la lluvia a solas se desploma en el río
entre la luz y el agua se disuelven las horas.

Eres la playa en donde nace el mar,
el jardín pastoreado por las olas,
el alba con su séquito de espuma.

Eres el alba, eres el sol, la tierra
y el viento que la sigue por todas partes.

MAR QUE AMANECE

En el alba navega el gran mar solo.
Alza su sed de nube vuelta espuma
y en la arena
duerme como las barcas.

De repente amanece,
gloria que se propaga, cotidiano
nacimiento del mundo.

El otro mar nocturno
bajo la sal ha muerto.

EL SOL OSCURO

Enciende el vuelo llamas transparentes.
Domina el aire un sol ágil y oscuro.
La noche es oquedad, desierto muro
o río que se disuelve en sus afluentes.

Otro dolor regresa cuando sientes
que el árbol de ese tiempo en que no duro
se nutre de la muerte y lo futuro
y la tierra y la sangre incandescentes.

Avanza el mar. Inunda lo que sueña.
El agua pasa y al fluir perdura.
Se remansan los siglos en la peña

donde la sal anula su estructura.
La sombra arde en su espejo. El mar se adueña
de la tierra: su límite y tortura.

CASIDA

Alrededor del alba
despiertan las campanas,
sonoro temporal que se difunde y vibra
en las últimas bóvedas
de la noche, en el aire
que la luz reconquista.

Vuelan como palomas los instantes
y otra vez
cae el silencio.

LA ENREDADERA

Verde o azul, fruto del muro, crece.
Divide cielo y tierra. Con los años
se va haciendo más rígida, más verde.
Costumbre de la piedra, cuerpo ávido
de entrelazadas puntas que se tocan.
Llevan la misma savia, son una misma planta
y también son un bosque. Son los años
que se anudan y rompen. Son los días
del color del incendio. Son el viento
que atraviesa la luz y encuentra intacta
la sombra que se alzó en la enredadera.

II. DE ALGÚN TIEMPO A ESTA PARTE

[1960-1961]

LOS ELEMENTOS DE LA NOCHE

Bajo el mínimo imperio que el verano ha roído
se deshacen los días.
En el último valle
la destrucción se sacia
en ciudades vencidas que la ceniza afrenta.
La lluvia extingue
el bosque iluminado por el relámpago.
La noche deja su veneno.
Las palabras se rompen contra el aire.
Nada se restituye ni devuelve
el verdor a la tierra calcinada.
Ni el agua en su destierro sucederá a la fuente
ni los huesos del águila volverán por las alas.

TARDE ENEMIGA

La música, el oleaje de los sueños sin nombre,
el epitafio de la tarde, el lento
acontecer de algún milagro herido,
se vuelven instrumentos del domingo culpable.
Puedo afirmar que vivo

porque he aprendido el límite del aire,
lo que se rompe y pierde en el deshielo.

Pero hoy el mundo amaneció de cobre
y las horas llegaron a su término.

Sobre la paz de este final,
de este río que prosigue para aumentar su muerte,
la hora es el cadáver de otra hora abolida.
El tiempo abre las alas.
Se aleja el día hacia ninguna parte.

¿Cómo atajar la sombra
si nada permanece,
si ha sido nuestra herencia la dualidad del polvo?

DE ALGÚN TIEMPO A ESTA PARTE

What can I hold you with?
JORGE LUIS BORGES,
«Two English Poems»

1

Aquí está el sol con su único ojo, la boca escupefuego que no se hastía de calcinar la eternidad. Y como un rey vencido, observa desde el trono la dispersión de sus vasallos. A veces impregnaba de luz el cuerpo amado. Hoy se limita a entrar por la ventana para decirte que ya dieron las siete y tienes por delante la expiación de tu condena.

2

El día en que cumpliste nueve años levantaste en la playa un castillo de arena. Sus fosos se llenaron de agua de mar, en sus almenas ardió la eternidad del sol, sus patios fueron incrustaciones de coral y reflejos. Los extraños se acercaron para admirar tu obra. Saciado de escuchar que tu castillo era perfecto, volviste a casa lleno de vanidad. Pasaron ya doce años desde entonces. A menudo regresas a la playa, intentas encontrar restos de aquel castillo. Acusan al flujo y al reflujo de su demolición. Pero no son culpables las mareas: bien sabes que alguien lo abolió a patadas —pero algún día el mar volverá a edificarlo.

3

En el último día del mundo dirás su nombre.

4

Sueña el mar. El alba enciende las oscuras islas. Zozobra el barco anegado de soledad. En la escollera se dilata la noche.

5

De algún tiempo a esta parte las cosas tienen para ti el sabor acre de lo que muere y de lo que comienza. Áspero triunfo de tu misma derrota, viviste cada día en la madeja de la irrealidad. El año enfermo te dejó en rehenes algunas fechas que te cercan y humillan, algunas horas que no volverán pero viven su confusión en la memoria. Empezaste a morir y a darte cuenta de que el misterio no va a extenuarse nunca. El despertar es un bosque donde se recupera lo perdido y se destruye lo ganado. Y el día futuro, una miseria que te encuentra a solas con tus pobres palabras. Mírate extraño y solo, de algún tiempo a esta parte.

ÉGLOGA OCTAVA

Lento muere el verano.
En silencio se apagan sus gemidos.
Un otoño temprano
hundió verdes latidos,
árboles por la muerte merecidos.

La luz nos atraviesa.
De tu cuerpo se adueña y lo decora.
El fuego que te besa
se consume en la hora,
diluida en la tarde asoladora.

Vivimos el presente
en función del mañana y el pasado.
Pero si el día no miente,
no estaré ya a tu lado
en otro tiempo que nació arrasado.

Bajo estas soledades
se han unido el desierto y la pradera.
Y la dicha que invades
ya no te recupera
y durará lo que la noche quiera.

Creciste en la memoria
hecha de otras imágenes, mentida.
Ya no habrá más historia
para ocupar la vida
que tu huella sin sombra ni medida.

Inútil el lamento,
inútil la esperanza, el desterrado

sollozar de este viento.
Se ha llevado
el rescoldo de todo lo acabado.

Esperemos ahora
la claridad que apenas se desliza.
Nos encuentra la aurora
en la tierra cobriza
faltos de amor y llenos de ceniza.

No volveremos nunca
a tener en las manos el instante.
Porque la noche trunca
hará que se quebrante
nuestra dicha y sigamos adelante.

El oscuro reflejo
del ayer que zozobra en tu mirada
es el oblicuo espejo
donde flota la nada
de esta reunión de sombras condenada.

La llama que calcina
a mitad del desierto se ha encendido.
Y se alzará su ruina
sobre este dolorido
y silencioso estruendo del olvido.

El mundo se apodera
de lo que es nuestro y suyo. Y el vacío
todo lo hunde y vulnera,
como el río
que humedece tus labios, amor mío.

ESTANCIAS

Una paloma gris que se deshace
pule en el aire su desnudo vuelo.
En el instante en que la luz renace
brilla en su gloria el desmedido cielo:
nube y paloma que en su vago enlace
son un mismo dibujo en este suelo.
Pero en la noche o en el hondo espejo
las tinieblas diluyen tu reflejo.

No es el futuro ni su irreal presencia
lo que nos tiene lejos, divididos.
Es el lento desastre, la existencia,
en donde triunfan todos los olvidos.
Sólo en el sueño, azogue y transparencia,
caminamos desiertos pero unidos.
No volverás hasta el llameante centro,
la fugitiva arena del encuentro.

De la mirada tú sigues cautiva
en el recinto fiel de la memoria.
Allí te quedas imposible y viva
como llama doliente y transitoria.
Todo se enciende hoy para que escriba
viejas palabras de una antigua historia.
Atrás de este minuto se derrumba
la bahía en que el mar halló su tumba.

Sólo hay silencio. Ya ningún poema
recogerá en su eco este lamento.
Llega a su fin el doloroso tema,
hoy sólo ruina que ha deshecho el viento.

Epitafio sin nombre, piedra extrema
desfigurada por el sol violento.
Hoy es ayer. Se acerca el fin baldío
de todo lo que fue y es del vacío.

LA FALSA VIDA

Alguien te sigue a veces en silencio.
Las cosas nunca dichas
se transforman en actos.
Atraviesas la noche en las manos del sueño,
pero el otro, implacable,
no te abandona: lucha
contra la irrealidad, la falsa vida
donde todo es ocaso.

Frágil perseguidor que eres tú mismo,
lo has obligado a ser, en guardia siempre,
el minucioso espejo que no olvida.

LUZ Y SILENCIO

Todo lo que has perdido, me dijeron, es tuyo.
Y ninguna memoria recordaba que es cierto.

Todo lo que destruyes, afirmaron, te hiere.
Traza una cicatriz que no lava el olvido.

Todo lo que has amado, sentenciaron, ha muerto.
No quedó ni la sombra, se acabó para siempre.

Todo lo que creíste, repitieron, es falso.
Se hundieron las palabras con que empezó tu tiempo.

Todo lo que has perdido, concluyeron, es tuyo.
Y una luz fugitiva anegará el silencio.

LA MATERIA DESHECHA

Vuelve a mi boca, sílaba, lenguaje
que lo perdido nombra y reconstruye.
Vuelve a tocar, palabra, el vasallaje
donde su propio fuego se destruye.

Regresa, pues, canción hasta el paraje
en que el tiempo se incendia mientras fluye.
No hay monte o muro que su paso ataje.
Lo perdurable, no el instante, huye.

Ahora te nombro, incendio, y en tu hoguera
me reconozco: vi en tu llamarada
lo destruido y lo remoto. Era

árbol fugaz de selva calcinada,
palabra que recobra en el sonido
la materia deshecha del olvido.

PRESENCIA

Homenaje a Rosario Castellanos

¿Qué va a quedar de mí cuando me muera
sino esta llave ilesa de agonía,
estas breves palabras con que el día
regó ceniza entre la sombra fiera?

¿Qué va a quedar de mí cuando me hiera
esa daga final? Acaso mía
será la noche fúnebre y vacía.
No volverá a su luz la primavera.

No quedará el trabajo ni la pena
de creer ni de amar. El tiempo abierto,
semejante a los mares y al desierto,

ha de borrar de la confusa arena
todo cuanto me salva o encadena,
Y si alguien vive yo estaré despierto.

COMO AGUAS DIVIDIDAS

Dicta el agobio su pesar. La noche
es la que permanece y la que sueña.
Como aguas divididas se apartaron las horas
y se alejó la luz. Todo es desierto.

El mundo suena a hueco. En su corteza
ha crecido el temor. Alguien, a veces,

puede creerse vivo. Pero el tiempo
le quitará el orgullo y en su boca
hará crecer el polvo, ese lenguaje
que hablan todas las cosas.

ÉXODO

En lo alto del día eres el que regresa
a borrar de la arena la oquedad de su paso;
el héroe imperdonable que escapó del combate
y apoyado en su escudo mira arder la derrota;
el náufrago sin nombre que se aferra a otro cuerpo
para que el mar no arroje su cadáver a solas;
el perpetuo exiliado que en el desierto mira
arder hondas ciudades cuando el sol retrocede;
el que clavó sus armas en la piel de un dios muerto
y ahora escucha en el alba cantar un gallo y otro,
porque las profecías van a cumplirse, atónito
y sin embargo cierto de haber negado todo;
el que abre la mano
y recibe la noche.

III. CRECIMIENTO DEL DÍA
[1962]

INSCRIPCIONES

1

Muro que sin descanso pule el tiempo,
altar de piedra y polvo ya deshecho,
puerta cerrada de un jardín que nunca
ha existido o yace entre sus ruinas,
reino del musgo, losa que se yergue
contra el paso de nadie y bajo el tiempo.

2

Toda la noche se ha poblado de agua.
Contra el muro del día
el mundo llueve.

3

Una vez, de repente, a medianoche
se despertó la música. Sonaba
como debió de sonar antes que el mundo
supiera que es la música el lamento
de la hora sin regreso, de los seres
que el instante desgasta a cada instante.

4

Sobre un espacio del segundo el tiempo
deja caer la luz sobre las cosas.

5

Ya devorado por la tarde el tigre
se hunde en sus manchas,
sus feroces marcas,
legión perpetua que lo asedia, hierba,
hojarasca, prisión
que lo hace tigre.

6

Cierra los ojos, mar.
Que tu mirada
se vuelva hacia la noche
honda y extensa,
como otro mar de espumas y de piedras.

CRECIMIENTO DEL DÍA

I

Letras, incisiones en la arena, en el vaho. Signos que borrará el agua o el viento. Símbolos aferrados a la hora que se cumple dentro de mí, al silencio. ¿Para qué hendir esta remota soledad de las cosas y llenarlas de trazos e invocaciones? Porque así las murallas de esta cárcel de azogue no prevalecerán contra mi nada.

2

He inventado la selva pero me falta un árbol que la pueble. En los abismos de una gota de agua el pez creciente sueña con detenerse encadenado. La combustión del tiempo engendra al sol. En los pasadizos de una hoja de sauce y en las cordilleras de un grano de sal nace y se hace lo indecible. Todo principio gira. La ceniza siente nostalgia del incendio. Se levanta a arrasarte, maraña que no conocerás mi último día.

3

Distancias, llanuras, escarpaciones: años incorporados a mi sangre. Jamás han de volver porque están vivos. Me hablan de la batalla que perdí sin librarla. Fui el centinela que no estuvo en su sitio para correr la voz de alarma. Mientras tanto se sucedían las devastaciones. Como el procurador de Judea, me lavo las manos ante la multitud que dicta mi condena.

4

La palabra despierta,
abre los ojos,
dice apenas que existe.
Cae el silencio.

5

Olvidada del mar, una ola naufraga en la bahía desierta. Nadie pregunta a la cambiante nube de qué fuente alzó el vuelo. Se va a pique el otoño, rota generación de hojas baldías. Tenemos que gastarnos, como ese lápiz sordo contra el muro.

6

Tropel, alba, rumor:
la tierra nace,
la luz se reconstruye,
el viento borra.
Se hunde en la marea
el día de sombra.

7

En los desfiladeros, en las ruinas
grabé tu nombre.

(El astro resplandece
y en su adentro
caen en la nada vastos continentes.)

En las hojas borradas y en la hiedra
creció tu nombre.

(El sol que nace
prueba en la sal del mar
su eterna muerte.)

8

En la noche de piedra arden los árboles.
Fuego como susurro del infierno.
El gran rayo bramante se desploma.
Le abre la tierra un árido sepulcro.

9

Ceremonia del círculo, materia,
calcinación, alianza en las tinieblas.
Y tú, sal de la noche, sal eterna.
Dame la luz sagrada de tu cuerpo.

10

Te detienes al centro del verano
y brota un año más, otra clausura.
Se diluye la tarde en la espesura.
El mundo se renueva y es en vano.

El día agoniza a la mitad del llano.
El aire es una voz: calla y murmura.
Todo se va y se pierde sin premura.
Todo se apaga en el confín lejano.

Nuestra será la noche. Será tuya
la honda oquedad sin nombre, ese vacío
donde reina la nada, el poderío

del instante perpetuo y desterrado.
El tiempo está filtrando del pasado
la arena que a su paso te destruya.

II

EL REPOSO DEL FUEGO

[1963-1964]

A Patricia Llosa y Mario Vargas Llosa
A la memoria de Luis Cernuda

No anheles la noche
en que desaparecen los pueblos de su lugar.
Job 36, 20

I

1

Nada altera el desastre: llena el mundo
la caudal pesadumbre de la sangre.
Con un hosco rumor
desciende el aire
a la más pétrea hoguera
y se consume.

Y hoja al aire, tristísima, la hoguera
contempla la incendiaria sed del tiempo,
su víspera de ruina, los perfiles
de las ciudades tremolando pálidas.
La península azul entra en la noche,
desgarra las tinieblas, llama altiva,
o fija y ya serena
y como muerta.

2

Hoy rompo este dolor en que se yergue
la realidad carnívora e intacta.
Hiendo tu astilla inmóvil, mansedumbre.
Cerco lo que me asedia, las viscosas
manchas del aire tóxico y la zarpa
anudada sin cuerpo como aceite
a la noche animal que se desata.

Quemo tu lumbre humillación, tu aguja,
solidaria del vértigo, que iguala
vagos trazos de un áspid en el polvo.
El tiempo andando se acabó. Y es triste.

3

No hay nada que soporte sin hendirse
la tempestad del siglo, la cortante
voracidad que extiende el deterioro.
Se hunde el cielo, redobla la tormenta.
Dondequiera relámpagos se prenden,
cicatrizan el aire, se desploman
en la boca sin fin de las tinieblas.

4

Miro sin comprender, busco el sentido
de estos hechos brutales.
                    De repente
oigo latir el fondo del espacio,
la eternidad gastándose.
                    Y contemplo
la insolencia feliz con que la lluvia
ahoga este minuto y encarniza
su plural mordedura contra el aire.

5

La irrespirable procesión del vaho
coloniza el cristal cuando se abate,

para encender el campo en la semilla,
la lluvia intemporal, forma del aire,
el agua que renace de sí misma.

6

¿Quién a mi lado llama? ¿Quién susurra
o gime en la pared?
Si pudiera saberlo, si pudiera
alguien pensar que el otro lleva a solas
todo el dolor del mundo y todo el miedo.

7

El dictador, el todopoderoso,
el que construye los desiertos mira
cómo nacen del cuerpo los bestiales
ácidos de la muerte y es roído
por el encono mártir con que tratan
los años de hormiguearlo al precipicio,
a la fosa insaciable en donde humea
anticipada lucha su esqueleto.

Oye a veces correr bajo el palacio
las punitivas ratas que se aprestan
a desbordar el suelo y fieramente
deshacer la soberbia.
                    Y los gusanos,
envidiosos del topo, urden la seda,
la voraz certidumbre del sudario.

8

El mundo en vilo azota sus cadenas.
La tempestad desciende.
                                        Y yo, sin nombre,
busco un rastro fugaz, quiero un vestigio,
algo que me recuerde, si he olvidado,
la secreta eficacia con que el polvo
devora el interior de los objetos.

9

Y embozado, recóndito, al acecho,
sobreviene el intenso garabato,
el febril desdibujo de la muerte.

10

Sangre y humo alimentan las hogueras.
Nada mella el fulgor.
                                    Y las montañas
reblandecen los siglos, se incorporan,
desbaratan su ritmo, son de nuevo
piedra,
        mudez de piedra,
                                        testimonio
de que nada hubo aquí,
                                        de que los seres,
son del polvo también,
                                        se tornan viento.

∞

Ser de viento espectral, ya sin aullido,
aunque busque su fin, aunque ya nada
pueda retroceder.
                                El polvo es tiempo.
Es la tierra que da su fruto amargo,
el feroz remolino que suspende
cuanto aquí se erigió.
                                Sólo las flores
con su orgullo de círculo renacen
y pueden esplender, soltar su aroma
y nuevamente en polvo convertirse.

II

Mala vasija el cuerpo. Recipiente
de eterna insaciedad y deterioro.
¿Sólo perder ganamos existiendo?
¿Qué ojos verán el mundo si la órbita
donde la luz brilló sólo es la casa
de las hormigas, su castillo impune?
Nada regresará cuando la tierra
se aposente en la boca y enmudezca
con su eco atroz la oscura letanía.

Si una rama se mueve, si en la hierba
una brizna se rompe, en los dominios
interminables y hondos de la muerte
¿qué codicia a la vida está cercando,
con qué cara morir, cuál sacrificio
reclama la ceniza y, por ahora,
qué humillaciones, muerte, has aplazado?

12

Aquí te expandes, vida mortal,
color de sangre, dicha
de tenerte un instante que no vuelve.
Tu reino es la ciudad de agua y aceite
que flotan sin unirse. Su equilibrio
es su feroz tensión. Y su combate
se disfraza de paz y tregua alerta.

13

Es el lúbrico aceite tragallamas
escudo que no ampara: traza heridas,
abre surcos de sal, cava en el pecho
aquel duro temblor con que la carne
se entrega al no volver, al sacrificio
en el lugar del fuego donde brota
el sol de sangre bajo el mar de aceite.

14

¿Cuántos buitres carcomen nuestra vida?
¿Qué oscura esclavitud nos aprisiona?
Cómo duelen la marca y el chasquido
que hace el ávido hierro al someternos.
Hay que lavar la herida, deshacerse
de la letra tatuada en nuestra sangre.

15

No humillación ni llanto: rebeldía,
insumiso clamor. Toma la antorcha.
Prende fuego al desastre.
                                        Y otra hoguera
florezca, hienda el viento.
Mediodía, presagio incandescente,
inminencia total de vida y muerte.

II

1

Moho, salitre, pátina, descenso
del polvo al refluir sobre las cosas.
¿Qué obstinado roer devora el mundo,
arde en el transcurrir, empaña el día
y en la noche malsana recomienza?
Nace el desastre, el miedo que ha engrendrado
la ira y esculpe en fuego a nuestro tiempo.

2

(Don de Heráclito)

Pero el agua recorre los cristales
musgosamente.
Ignora que se altera,
lejos del sueño,
todo lo que existe.

El reposo del fuego es tomar forma
con su pleno poder de transformarse.
Fuego del aire y soledad del fuego
al incendiar el aire hecho de fuego.
Fuego es el mundo que se extingue y cambia
para durar (fue siempre) eternamente.

Las cosas hoy dispersas se reúnen
y las que están más próximas se alejan.

Soy y no soy aquel que te ha esperado
en el parque desierto una mañana
junto al río irrepetible en donde entraba
(y no lo hará jamás, nunca dos veces)
la luz de octubre rota en la espesura.

Y fue el olor del mar: una paloma,
como un arco de sal,
                                        ardió en el aire.

No estabas, no estarás,
                                        pero el oleaje
de una espuma remota confluía
sobre mis actos y entre mis palabras
(tanto más mías porque son ajenas):

El mar es agua pura ante los peces
y nunca ha de saciar la sed humana.

3

No alzar los ojos.
Ver el muro ileso.
Disipar las tinieblas.
                                        Acercarse
al fondo de esta noche
en donde el alba
                                y su tropel
esperan que amanezca.

4

Si se extiende la luz
toma la forma
de lo que está inventando la mirada.

5

Vuelven mundos a hendirse. Y de milagro
cruza rampante un astro las tinieblas.
Pero se encaja náufrago en la hierba.
Como si el rayo halcón que vence el aire
de la estrella fugaz se apoderase:
la caricia que siente el enterrado
cuando el suelo mortal lo desfigura.

6

Ácida incertidumbre que devora
los confines del aire
                                        mientras giran
la ceniza en la urna y tu memoria.

Y es noviembre en el aire hoja quemada
de un árbol que no está
                                        y aún se dibuja
en la sombra que en humo se deshace.

7

Algo crece y se pierde a cada instante.
Algo intenta durar mientras observo
la forma indescifrable en que la arena
dibuja la inscripción de su agonía.
Porque es la permanencia del oleaje
cuando el mar en desierto ha terminado.

8

Aquí desembarcaron, donde el río
al encontrarse con el mar lo lleva
tierra adentro, de nuevo hacia la fuente,
el estuario secreto en las montañas.
Aquí desembarcaron... En mil años
nada cambió en la tierra. Y no hay vestigio
de lo que era este sitio hace mil años.

Mira en tu derredor: el mundo, ruina.
Sangre y odio la historia. Hambre y destierro.
Aquí desembarcaron... Si en mil años
nada cambió en la tierra, me pregunto:
¿nos iremos también sin hacer nada?

9

Nuestra moral, sus dogmas y certezas
se ahogaron en un vaso.
                                        Y este mundo
resulta un pez que el aire ya devora
en su salto de red, branquial susurro

de lo que muere al margen, ya disuelto,
ya sin remedio en la brutal orilla.

10

A mitad de la tarde los objetos
imponen su misterio, se remansan,
nos miran fijamente, nos permiten
luchar porque no avancen ni se adueñen
de nuestro mundo al fin
y nos conviertan
en inmóvil objeto.

11

Todo lo empaña el tiempo y da al olvido.
Los ojos no resisten
tanta ferocidad.
La luz, áspera llama,
devora los perfiles de las cosas.

Y enmedio tanta muerte,
esos tus ojos.
Ojos tuyos tristísimos: han visto
lo que nunca miré.
Todo lo empañan.
Todo es olvido, sombra, desenlace.

12

Pero ¿es acaso el mundo un don del fuego
o su propia materia ya cansada
de nunca terminar le dio existencia?
Y en un cuarto, uno más, alguien formula
la primera pregunta y no hay respuesta:
¿Para qué estoy aquí, cuál culpa expío,
es un crimen vivir, el mundo es sólo
calabozo, hospital y matadero,
ciega irrisión y afrenta al paraíso?

13

O es el desnudo pulular del frío
o la voz invisible de la hormiga
atareada en morir bajo su carga.

Repta el viento y horada los caminos
subvegetales que horadó la asfixia
de algún roedor en su hosca madriguera.

Hunde el jardín las zonas del verano
que engendran el otoño adormecido
por la savia esclerótica.

Y no es esto
lo que intento decir.
Es otra cosa.

14

Se han extraviado ya todas las claves
para salvar al mundo. Ya no puedo
consolar, consolarte, consolarme.

Tierra, tierra ¿por qué no te conmueves?
Ten compasión de todos los que viven.
Haz que nadie mañana —algún mañana—
tenga ocasión de repetir conmigo
mis palabras de hoy y mi vergüenza.

15

Rumor sobre rumor. Quebrantamiento
de épocas, imperios.
Desenlace.
Otra vez desenlace y recomienzo.

III

I

Brusco olor del azufre, repentino
color verde del agua bajo el suelo.
Bajo el suelo de México se pudren
todavía las aguas del diluvio.
Nos empantana el lago, sus arenas
movedizas atrapan y clausuran
la posible salida.

Lago muerto en su féretro de piedra.
Sol de contradicción.
(Hubo dos aguas
y a la mitad una isla.
Enfrente un muro
a fin de que la sal no envenenara
nuestra laguna dulce en la que el mito
abre las alas todavía, devora
la serpiente metálica, nacida
en las ruinas del águila. Su cuerpo
vibra en el aire y recomienza siempre.)

Bajo el suelo de México verdean
eternamente pútridas las aguas
que lavaron la sangre conquistada.
Nuestra contradicción —agua y aceite—
permanece a la orilla y aún divide,

como un segundo dios,
todas las cosas:
lo que deseamos ser y lo que somos.

(Si se excavan
unos metros de tierra
brota el lago.
Tienen sed las montañas, el salitre
va royendo los años.
Queda el lodo
en que yace el cadáver de la pétrea
ciudad de Moctezuma.
Y comerá también estos siniestros
palacios de reflejos, muy lealmente,
fiel a la destrucción que lo preserva.)

El ajolote es nuestro emblema. Encarna
el temor de ser nadie y replegarse
a la noche perpetua en que los dioses
se pudren bajo el lodo
y su silencio
es oro
—como el oro de Cuauhtémoc
que Cortés inventó.

Prende la luz. Acércate. Ya es tarde.
Ya es tarde. Se hizo tarde. Ya es muy tarde.
Abre la puerta. Hay tiempo. Hoy es mañana.
Dame la mano. No se ve. No hay nadie.
No hay nadie. Sólo nada. Es el vacío.
O es el lodo que sube y nos envuelve
para volvernos polvo de su polvo.

2

Toda la noche vi crecer el fuego.

3

La ciudad en estos años cambió tanto
que ya no es mi ciudad, su resonancia
de bóvedas en ecos. Y sus pasos
ya nunca volverán.

Ecos pasos recuerdos destrucciones.

Todo se aleja ya. Presencia tuya,
hueca memoria resonando en vano,
lugares devastados, yermos, ruinas,
donde te vi por último, en la noche
de un ayer que me espera en los mañanas,
de otro futuro que pasó a la historia,
del hoy continuo en que te estoy perdiendo.

4

Atardecer de México en las lúgubres
montañas del poniente...
Allí el ocaso
es tan desolador que se diría:
la noche así engendrada será eterna.

5

Conozco la locura y no
                                                  la santidad:
la perfección terrible de estar muerto.
Pero los sordos, imperiosos ritmos,
los latidos secretos del desastre,
arden en la extensión de mansedumbre
que es la noche de México.

                                                        Y los sauces,
y las rosas sedientas y las palmas,
funerarios cipreses ya sin agua,
son veredas de cardo, son los yermos
de la serpiente árida, habitante
en comarcas de fango, esas cavernas
donde el águila real bate las alas
en confusión de bóvedas, reptante
por la noche de México.

                                                    Ojos, ojos,
cuántos ojos de cólera mirándonos
en la noche de México, en la furia
animal, devorante de la hoguera:
la pira funeraria que en las noches
consume a la ciudad.
                                              Y al día siguiente
sólo vestigios ya.
                                        Ni amor ni nada:
tan sólo ojos de cólera mirándonos.

6

¿Hasta cuándo, en qué islote sin presagios,
hallaremos la paz para las aguas,
tan sangrientas, tan sucias, tan remotas,
tan subterráneamente ya extinguidas,
de nuestro pobre lago, cenagoso
ojo de los volcanes, dios del valle
que nadie vio de frente y cuyo nombre
los antiguos callaron?

¿Qué se hicieron
tantos jardines, las embarcaciones
y los bosques, las flores y los prados?
Los mataron
para alzar su palacio los ladrones.
¿Qué se hicieron los lagos, los canales
de la ciudad, sus ondas y rumores?
Los llenaron de mierda, los cubrieron
para abrir paso a todos los carruajes
de los eternos amos de esta tierra,
de este cráter lunar donde se asienta
la ciudad movediza, la fluctuante
capital de la noche.

Dijo el virrey: *Los hombres de esta tierra*
son seres para siempre condenados
a eterna oscuridad y abatimiento.
Para callar y obedecer nacieron.

La injuria del virrey flota en el lodo.
Ningún tiempo pasado ciertamente
fue peor ni fue mejor.

∞

No hay tiempo, no lo hay,
no hay tiempo; mide
la vejez del planeta por el aire
cuando cruza implacable y sollozando.

7

México subterráneo... El poderoso
virrey, emperador, sátrapa hizo
de los lagos y bosques el desierto.

Hemos creado el desierto: las montañas,
rígidas de basalto y sombra y polvo,
son la inmovilidad.
                                        Vibra el estruendo
que hacen las aguas muertas resonando
en el silencio cóncavo.
                                        Es retórica,
iniquidad retórica hasta el llanto.

8

¿Sólo las piedras sueñan?
                                        ¿Su hosca esencia
es la inmovilidad?
                                        ¿El mundo es sólo
estas piedras inmóviles?

Roza el aire el cantil para gastarse,
para hallar el reposo. Inconsolable
el descenso del vértigo: marea
de mil zonas aéreas desplomándose.

9

Hoy, esta noche, me reúno a solas
con todo lo perdido y sin embargo
lo futuro también.
Y mientras pasa
la hora junto a mí
va oscureciendo.
En un fuego de sombra se confunden
luz y noche, pasado que no ha muerto
y el instante sin nadie que recorren
la ociosidad viscosa de la araña,
la mosca y su hociquito devastador.

Entre el ave y su canto fluye el cielo.
Fluye, sigue fluyendo, todo fluye:
el camino que lentan los mañanas,
los planetas errantes, calcinados
que cumplen su condena desgastándose
al hendir sin reposo las tinieblas.

10

Hay que darse valor para hacer esto:
escribir cuando rondan las paredes
uñas airadas, animales ciegos.
No es posible callar, comer silencio,
y es por completo inútil hacer esto
antes que los gusanos del instante
abran la boca muda de la letra
y devoren su espíritu.

Palabras
carcomidas, rengueantes, sonsonete
de algún viejo molino.
Cuántas cosas,
llanto de cuántas cosas inservibles
que en el polvo arderán.

Arde la hoguera.
Fuego la luz. Ceniza.
Un lirio es cada
pobre rescoldo triste
al deshacerse.

11

El viento trae la lluvia.
En el jardín
las plantas se estremecen.

12

Arde el campo en el sol a mediodía.
Aquí todas las cosas se disponen
a renacer.

Y entonces, de repente,
todo el jardín se yergue entre las piedras:
nace el mundo de nuevo ante mis ojos.

13

Cae la tarde en la lluvia sorprendida
por el girar marítimo del aire.

Línea de sombra, umbral, solar umbrío
en donde las tinieblas se preparan
a engendrar más tinieblas.

Poco a poco
la tarde cae en la lluvia.
Las tinieblas
zozobran en la luz. Resuena, vibra
ese golpe ignorado, ola invisible
con que el fuego del aire enciende al mundo.

14
(Las palabras de Buda)

Todo el mundo está en llamas.
Lo visible
arde y el ojo en llamas lo interroga.

Arde el fuego del odio.
Arde la usura.
Arde el dolor.
La pesadumbre es llama.
Y una hoguera es la angustia
en donde arden
todas las cosas:

Llama,
arden las llamas,
fuego es el mundo.
Mundo y fuego
Mira
la hoja al viento,
tan triste,
de la hoguera.

15

Es hoguera el poema
y no perdura

Hoja al viento
tal vez
También tristísima
Inmóvil ya
desierta
hasta que el fuego
renazca en su interior

Cada poema
epitafio del fuego
cárcel
llama
hasta caer
en el silencio en llamas

Hoja al viento
tristísima
la hoguera

III

NO ME PREGUNTES CÓMO PASA EL TIEMPO

[1964-1968]

A Cristina

Como figuras que pasan por una pantalla de televisión
y desaparecen, así ha pasado mi vida.
Como los automóviles que pasaban rápidos por las carreteras
con risas de muchachas y música de radios...
Y la belleza pasó rápida como el modelo de los autos
y las canciones de los radios que pasaron de moda.

Ernesto Cardenal

I. EN ESTAS CIRCUNSTANCIAS

...cuando la sombra el mundo va cubriendo
o la luz se avecina...

GARCILASO DE LA VEGA

DESCRIPCIÓN DE UN NAUFRAGIO EN ULTRAMAR
(*Agosto*, 1966)

Pertenezco a una era fugitiva, mundo que se deshace ante mis ojos.

Piso una tierra firme que vientos y mareas erosionaron antes de que pudiera levantar su inventario.

Atrás quedan las ruinas cuyo esplendor mis ojos nunca vieron. Ciudades comidas por la selva, piedras mohosas en las que no me reconozco.

Y enfrente la mutación del mar y tampoco en las nuevas islas del océano hay un sitio en que pueda reclinar la cabeza.

Sus habitantes miraron extrañados al náufrago que preguntaba por los muertos. Creí reconocer en las muchachas caras que ya no existen, amores encendidos para ahuyentar la frialdad de la vejez, la cercanía del sepulcro.

La tribu rio de mi habla ornamentada, mi trato ceremonioso, la gesticulación que ya no entienden. Y no pude sentarme entre el Consejo porque aún no tenía el cabello blanco ni el tatuaje con que el tiempo celebra nuestro deterioro incesante.

El gran sacerdote resolvió que me hiciera de nuevo a la mar en una balsa, con frutos desecados al sol y una olla de agua por todo alimento. Al despedirme pronunció estas palabras:

«Naciste en tiempos de penuria, condenado a probar el naufragio de la vejez sin haber conocido la áspera juventud. Vuelve a los centros ceremoniales en donde un hervidero de lagartos cuida la máscara del rey que nada pudo contra la insaciedad de los gusanos.

»Antes de tiempo abandonaste a la caravana sin vislumbrar la tierra prometida. Sólo te acompañó tu semejante, el desierto. Los nómadas recelaron de ti. Desconfiaste de los señores de la guerra que imponen la degradación en sus dominios para mantener el esplendor de las metrópolis.

»Cruzaste el Mar de las Tinieblas en tu busca del Nuevo Mundo. No quisiste participar en la batalla ni vivir de la tortura y el despojo de tus semejantes. Escapaste del incendio de las ciudades, el saqueo y la entrada a degüello.

»En cambio amaste a las mujeres que nadie destinó para ti: cuerpos errantes desvanecidos en la noche sin término. Gastaste la noche en explorar los viejos manuscritos. Quisiste hallar el rumor transitivo de las generaciones, el espejo sin nadie, la pesadumbre de la historia —vanos ardides para ocultar la cobardía.

»Si las fauces del mar no te devoran, sólo te quedará escoger entre la cámara de gas o el campo de trabajo en que pastan y rumian los enemigos de tu pueblo.»

TRANSPARENCIA DE LOS ENIGMAS
(Octubre, 1966)

Pensemos en serio en todas las cosas que se avecinan. El mundo ya está harto de profetas; el óxido se adueña de sus visiones. La historia tiene el deber de trastornar las profecías.

Alabemos a Patmos y a la montaña de las Lamentaciones. Pero aquí no se trata de videncia ni de relatos sugeridos por la baraja ni de sombras que se insinúan en esferas.

Basta mirar lo que sucede. Todo fermenta en derredor de nuestra tibia ansiedad y nuestra cólera apacible. No hay filtros ni exorcismos contra lo que se gesta y se levanta.

Más tarde podríamos lamentar un perentorio olvido de las buenas maneras o una exigencia desmedida por parte de los nuevos poderes. Nos pesará no haber juzgado a tiempo que el freno de nuestras iniquidades

podría mitigar la edad de fuego que ya se gesta sobre nuestras ciudades. Por obra de su codicia permitieron que la miseria fermentara en sus alrededores.

Hoy son airados parajes dispuestos a obedecer la chispa que encienda el pasto seco y comunique el fuego al bosque y a los sembradíos que arruinó la ebriedad de creernos, por mandato de Dios, amos eternos,

capaces de sujetar al mundo y ejercer saqueo impune y derechos feudales contra la muchedumbre inexpugnable que se niega a seguir royendo para siempre nuestras migajas, en virtud de palabras electrónicamente amplificadas e imágenes que inundan los recintos de la miseria con todas las tentaciones de la abundancia.

Seres entre dos aguas, marginales de ayer y de mañana, nos hundiremos con la causa perdida o pagaremos con fuego el precio de la tibieza.

La realidad destruye la ficción nuevamente. Y todo lo que he dicho será empleado en mi contra.

Será mejor entonces que detengamos el festín, amigos míos; echemos a la basura los simulacros de catástrofe, nos despidamos con el radiante estruendo de la música,

y pensemos en todas las cosas que ya se avecinan.

UN MARINE

Quiso apagar incendios con el fuego.
Murió en la selva de Vietnam
y en vano.

CHE

Ellos
al darle muerte
le otorgaron
la vida perdurable.

ÚLTIMA FASE

Ningún imperio puede
durar mil años.

AGOSTO, 1968

¿Habrá un día en que acabe para siempre
la abyecta procesión del matadero?

1968

Página blanca al fin:
todo es posible.

MANUSCRITO DE TLATELOLCO
(2 de octubre de 1968)

1. *Lectura de los «Cantares mexicanos»**

Cuando todos se hallaban reunidos
los hombres en armas de guerra cerraron
las entradas, salidas y pasos.
Se alzaron los gritos.

* Con los textos traducidos del náhuatl por Ángel María Garibay y Miguel León-Portilla en *Visión de los vencidos* (1959).

Fue escuchado el estruendo de muerte.
Manchó el aire el olor de la sangre.

La vergüenza y el miedo cubrieron todo.
Nuestra suerte fue amarga y lamentable.
Se ensañó con nosotros la desgracia.

Golpeamos los muros de adobe.
Es toda nuestra herencia una red de agujeros.

2. *Las voces de Tlatelolco**
(2 de octubre de 1978: diez años después)

Eran las seis y diez. Un helicóptero
sobrevoló la plaza.
Sentí miedo.

Cuatro bengalas verdes.

Los soldados
cerraron las salidas.

Vestidos de civil, los integrantes
del Batallón Olimpia
—mano cubierta por un guante blanco—
iniciaron el fuego.

En todas direcciones
se abrió fuego a mansalva.

∞

* Con los textos reunidos por Elena Poniatowska en *La noche de Tlatelolco* (1971).

Desde las azoteas
dispararon los hombres de guante blanco.
Disparó también el helicóptero.

Se veían las rayas grises.

Como pinzas
se desplegaron los soldados.
Se inició el pánico.

La multitud corrió hacia las salidas
y encontró bayonetas.
En realidad no había salidas:
la plaza entera se volvió una trampa.

—Aquí, aquí Batallón Olimpia.
Aquí, aquí Batallón Olimpia.

Las descargas se hicieron aun más intensas.
Sesenta y dos minutos duró el fuego.

—¿Quién, quién ordenó todo esto?

Los tanques arrojaron sus proyectiles.
Comenzó a arder el edificio Chihuahua.

Los cristales volaron hechos añicos.
De las ruinas saltaban piedras.

Los gritos, los aullidos, las plegarias
bajo el continuo estruendo de las armas.

∞

Con los dedos pegados a los gatillos
le disparan a todo lo que se mueva.
Y muchas balas dan en el blanco.

—Quédate quieto, quédate quieto:
si nos movemos nos disparan.

—¿Por qué no me contestas?
¿Estás muerto?

—Voy a morir, voy a morir.
Me duele.
Me está saliendo mucha sangre.
Aquél también se está desangrando.

—¿Quién, quién ordenó todo esto?

—Aquí, aquí Batallón Olimpia.

—Hay muchos muertos.
Hay muchos muertos.

—Asesinos, cobardes, asesinos.

—Son cuerpos, señor, son cuerpos.

Los iban amontonando bajo la lluvia.
Los muertos bocarriba junto a la iglesia.
Les dispararon por la espalda.

Las mujeres cosidas por las balas,
niños con la cabeza destrozada,
transeúntes acribillados.

Muchachas y muchachos por todas partes.
Los zapatos llenos de sangre.
Los zapatos sin nadie llenos de sangre.
Y todo Tlatelolco respira sangre.

—Vi en la pared la sangre.

—Aquí, aquí Batallón Olimpia.

—¿Quién, quién ordenó todo esto?

—Nuestros hijos están arriba.
Nuestros hijos, queremos verlos.

—Hemos visto cómo asesinan.
Miren la sangre.
Vean nuestra sangre.

En la escalera del edificio Chihuahua
sollozaban dos niños
junto al cadáver de su madre.

—Un daño irreparable e incalculable.

Una mancha de sangre en la pared,
una mancha de sangre escurría sangre.

Lejos de Tlatelolco todo era
de una tranquilidad horrible, insultante.

—¿Qué va a pasar ahora,
qué va a pasar?

II. MIRA CÓMO SON LAS COSAS

Youth has an end: the end is here. It will never be.
You know that well. What then? Write it, damn you,
write it! What else are you good for?

JAMES JOYCE, *Giacomo Joyce*

HOMENAJE A LA CURSILERÍA

Amiga que te vas:
quizá no te vea más.

RAMÓN LÓPEZ VELARDE

Dóciles formas de entretenerte, olvido:
recoger piedrecillas de un río sagrado
y guardar las violetas en los libros
para que amarilleen ilegibles.

Besarla muchas veces y en secreto
en el último día,
antes de la terrible separación;
a la orilla
del adiós tan romántico
y sabiendo
(aunque nadie se atreva a confesarlo)
que nunca volverán las golondrinas.

ALTA TRAICIÓN

No amo mi patria.
Su fulgor abstracto
es inasible.
Pero (aunque suene mal)
daría la vida
por diez lugares suyos,
cierta gente,
puertos, bosques, desiertos, fortalezas,
una ciudad deshecha, gris, monstruosa,
varias figuras de su historia,
montañas
—y tres o cuatro ríos.

ACELERACIÓN DE LA HISTORIA

Escribo unas palabras
                                        y al minuto
ya dicen otra cosa,
                                    significan
una intención distinta,
se hacen dóciles
                                al Carbono catorce:
Criptogramas
                            de un pueblo remotísimo
que busca
                    la escritura en tinieblas.

YA TODOS SABEN PARA QUIÉN TRABAJAN

Traduzco un artículo de *Esquire*
sobre una hoja de la Kimberly-Clark Corp.,
en una antigua máquina Remington.
Lo que me paguen irá directamente a las arcas
de Gerber, Kellogg's, Procter and Gamble, Nabisco, Heinz,
General Foods, Colgate-Palmolive, Gillette
y California Packing Corporation.

MUNDO ESCONDIDO

Es el lugar de las computadoras
y de las ciencias infalibles.
Ante mis ojos te evaporas
—y creo en las cosas invisibles.

EL CENTENARIO DE RUBÉN DARÍO (1867-1916)

Sólo el árbol tocado por el rayo
guarda el poder del fuego en su madera.

ENVIDIOSOS

Levantas una piedra
y los encuentras:
ahítos de humedad,
pululando.

NUEVAMENTE DARÍO

Oscuridades del bajorrelieve,
figura maya,
y de repente,
como-una-flor-que-se-desmaya
(tropo *art nouveau* y adolescente)
el Cisne de ámbar y de nieve.

CRÍTICA DE LA POESÍA

He aquí la lluvia idéntica y su airada maleza.
La sal, el mar deshecho...
Se borra lo anterior, se escribe luego:
Este convexo mar, sus migratorias
y arraigadas costumbres,
ya sirvió alguna vez para hacer mil poemas.

(La perra infecta, la sarnosa poesía,
risible variedad de la neurosis,
precio que algunos pagan
por no saber vivir.
La dulce, eterna, luminosa poesía.)

Quizá no es tiempo ahora.
Nuestra época
nos dejó hablando solos.

ENVEJECER

Sobre tu rostro
    crecerá otra cara
de cada surco en que la edad
    madura
y luego se consume
    y te enmascara
y hace que brote
    tu caricatura.

CRÓNICA DE INDIAS

> ... porque como los hombres no
> somos todos muy buenos...
> BERNAL DÍAZ DEL CASTILLO

Después de mucho navegar
por el oscuro océano amenazante
encontramos
tierras bullentes en metales, ciudades
que la imaginación nunca ha descrito,
riquezas,
hombres sin arcabuces ni caballos.
Con objeto de propagar la fe
y arrancarlos de su inhumana vida salvaje,
arrasamos los templos, dimos muerte
a cuanto natural se nos opuso.
Para evitarles tentaciones
confiscamos su oro.
Para hacerlos humildes
los marcamos a fuego y aherrojamos.

Dios bendiga esta empresa
hecha en Su Nombre.

DICHTERLIEBE

La poesía tiene una sola realidad: el sufrimiento.
Baudelaire lo atestigua, Ovidio aprobaría
afirmaciones semejantes.
Y esto por otra parte garantiza
la supervivencia amenazada de un arte
que pocos leen y al parecer
muchos detestan,
como una enfermedad de la conciencia, un rezago
de tiempos anteriores a los nuestros
cuando la ciencia cree disfrutar
del monopolio eterno de la magia.

VANAGLORIA O ALABANZA EN BOCA PROPIA

A pulso, a fuerza, infatigablemente
y sin prisa ni pausa
he conquistado poco a poco un sitio
a la izquierda del cero.
El absoluto cero, el más rotundo,
irremontable y caudaloso cero.

Obtuve un buen lugar en la otra fila
junto a los emigrantes expulsados
de la posteridad.
Y ésta es la historia.

JOB 18, 2

¿Cuándo terminaréis con las palabras?,
interroga
en el Libro de Job
Dios —o su escriba.

Y seguimos puliendo, desgastando
un idioma ya seco; tentativas
de hacer que brote el agua en el desierto.

EL EMPERADOR DE LOS CADÁVERES

El emperador quiere huir de sus crímenes
pero la sangre no lo deja solo.
Pesan los muertos en el aire muerto
y él trata (siempre en vano) de ahuyentarlos.

Primero lograrían borrar con pintura la sombra
que arroja el cuerpo del emperador
sobre los muros del palacio.

DISERTACIÓN SOBRE LA CONSONANCIA

Aunque a veces parezca por la sonoridad del castellano
que todavía los versos andan de acuerdo con la métrica;
aunque parta de ella y la atesore y la saquee,
lo mejor que se ha escrito en el medio siglo último
poco tiene en común con La Poesía, llamada así
por académicos y preceptistas de otro tiempo.

Entonces debe plantearse a la asamblea una redefinición
que amplíe los límites (si aún existen límites),
algún vocablo menos frecuentado por el invencible desafío
de los clásicos.
Un nombre, cualquier término (se aceptan sugerencias)
que evite las sorpresas y cóleras de quienes
—tan razonablemente— leen un poema y dicen:
«Esto ya no es poesía.»

AUTOANÁLISIS

He cometido un error fatal
—y lo peor de todo
es que no sé cuál.

NO ME PREGUNTES CÓMO PASA EL TIEMPO

> En el polvo del mundo se pierden ya mis huellas;
> me alejo sin cesar.
> No me preguntes cómo pasa el tiempo.
> LI KIU LING, traducido por MARCELA DE JUAN

Al lugar que fue nuestro llega el invierno
y cruzan por el aire las bandadas que emigran.
Después renacerá la primavera,
revivirán las flores que sembraste.
Pero en cambio nosotros
ya nunca más veremos
la casa entre la niebla.

STATU QUO

Tengo que rebelarme contra mi sumisión
y someterme ante mi rebeldía.
Las aguas estancadas se me quedan mirando:
piden que les revoque la compuerta.
Lo hago.
Y la piedad no alcanza su entumecimiento
su triste analogía con la mula / que
rompió el círculo vicioso de la noria,
creyó ganar la libertad
—y siguió dando vueltas.

«THOSE WERE THE DAYS»

Como una canción que cada vez se escucha menos y en menos
  estaciones y lugares;
como un modelo apenas atrasado que tan sólo se encuentra en
  cementerios de automóviles,
nuestros mejores días han pasado de moda.
Y ahora son
escarnio del bazar, comidilla del polvo en cualquier sótano.

III. POSTALES / CONVERSACIONES / EPIGRAMAS

E inútil es que los naturales de la Nueva España traten de vivir en la Europa, porque siempre estarán con los ojos fijos de la memoria en su tierra.

[En una carta de don Sebastián de Toledo,
marqués de Mancera, virrey de México]

Alma mía, suave cómplice:
no se hizo para nosotros la sintaxis de todo el mundo
ni hemos nacido, no, bajo la arquitectura de los Luises
de Francia.

Alfonso Reyes, *El descastado* (1917)

VENUS ANADIOMENA, POR INGRES

Voluptuosa Melancolía
en tu talle mórbido enrosca
el Placer su caligrafía
y la Muerte su garabato,
y en un clima de ala de mosca
la Lujuria toca a rebato.

Ramón López Velarde

No era preciso eternizarse, muchacha.
Y ahora tu desnudez llega radiante
desde un amanecer interminable.
Invento de la luz, ala de espuma,
surges de las profundidades más azules.
Arena siempre nueva y no ceniza
judeocristiana, isla
de eterno amor entre las tempestades.

En el cuadro rehecho sin sosiego
tu carne perdurable es joven siempre.
El mar se hiende atónito y observa
otra vez el milagro.

EL AJUSCO

Roca heredada de un desastre, el fuego
erigió su sepulcro y cierra el valle
su resplandor de musgo entre la inerme
transparencia abolida.

En él yacen los años. Es patente
que nunca se ha movido de su sitio,
hosco e inalterable a las metáforas:
«guardián de la ciudad», «vigía», «testigo»
—o padre de lo inmóvil.

ESCOLIO A JORGE MANRIQUE

La mar no *es el morir*
sino la eterna
circulación de las transformaciones.

LA EXPERIENCIA VIVIDA

Esas formas que veo a orillas del mar
y engendran de inmediato
asociaciones metafóricas
¿son instrumentos de la inspiración
o de falaces citas literarias?

COPOS DE NIEVE SOBRE WIVENHOE

Entrecruzados
                        caen,
se aglomeran
                      y un segundo después
se han dispersado.
                              Caen y dejan caer
a la caída.
                Inmateriales
astros
          intangibles.
Infinitos
              planetas en desplome.

LOS FANTASMAS DE TOTTENHAM COURT ROAD

Los ruidos, las maderas, los silencios
repentinos del alba...

∞

Todo era
propicio a su regreso.

Se asomaron,
se vieron entre sí los invisibles

—y se fueron muy tristes
al encontrarlo todo tan cambiado.

LA LLUVIA

La
lluvia
en
cierto
modo
es
la
serenidad

la
suficiencia
disciplinado
orgullo
buen
carácter
contención
y otras veces

DESMESURA

DIGAMOS QUE AMSTERDAM, 1943

El agua vuelve al agua.
Qué inclemente
caer del agua sobre los canales.
A lo lejos
un silbato de fábrica.
Entre sábanas, roto, envejeciendo
está el periódico:

la guerra continúa, la violencia
incendia nuestros años.
Bajo tu cuerpo y en tu sueño duermes.
¿Qué será de nosotros? ¿Cuándo y dónde
segará nuestro amor el tajo, el fuego?
Se escucha la respuesta:
Ya llegaron.
Me voy, no te despiertes:
los verdugos
han tocado a la puerta.

GOETHE: *GEDICHTE*

Orbes de música verbal
silenciados
por mi ignorancia del idioma.

TIERRA

La honda tierra es
la suma de los muertos.
Carne unánime
de las generaciones consumidas.

Pisamos huesos,
sangre seca, restos,
invisibles heridas.

El polvo
que nos mancha la cara
es el vestigio
de un incesante crimen.

KRISTIANSAND

Desembarcamos al atardecer.
Diluviaba.
Nunca estuvo tan gris el Mar del Norte.
Pero, obstinada en recobrar la sal,
la lluvia (a grandes rasgos)
me contaba su historia.

UN PAISAJE DE TURNER

Hay demasiada primavera en el aire.
El excesivo fasto
augura la pobreza.
Nadie puede
guardar unos segundos de este día
para alumbrarse en el invierno.
(Ya oigo la impugnación de las hormigas.)

El campo de Inglaterra es un jardín ilimitado.
Quién escandalizará a tanta hermosura
diciendo qué le espera:
en el otoño sequedad
y ventisca
en el invierno funerario.

EL RÍO COLNE EN WIVENHOE

Bajo el calor los bosques recuperan
la unidad del principio, aquel momento
en que todo era todo y fue apartándose
para dar vida a cada cosa viva.

Bajo el calor brillaba como nunca
la cicatriz del viento sobre el agua.
El río pareció por un instante
desandar su camino.

El mar desembocaba en una fuente.
Cielo y tierra eran líquidos, vapores:
humus y humos como en el origen.

Bajo el calor el vaporoso río
iba siempre en camino al no volver.

RONDÓ 1902

Calles de niebla y longitud de olvido.
Tibia tiniebla en donde todo ha sido
verdor salobre y avidez impune.
Hora de cobre que al partir reúne
calles de niebla y longitud de olvido,
tibia tiniebla en donde todo ha sido
verdor salobre y avidez impune.

ÎLE SAINT-LOUIS

Desde el balcón el Pont de la Tournelle.
Una muchacha se detiene y mira.

Fluye el Sena.
Desgarrado un instante por la isla,
corre al encuentro de sus mismas aguas.

Aguas de musgo verde, verdes aguas
con el verdor de miles de veranos.

La muchacha se aleja, se extravía,
se pierde de mis ojos para siempre.

Arde la misma rosa en cada rosa.
El agua es simultánea y sucesiva.
El futuro ha pasado.
El tiempo nace
de alguna eternidad que se deshiela.

VENECIA

> Cada golpe de agua provocado por los
> motores hunde un poco más a Venecia.
>
> *Excélsior*, 1967

Venecia es un fantasma.
Fue inventada
por Canaletto.
La pintó en el agua.

Negación de Lepanto,
cada piedra
es oriental
y floreció en Bizancio.

Todo lo unido tiende a separarse.
Los islotes se hunden en la laguna.
El mar que la esculpió
hoy la destruye.

En su agonía romántica desciende
al lodo original.
Perla en el lodo,
joya entre muladares subacuáticos.
Víctima del motor fuera de borda.

POMPEYA

La tempestad de fuego nos sorprendió en el acto
de la fornicación.
No fuimos muertos por el río de lava.
Nos ahogaron los gases. La ceniza
se convirtió en sudario. Nuestros cuerpos
continuaron unidos en la piedra:
petrificado espasmo interminable.

CONVERSACIÓN ROMANA (1967)

> Oremos por las nuevas generaciones
> abrumadas de tedios y decepciones;
> con ellas en la noche nos hundiremos...
>
> AMADO NERVO, *Oremus* (1898)

En Roma aquel poeta me decía:
—No sabes cuánto me entristece verte
escribir prosa efímera en periódicos.

Hay matorrales en el foro. El viento
unge de polvo el polen.

Ante el gran sol de mármol Roma pasa
del ocre al amarillo, el sepia, el bronce.

Algo se está quebrando en todas partes.
Se agrieta nuestra edad. Es el verano
y no se puede caminar por Roma.

Tanta grandeza avasallada. Cargan
los autos contra gentes y ciudades.
Centurias y falanges y legiones,
proyectiles o féretros, chatarra,
ruinas que serán ruinas.

Aire mortal carcome las estatuas.
Barbarie son ahora los desechos:
plásticos y botellas y hojalata.
Círculo del consumo: la abundancia
se mide en el raudal de sus escombros.
Pero hay hierbas, semillas en los mármoles.

∞

Hace calor. Seguimos caminando.
No quiero responder ni preguntarme
si algo escrito hoy dejará huellas
más profundas que un casco desechable
o una envoltura plástica arrojada
a las aguas del Tíber.

Acaso nuestros versos duren tanto
como un modelo Ford 69
—y muchísimo menos que el Volkswagen.

MEJOR QUE EL VINO

> Porque mejor que el vino son tus amores.
>
> SALOMÓN

Quinto y Vatinio dicen que mis versos son fríos.

Quinto divulga en estrofas yámbicas
los encantos de Flavia.
Vatinio canta
conyugales y grises placeres.

Pero yo, Claudia,
no he arrastrado tu nombre por las calles y plazas de Roma.
Y reservo mis ansias
a las horas que paso contigo.

JOSÉ ORTEGA Y GASSET CONTEMPLA EL VIENTO*

El Escorial inerte. El viento pugna
por quebrantar su *trágica molicie.*
Su ser es movimiento, es su perpetuo
sostenerse a sí mismo, derramarse
más allá de sí mismo.

Molicie de la mole, o bien escoria,
masa que deja al transcurrir la historia.
Molicie de la historia,
una mole de escoria.

El Escorial, escoria de la historia.

DIFICULTADES PARA DECIR LA VERDAD

Practican el amor debidamente.
Hacen versos de fuego y los envían
a sus destinatarias del convento.
Y cuando el Santo Oficio los sorprende
hablan de la levitación
y la Unión Mística
entre Cristo y la Iglesia.

* «La vida en torno: Muerte y resurrección», en *El espectador* II, 1917.

IV. LOS ANIMALES SABEN

les bêtes savent

SAMUEL BECKETT, *Comment c'est*

DISCURSO SOBRE LOS CANGREJOS

En la costa se afirma que los cangrejos
son animales hechizados
y seres incapaces de volverse
a contemplar sus pasos.

De las tercas mareas aprendieron
la virtud del repliegue, el ocultarse
entre rocas y limo.

Caminantes oblicuos,
en la tenacidad de sus dos pinzas
sujetan el vacío que penetran
sus ojillos feroces como cuernos.

Nómadas en el fango y habitantes
en dos exilios:
extranjeros
ante los pobladores de las aguas
y ante los animales de la tierra.

Trepadores nocturnos,
armaduras errantes,
hoscos, pétreos, eternos fugitivos,
siempre rehúyen la inmortalidad
en imposibles círculos cuadrados.

Su frágil caparazón
incita al quebrantamiento,
al pisoteo...

(Hércules vengó así la mordedura
y Juno que lo envió en misión suicida
para retribuirlo situó a Cáncer
entre los doce signos del Zodiaco
a fin de que sus patas y tenazas
encaminen al sol por el verano,
el tiempo en que germinan las semillas.)

Se ignora en cuál momento dio su nombre
a ese mal que es sinónimo de muerte.
Aun cuando termina el siglo veinte
permanece invencible
—y basta su mención para que el miedo
cruce el rostro de todos los presentes.

INDAGACIÓN EN TORNO DEL MURCIÉLAGO

Los murciélagos no saben una palabra de su prestigio literario. Con respecto a la sangre, les gusta la indefensa de las vacas que no pueden hacer un collar de ajos, blandir un crucifijo o clavarles una estaca en el pecho.

A la broma sangrienta, al beso impuro (trasmisor de la rabia y el derrengue, capaz de aniquilar el matriarcado) oponen un pasivo coletazo que ya no asusta ni siquiera a los tábanos.

En venganza, los dueños del ganado se divierten crucificando al bebedor como si fuera una huraña mariposa excesiva.

El murciélago acepta su martirio y sacraliza el acto de fumar el cigarrillo que cuelgan de su hocico. En vano trata de hacer creer a sus perseguidores: «Han mojado mis labios con vinagre».

Según las opiniones que se escuchan, el murciélago es un ratón alado o un mosquito aberrante como aquellas hormigas un poco anómalas que se echan a volar cuando viene la lluvia.

Algo sé de vampiros, aunque ignoro todo lo referente a los murciélagos. (La pereza me impide comprobar su renombre en algún diccionario.)

Prefiero imaginarlo como un reptil neolítico hechizado, detenido en el tránsito de las escamas al plumaje, en su ya inútil voluntad de convertirse en ave.

Por supuesto es un ángel caído. Ha prestado sus alas y su traje (de carnaval) a todos los demonios.

La noche es la caverna de su vuelo en tinieblas.

Odia al sol. La melancolía es el rasgo que define su espíritu.

Como nosotros, vive arracimado y es una cara anónima en la masa.

Ermitaño perpetuo, convierte cada cueva en su Tebaida. Acaso sufre acidia, *tedium vitae.* Y no parece ilógico que gaste sus mañanas meditando en la profunda vacuidad del mundo;

ni que espume su cólera, su *rabia,* ante lo que hemos hecho de su especie.

Lo confinamos en el Mal porque comparte la fealdad viscosa, el egoísmo y vampirismo humanos;

recuerda nuestro origen cavernario y tiene una espantosa sed de sangre.

EL ESPEJO DE LOS ENIGMAS: LOS MONOS

Cuando el mono te clava la mirada
estremece pensar si no seremos
su espejito irrisorio y sus bufones.

TRATADO DE LA DESESPERACIÓN: LOS PECES

Siempre medita el agua del acuario.
Piensa en el pez salobre y en su vuelo
reptante: breves alas de silencio.
El entrañado en penetrables, líquidos
pasadizos de azogue en donde hiende
su sentencia de tigre, su condena
a claridad perpetua en el río inmóvil.
Quiere hundirse en el aire, en los voraces
abismos de la asfixia, hallar el fondo
del oleaje del aire que rodea
su neutra soledad por todas partes.

MOSQUITOS

Nacen en los pantanos del insomnio.
Son negrura afilada que aletea.
Diminutos vampiros, sublibélulas,
pegasitos de pica del demonio.

LOS GRILLOS
(Defensa e ilustración de la poesía)

Recojo una alusión de los grillos:
su rumor es inútil,
no les sirve de nada
entrechocar sus élitros.
Pero sin la señal indescifrable
que se trasmiten de uno a otro
la noche no sería
(para los grillos) noche.

SIEMPRE QUE VEO ELEFANTES PIENSO EN LAS GUERRAS PÚNICAS Y SOBRE TODO EN LA BATALLA DE ZAMA

Observa su estructura casi de templo.
Su tolerancia suele tener un límite.
Su dignidad ofendida estalla de pronto.

Pregúntaselo a Aníbal: los elefantes,
los propios elefantes cartagineses,
vencieron a Cartago.

Así pues, de no ser por los elefantes
no existiría esta página (tampoco
la lengua castellana
                                        ni Occidente).

BIOLOGÍA DEL HALCÓN

Los halcones son águilas domesticables.
Son perros
de aquellos lobos.
Son bestias de una cruenta servidumbre.

Viven para la muerte.
Su vocación es dar la muerte.
Son los preservadores de la muerte
y la inmovilidad.

Los halcones: verdugos, policías.
Con su sadismo y servilismo ganan
una triste bazofia compensando
nuestra impotente envidia por las alas.

[1967]

FRAGMENTO DE UN POEMA DEVORADO POR LOS RATONES

Comunidad de ritos primitivos,
los ratones adoran las tinieblas.
De noche se les ve
inquietos, siempre huyendo.

Incisivos, hambrientos, enfrentados
a la persecución, al ocultarse.
Siempre al acecho de quien los acecha...

PREGUNTAS SOBRE LOS CERDOS E IMPRECACIONES DE LOS MISMOS

¿Existe otro animal que nos dé tanto?
JOVELLANOS

¿Por qué todos sus nombres son injurias?
Puerco / marrano / cerdo / cochino / chancho.
Viven de la inmundicia. Comen, tragan
(porque serán comidos y tragados).

De hinojos y de bruces roe el desprecio
por su aspecto risible, su lujuria,
su fundado temor de propietario.

Nadie llora al morir más lastimero,
interminablemente repitiendo:
—Y pensar que para esto me cebaron...
Qué marranos / qué cerdos / qué cochinos.

LEONES

Como los cortesanos de Luis XV
huelen mal y veneran la apariencia.

Viven de su pasada gloria, el estruendo
que en pantallas crecientes
les dio el cine.

Reyes en el exilio,
no parecen
odiar el cautiverio.
Traen el *show* en la sangre.
Son glotones,
mantenidos, rentistas
que consumen
la proletaria carne del caballo:

Otra vida de esfuerzos que termina
arrojada a los leones.

ÁLBUM DE ZOOLOGÍA

Mirad al tigre:
su altiva pose de vanidad satisfecha,
dormido en sus laureles, gato persa
de algún dios sanguinario.
Y esas rayas
que encorsetan su fama.
Allí en la jaula,
como estatua erigida a la soberbia,
el tigre de papel, el desdentado
tigre de un álbum infantil.
Ociosa
en su jubilación
la antigua fiera
de rompe y rasga

sin querer parece
el pavo real de los feroces.

ESCORPIONES

El escorpión atrae a su pareja
y aferrados de las pinzas se observan
durante un hosco día o una noche,
anterior a su extraña cópula.
Termina
el encuentro nupcial:
el macho
es devorado por la hembra
que, dijo el Predicador,
es más amarga que la muerte.[*]

[*] Eclesiastés o El Predicador 7, 26.

APÉNDICE: CANCIONERO APÓCRIFO [1964-1966]

Hoy es siempre todavía...
Ayer es nunca jamás.
ANTONIO MACHADO

O que penso eu do mundo?
Sei lá o que penso do mundo?
FERNANDO PESSOA

I. JULIÁN HERNÁNDEZ (1893-1955)

Nació en Saltillo, Coahuila, hijo de padre español y madre norteamericana. A los veinte años se incorporó al Ejército Constitucionalista. Hizo la campaña de Occidente a las órdenes de Álvaro Obregón. Ascendido a coronel, participó en las grandes batallas del Bajío (1915). En Trinidad, durante una carga de la caballería villista, recibió cuatro heridas: perdió un ojo y el movimiento del brazo izquierdo.

Terminó la carrera de abogado que ejerció en la Ciudad de México hasta el año de su muerte. Cónsul en Londres (1929), fue separado del cargo por su dipsomanía. Su mal carácter lo enemistó con todos los grupos y generaciones literarias. De su arbitrariedad y resentimiento queda testimonio en los artículos aparecidos en *El Universal* de 1932 a 1954.

Publicó en edición de autor libros jurídicos y políticos: *El Estado y el Derecho: Crítica de las teorías de Hans Kelsen* (Madrid, 1932), *Aspectos negativos de la Reforma Agraria cardenista* (1937), *De cómo y por qué es ilegal y nociva la Expropiación Petrolera* (1938), *Esta guerra y la otra: los errores de Mr. Wilson y las mentiras del presidente Roosevelt* (1944), *La gran crisis de la Justicia mexicana* (1947), *Trayectoria revolucionaria del general Miguel Henríquez Guz-*

mán (1951), *El gran fraude con los terrenos de Acapulco* (1952), *La verdad sobre el régimen de Miguel Alemán* (1953). Póstumamente se ha dado a conocer parte de su vasta producción inédita: *El cuaderno negro* (1980), *Autobiografía de un desastre: la farsa del henriquismo y la matanza de la Alameda* (1983), *Los poemas de Londres* (1985), *La cámara secreta: Apuntes para la historia de la pornografía mexicana* (1988).

También fue autor de una olvidada antología: *Nuevos poetas ingleses* (1922) y dos breves colecciones de poemas: *Por los jardines que el silencio baña* (Monterrey, 1922) y *Legítima defensa* (Impresora Juan Pablos, 1952) con un prólogo de Henrique González Casanova, una carta de Max Aub y un retrato de Julián Hernández por Jusep Torres Campalans.

Como era de esperarse, los epigramas de *Legítima defensa* no fueron mencionados en ninguna parte. Sin embargo, tienen el valor y el interés de no parecerse a nada de lo que por entonces se escribía en México. Intentan y a veces logran expresar poéticamente la amargura sarcástica de un perpetuo excluido que contempla la vida literaria, y la existencia toda, con quebrantada y a la postre estéril ironía.

Las alusiones a personajes y acontecimientos de la época ya no se entienden. Lo comprensible es el silencio que ha rodeado a *Legítima defensa,* nimia curiosidad de la literatura mexicana o anuncio de lo que llegaría años después.

LEGÍTIMA DEFENSA

If learned critics publicly deride
My verse, well, let them.
Not for them I wrougth.
One day a man shall live to share my tought,
For time is endless and the world is wide.

Del *Bhavabbuti*, traducido
por JOHN BROUGH

1

Murió el Sainte-Beuve de nuestra aldea.
Los herederos remataron los libros del *Gran Crítico*.
Fui por curiosidad a la subasta.
Hallé todos mis libros con las hojas cerradas.
Su vejamen de mi poesía se ha vuelto clásico.
Por su opinión me han excluido siempre.
¡Descansa en paz, *Lector Infatigable!*

[1939]

2

Vivieron a la moda.
Fueron toda su vida *de vanguardia.*
Atacaron lo viejo.
Y recordé sus nombres
al leer esta noche en el periódico
que la Academia celebró en pasados días
a sus Miembros de Número difuntos.

[1951]

3

No podría decir mi antagonista
o mi rival o mi enemigo:
sólo un contemporáneo.
Nos saludamos levemente.
Cada uno en el otro ve a distancia
la rapidez con que envejece unánime
nuestra generación.
Cómo el estilo
que creímos eterno,
ya es historia,
pasado impopular,
freno y obstáculo
ante los jóvenes
que —si reparan en nosotros—
nos dedican
una risita o un sarcasmo.

[1937]

4

Dijo Samuel (tal vez sin darse cuenta
de que estaba citando):
«Escribo para ser admirado
en el año 2000. Y mis palabras
quedarán para siempre.»
Sed de inmortalidad.
Miré hacia afuera:
en el jardín luchaba una vil mosca
por sacar de la flor néctares, polen.

Vana tarea
intentar convertirse en abeja
a estas alturas.

[1949]

5

¿Pensaste alguna vez en tu enemigo,
en el que no conoces
pero odia
cuanto escribe tu mano?

¿Pensaste en ese *joven de provincias*
que daría la vida por tu muerte?

[1942]

6

(Sabor de época)

Todo poema es un ser vivo:
envejece.

[1952]

7

(A los poetas que vendrán)

Hay que ser implacables.
(No tengan, pues, clemencia con mis errores.)
Nuestra debilidad les dará fuerza
y acertarán en donde fracasamos.
Pero una vez borrados

(si nos recuerdan)
ojalá piensen
en que la perfección
es para siempre ajena a todo intento humano.

[1952]

8

(Arte poética I)

Tenemos una sola cosa que describir:
este mundo.

[1948]

9

(Arte poética II)

Escribe lo que quieras.
Di lo que se te antoje:
de todas formas vas a ser condenado.

[1949]

10

(Monólogo del poeta I)

Quisiera ser un pésimo poeta
para sentirme satisfecho con lo que escribo
y vivir lejos
de tu dedito admonitorio,
autocrítica.

[1949]

11

(Monólogo del poeta II)

Condenaron a muerte
a todos los poetas elegiacos,
entre los cuales
(por pereza de defenderme)
me incluyo.

[1950]

12

(Monólogo del poeta III)

¿A quién pretendes halagar con tan vistas
piruetitas verbales,
o suspirillos dolorosos, retruécanos,
ironías invisibles?

¿Quisieras que alguien te palmease
por lo bien que resuenan
tus cascabeles? —triste
parafernalia de un festín que contemplas
sin estar invitado.
Es mejor que te ocultes en huraños rincones.
Los seres como tú no reciben halagos,
lomos de latigazo o de pedrada.
Y ya nadie te aplaude
por tus jueguitos malabares.

Será mejor, bufón,
que ganes los rincones
y allí guardes un púdico silencio.

[1952]

II. FERNANDO TEJADA (1932-1959)

Nacido en Tulancingo, Hidalgo, vivió en la capital desde 1939. Participó en el movimiento estudiantil de 1958 y ese mismo año obtuvo el título de médico cirujano. Con una beca del gobierno francés fue a París a especializarse en circulación cerebral. Antes de publicar ningún libro, murió en Florencia en circunstancias no aclaradas.

Los únicos poemas que se conservan de Fernando Tejada aparecieron en el primer número de *La Torre de Marfil,* dirigida por José Carlos Becerra y Gabriel Zaid. Afines a una tradición de la antitradición pictórica, *Los amores* parodian, distorsionan y saquean un texto clásico para llevarlo al contexto degradado de otra época. No siempre con acierto, oponen una de las posibles realidades actuales (1959) del amor-pasión al concepto aún trovadoresco y petrarquista que se halla en los extraordinarios *Sonnetes pour Hélène* (1578) de Pierre de Ronsard (1524-1585). En cierto modo Fernando Tejada parece un continuador de Julián Hernández, a quien seguramente nunca leyó.

LOS AMORES

(Estudio y profanación de Pierre Ronsard)

1

Cuando los dos estemos muertos
nada habrá de estas rosas
ni de estos versos.
Mientras dure el amor
ámame, entonces.

2

¿Qué harás todos los días
desde que no te veo?

3

—Ronsard me célébrait du temps que j'étais belle.
Le Seconde Livre des Sonnets
pour Hélène, XLIII

Antes de que seas vieja ya me habrás olvidado.
Y si por confusión sueltas mi nombre
a tu lado una joven dirá:
—¿Quién era ése?

4

Je plante en ta faveur cet arbre de Cybelle.
Ibidem, VII

El tronco de aquel árbol en que un día
inscribí nuestros nombres enlazados
ya no perturba el tránsito en la calle:
ya lo talaron, ya lo hicieron leña.

5

Quiconques en boira, qui amoureux il devienne.
Ibidem, LXII

Para que en la montaña tu recuerdo quedase
un manantial purísimo consagré a tu memoria.
Hoy en el manantial medran los sapos
y sólo prueban su agua los mosquitos.

6
(*«D'après» José Juan Tablada*)

Si supieras, mi amor, lo que es ir caminando
por la avenida Juárez a las doce del día
y creer encontrarte en las mujeres
que pasan a mi lado, tan lejanas
como tú de mis ojos y mi vida.

7

Afin qu'à tout jamais de siècle en siècle vive...
Ibidem, II

Al dejarme creíste ganar algo, muchacha.
Ahora, pasado el tiempo, hablas de mí con otro.
Dices que sólo valgo cuando empaño
la blancura insondable de una página.
Y crees que la poesía va a preservar mi nombre.

Te agradezco esa última, esa inútil
manera de quererme.
Te equivocas
(lo digo sin dolor y sin desprecio a nada):
mis versos vivirán menos que tu belleza.

IV

IRÁS Y NO VOLVERÁS

[1969-1972]

A la memoria de José Carlos Becerra,
esta conversación que no tendremos nunca

Corre el tiempo, vuela y va
ligero y no volverá.
Don Quijote II, XVIII

La città esiste e ha un semplice segreto:
conosce solo partenze e non ritorni.
Italo Calvino, *Le città invisibili*

I. FALSOS TESTIMONIOS

Ni el agua que transcurre torna a su manantial
Ni la flor desprendida de su tallo
Vuelve jamás al árbol que la dejó caer.
Li Po, traducido por Marcela de Juan

IDILIO

Con aire de fatiga entraba el mar
en el desfiladero.
El viento helado
dispersaba la nieve de la montaña.
Y tú
parecías un poco de primavera,
anticipo
de la vida yacente bajo los hielos,
calor
para la tierra muerta,
cauterio
de su corteza ensangrentada.

Me enseñaste los nombres de las aves,
la edad
de los pinos inconsolables,
la hora
en que suben y bajan las mareas.
En la diafanidad de la mañana
se borraban las penas
del extranjero,
el rumor
de guerras y desastres.

El mundo
volvía a ser un jardín
(lo repoblaban
los primeros fantasmas),
una página en blanco,
una vasija
en donde sólo cupo aquel instante.

El mar latía. En tus ojos
se anulaban los siglos,
la miseria
que llamamos historia,
el horror
agazapado siempre en el futuro.
Y el viento
era otra vez la libertad
(en vano
intentamos anclarla en las banderas).

Como un tañido funerario entró
hasta el bosque un olor de muerte.
Las aguas
se mancharon de lodo y de veneno.
Los guardias
brotaron como surgen las tinieblas.
En nuestra incauta dicha merodeábamos
una fábrica atroz en que elaboran
defoliador y gas paralizante.

«*THE DREAM IS OVER*»

1

—Ya no hay plantas ni peces en el Erie.
Ya está muerto,
como el lago de México.
(Todo ante mí se vuelve alegoría.)

Y aquel momento se hunde para siempre
en las aguas ya turbias de irrealidad.
No había nadie
sino tú y yo en el mundo esa noche de agosto.
No ignorábamos
que jamás volverá.
Nunca en el tiempo se dará otra noche
en que arda la vida en esa orilla
del más bien muerto de los mares muertos.

2

El tiempo entero es muda mutación. Celebremos
el peso de los años.
El que fui en otro mundo
repite sus palabras ante un teatro sin nadie.
Ya no hay nada capaz de alimentarte, poesía.
Muérete de ti misma
o por favor ya cállate.

3

Actos contramemoria. Protestemos
por su fijeza inútil,
la manipulación, las distorsiones,
el falso testimonio.
Aciago don, pecado original,
la memoria que miente siempre.

Contra el recuerdo no hay liberación.
Se borra en parte
y es archivado junto a sus iguales.
Cuando menos se piensa ya está fuera
con ganas de morder.
Ha echado espinas
y encaja los colmillos insaciables
del nunca más.

4

Música
y de repente es la misma canción,
la que sonaba en tardes como aquéllas.
¿Han vuelto o todo es diferente?
La zarza de los días se enreda en la violencia.
El desierto sangra.
Tablas y leyes de conducta.
Multitudes
que dan vueltas y vueltas
al templo de la guerra.
La incertidumbre es todo lo que tengo.
Hoy recomienza
la pesadilla de la historia.

TRES POEMAS CANADIENSES

1. *El estrecho de Georgia*

El bosque frente al mar.
Arriba un águila
en la punta del pino.
Era el crepúsculo.
Se ahogaba el sol
en la isla de Vancouver.

Acaso fue al Aztlán de los aztecas.
De allí partieron siete tribus
y una
fundó tras muchos siglos Tenochtitlan.

De Aztlán sólo quedaron ciertos nombres
sembrados en la arena como piedras.

El águila fue hallada en la maleza,
no heráldica
ni ardiente en el crepúsculo.
En descomposición.
Se alimentó de peces
que envenenaron pesticidas, basura,
desechos industriales.

Sobre Vancouver ya no vuelan águilas.
Hoy la gente ve monstruos en la playa.

Los aztecas creyeron que el dios sol
noche a noche moría en forma de águila.

Viajaba por la tierra de los muertos
para reaparecer al día siguiente
como jaguar a la mitad del cielo.

Los indios de Vancouver habitan
en The Musqueam Reserve
donde el Fraser entrega el agua dulce
de la montaña al mar que abre las alas.

El estrecho de Georgia une y separa
de tierra firme a Aztlán,
el paraíso azteca ya tan muerto
como su capital:
la ciudad del ombligo de la luna.

En The Musqueam Reserve
hay tres campos de golf.
Los antiguos señores de la tierra
cargan los instrumentos deportivos
de los monstruos marinos.

El águila desciende
y el jaguar
no ha bebido la sangre de la noche.

2. *«Song of songs»*

Y cuando han terminado de amarse
él encuentra,
en *el hotel barato de una noche,*
la Biblia.
Busca algunos versículos, recuerda
el sonido que tienen en su idioma:

Emptiness, emptiness, says the Speaker.
Emptiness, emptiness, all is empty...
Charm is a delusion and beauty fleeting...
Why should the sufferer be born to see the light?
Why is life given to men who find it so bitter?...
For we ourselves are of yesterday and are transient;
our days on earth are a shadow...

Y sin embargo, en este mundo de ceniza y de llanto,
Let us praise your love more than wine
and your caresses more than any song.

3. *Adiós, Canadá*

El olor de madera mojada,
la playa gris y los troncos,
la arena que en el volcán ha sido llama y catástrofe,
el sol de nieve, la montaña de musgo,
islas y su alarmada población de gaviotas,
el peso de la nieve que hace visible la caída del tiempo,
un jardín de cristal bajo las luces
de la lluvia nocturna,
serán acaso en la memoria tu olvido:
un arcón de postales marchitas
y mapas que se rompen de viejos.
Pero tu nombre tendrá el rostro o la sombra
de la muchacha a la que dije adiós para siempre.

Odian a César y al poder romano.
Se privan de comer la última uvita
pensando en los esclavos que revientan
en las minas de sal o en las galeras.

Hablan de las crueldades del ejército
en Iliria y las Galias.
Atragantados
de jabalí, perdices y terneras
dan un sorbo
de vino siciliano
para empinar los labios pronunciando
las más bellas palabras:
la uuumaaaniiidaad, el ooombreee, todas ésas
—tan rotundas, tan grandes, tan sonoras—
que apagan la humildad de otras más breves
—como, digamos por ejemplo, *gente.*

Termina la función. Entran los siervos
a llevarse los restos del convite.
Entonces los patricios se arrebujan
en sus mantos de Chipre.
Con el fuego del goce en sus ojillos,
como un gladiador que hunde el tridente,
enumeran felices los abortos
de Clodia la toscana,
la impotencia de Livio, los avances
del cáncer en Vitelio.
Afirman que es cornudo el viejo Claudio
y sentencian a Flavio por corriente,
un esclavo liberto, un arribista.

Luego al salir despiertan a patadas
al cochero insolado
y marchan con fervor al Palatino
a ofrecer mansamente el triste culo
al magnánimo César.

JOSÉ LUIS CUEVAS HACE UN AUTORRETRATO

Aquí me miro ajeno, me desdoblo
para mirarme como observo al otro.
Y veo con otros ojos la mirada
que se traduce en líneas y en espacios.

Mi desolado tema es ver qué hace la vida
con la materia humana. Cómo el tiempo,
que es invisible, va encarnando espeso;
cómo escribe su historia inapelable
en su página blanca: nuestra cara;
cómo toma
la forma de la vida que lo contiene,
y su caligrafía son mis rasgos.

Si mi cara es ajena ¿son los otros
mi verdadero rostro?
Los ojos de mi trazo son los ojos
¿de quién?: ¿Mi semejante o mi enemigo?

Me miro, me dibujo, me convierto
en teatro de un combate interminable.
Con mis manos me pinta la pintura.
Yo soy la humanidad y por mí pasa
toda su historia ciega y me contempla.

∞

Describir su pasaje no es tan sólo
detener el momento sin retorno.
Pues cuando avanzo hacia el pasado vuelvo
de un porvenir sin rostro que hoy asume
el fluir de los rasgos de mi cara.

FRAY ANTONIO DE GUEVARA REFLEXIONA MIENTRAS ESPERA A CARLOS V*

Para quien busca la serenidad
y ve a todos los hombres como iguales
malos tiempos son éstos,
mal lugar es la corte.

Vamos de guerra en guerra. Todo el oro
de Indias se consume en hacer daño.
La espada
incendia el Nuevo Mundo.
La cruz
sólo es pretexto para la codicia.
La fe
un torpe ardid para sembrar la infamia.

Europa entera
tiembla ante nuestro rey.
Yo mismo tiemblo
aunque sé que es tan sólo un hombre más;

* Fray Antonio de Guevara (1480-1545), el autor de *Menosprecio de corte y alabanza de aldea,* fue secretario del emperador Carlos V. En *Relox de Príncipes o Libro áureo del emperador Marco Aurelio,* Guevara intercaló una narración, «El villano del Danubio», en que impugna la conquista, «la codicia de tomar bienes ajenos y la soberbia de mandar en tierras extrañas» y «la tiranía del que tiene mucho sobre el que tiene poco».

pero ha nacido en un palacio real
como pudo nacer en una choza
de la Temistitán, ciudad arrasada
para que sobre sus ruinas brille el sol
del Habsburgo insaciable.

En su embriaguez de adulación no piensa
que su triunfo derrota a los imperios
y ningún reino alcanzará la dicha
con base en la miseria de otros pueblos.

Tras esta gloria bullen los gusanos.
Todo es lucro y maldad.
Pero no tengo
fuerza o poder para cambiar el mundo.

Escribo alegorías engañosas
contra la cruel conquista.
Muerdo ingrato
la mano poderosa que me alimenta.
Tiemblo a veces
de pensar en el potro y en la hoguera.

No, no nací con vocación de héroe.
No ambiciono
sino la paz de todos (que es la mía),
sino la libertad que me haga libre
cuando no quede un solo esclavo.

No esta corte,
no este imperio de sangre y fuego,
no este rumor de usura y soldadesca.

FISIOLOGÍA DE LA BABOSA

La babosa,
animal sutil,
se recrea
en jardines impávidos.
Tiene humedad de musgo,
acuosidad
de vida a medio hacerse.
Es apenas
un frágil
caracol en proyecto,
como anuncio
de algo que aún no existe.

En su moroso edén de baba
proclama
que andar por este mundo
significa
ir dejando
pedazos de uno mismo
en el viaje.

La babosa se gasta dando vueltas
a su espiral.
Lleva a cuestas
su paranoia,
aplastante
condición de su ser.

Nadie quiere a esta *plaga insulsa*
que a ras de tierra o en paredes

lamenta
        una vida que no pidió.

Pobrecita,
            es tan supersticiosa:
teme
      (justificadamente)
que alguien
             venga y le eche la sal.

II. SEÑALES DE VIDA

La vida no se puede discutir.
Es difícil y absurdo defenderla.
TAO CH'IEN

VERACRUZ

Desde su orilla me está mirando el mar.
Cuentas claras
rinden las olas que al nacer agonizan.

Y el sol vive de ahogarse en su violencia.

MAREA BAJA

Como los peces muertos que la marea abandona,
el reflujo de la memoria saca a la podredumbre
lugares, rostros, fechas, voces, aromas.
Su resplandor se vuelve opacidad. El pasado
es un acuario, una prisión de fantasmas.

DE NUEVO

Mansa presencia de la muerte, el oleaje
que se pone a tus pies.
Allí los hombres
arrastran por la arena redes de asfixia.

Todo en el mar es muerte. Sólo vive
esta gaviota inevitable, la misma
que vio el naufragio del prudente Odiseo.

TACUBAYA, 1949

Allá en el fondo de la vieja infancia
eran los árboles, el simulacro de río,
la casa tras la huerta, el sol de viento,
los años calcinados.
Un desierto
que hoy se sigue llamando Tacubaya.

Nada quedó.
También en la memoria
las ruinas dejan sitio a nuevas ruinas.

TRANSFIGURACIONES

Mundo sin sol
lavado por la lluvia.

La luz recobra el aire.
Es transparencia.

Un minuto se enciende
—y cae la noche.

SIEMPRE HERÁCLITO

El viento pasa y al pasar se desdice.
Se lleva el tiempo y desdibuja el mundo.
Somos la piedra a la mitad del torrente:
siempre igual y distinta a cada segundo,
pulida por las incesantes aguas del cambio.

NIAGARA FALLS

Para matar las horas
déjalas que se embistan y se aneguen
y luego se despeñen y destrocen.

El agua siente el paso de las horas.
La hora siente el peso de las aguas.

Y de su muerte nacen otras olas,
veloz marea del tiempo, catarata.

URBANA, ILLINOIS

El muñeco de nieve en el jardín se deshace
cuando la tierra emerge del invierno.
En un jardín más vasto somos todos
figuras contrahechas esperando
nuestra disolución.

STANLEY PARK, VANCOUVER

Por aquellos senderos caminamos.
Los árboles
se alzan allí desde hace miles de años.
Monumentos
que el tiempo erige a una eternidad vulnerable.
Nosotros
no volveremos nunca a contemplarlos.

CONTRAELEGÍA

Mi único tema es lo que ya no está.
Sólo parezco hablar de lo perdido.
Mi punzante estribillo es *nunca más.*
Y sin embargo amo este cambio perpetuo,
este variar segundo tras segundo,
porque sin él lo que llamamos vida
sería de piedra.

A LA QUE MURIÓ EN EL MAR

El tiempo que destruye todas las cosas
ya nada puede contra su hermosura.
Ya tiene para siempre veintidós años.
Ya se ha vuelto corales, musgo marino.
Ya es ola que ilumina la tierra entera.

CONTRA LA KODAK

Cosa terrible es la fotografía.
Pensar que en estos objetos cuadrangulares
yace un instante de 1959.
Rostros que ya no son,
aire que ya no existe.
Porque el tiempo se venga
de quienes rompen el orden natural deteniéndolo,
las fotos se resquebrajan, amarillean.
No son la música del pasado:
son el estruendo
de las ruinas internas que se desploman.
No son el verso sino el crujido
de nuestra irremediable cacofonía.

PARQUE ESPAÑA

El surtidor se vuelve una columna del aire
pero la tierra llama, y el agua
vuelve a su semejanza.
Otro poco
de la fuente alza el vuelo.
Babel erguida en su imposible cohesión,
de nuevo torre
que *a su gran pesadumbre se rinde.*

III. REVÉS DE ALMANAQUE

> La espada con la hoja más fina
> No puede cortar el agua del río en dos
> Para que deje de correr.
>
> Li Po

TARDE OTOÑAL EN UNA VIEJA CASA DE CAMPO

Alguien tose en el cuarto contiguo.
Un llanto quedo.
Luego pasos inquietos,
conversaciones en voz baja.

En silencio me acerco, abro la puerta.
Como temí, como sabía, no hay nadie.

¿Qué habrán pensado al oírme cerca?
¿Me tendrán miedo los fantasmas?

NUEVO MITO DE SÍSIFO

Respira hondo... Ya...
Bueno, ahora empuja
—como hombre, con fibra, sin desmayo—
tu granito de arena.

Y cuando al fin te encuentres en la cima
y lo veas que rueda cuestabajo,
dedícate a buscarlo una y mil veces
en la pluralidad de este desierto.

PROMETEO

> Sólo nos es dada la esperanza por
> aquellos que no tienen esperanza.
> WALTER BENJAMIN

—No lo olvides jamás: hay otros temas.
¿Por qué obstinarse
en la fugacidad y el sufrimiento?
—me dijo Prometeo. Sus cadenas
resonaron de nuevo cuando el buitre
reanudó su tarea entrañable.

RUINAS DEL TEMPLO MAYOR

Aquí cayeron los antepasados.
Pueblos hábiles para la guerra, temerosos
de sus hoscas deidades.
Con manos delicadas para tallar la piedra,
entretejer las plumas,
abrir el pecho del cautivo
—y con lágrimas
para llorar después la servidumbre.

PRIMERA COMUNIÓN

La Eucaristía dejó su aguijoncito
bastante inmune a los racionalismos.
¿Habrá muerto mi alma en sus infiernos?

O a lo mejor, de pronto, cuando muera,
saldrá volando de entre mi carroña
como una palomita.

ROMERÍAS Y DESASTRES

Cuando de vuelta de la peregrinación
los aviones se caen, chocan los trenes,
se incendian autobuses, mueren los fieles,
los santos se defienden argumentando
que van al cielo
justamente por ser insobornables.

UN PAVO REAL VISTO POR MONTES DE OCA

En el vago jardín rubendariano
el soberbio despliega sus vitrales
y en la fuente de musgo lanza un grito
de pavor porque el agua no refleja
su pavoirrealidad.

BÚHO

El ojo inmóvil,
pez de tierra firme,
encendido de noche en su fijeza.
Las garras que se adentran en la carne,
el pico curvo para el desgarramiento...

¿De cuál sabiduría puede ser símbolo
sino de la rapiña, el crimen, el desprecio:
todo lo que ha hecho tu venerada gloria,
Occidente?

SAPO

Es por naturaleza el indeseable.
Como persiste en el error
de su viscosidad palpitante
queremos aplastarlo.

Trágico impulso humano: destruir
lo mismo al semejante que al distinto.

El sapo,
hermoso a su manera,
lo ve todo
con la serenidad
de quien se sabe destinado al martirio.

ELEFANTES MARINOS*

Miden generalmente cinco metros de largo.
Tienen los ojos grandes y brillantes,
dulces como los ojos de un animal nocturno.
Forman manadas, viven
en cavernas marinas.

* *Found poem* recortado de *Fauna mexicana,* por Juan B. Salazar, *Contemporáneos,* 1929.

Aparecen inmóviles:
grandes rocas negruzcas,
amarillentos, sucios, pesadamente informes.
Pertenecen al orden
de los pinnípedos,
familia de los fócidos.
Nombre científico:
Mirounga angustirostris.

PEZ

Para la red, para el arpón naciste.
Para anzuelos, asfixias y sartenes.
Inficionamos por usura tu mar.
Ahora te haces justicia envenenándonos.

ANTIPOSTAL DE RÍO DE JANEIRO

Las polillas atentan contra la propiedad.
Son enemigas de lo establecido.
Son planetas errantes en redor
de un sol hipnótico de incandescencias mortales.

Las polillas más grandes que he visto nunca
morían de calor en el Corcovado,
mirándome con inmensos ojos dolientes.

No fue para ellas la hermosura de Río
sino el hambre, el horror y la tortura.

Tan sólo ven la piedra calcinante
—y este mundo que acaba.

LAS MANOS

Viéndolo bien, son monstruosas las manos
y su extraño pulgar (rencoroso
servidor de los otros cuatro).
Pobre bufón que ignora su pasado:
Gracias a él, o por culpa suya,
hemos hecho la historia.

SÉPTIMO SELLO

Y poco a poco fuimos devorando la tierra.
Emponzoñada ya hasta su raíz,
no queda un árbol
ni un vestigio de río.
El aire entero es podredumbre,
los campos son océanos de basura.
Soy el último humano.
Sobreviví a la ruina de mi especie.
Puedo reinar sobre este mundo,
pero de qué me sirve.

TODO TIENE SU PRECIO

I have been a stranger in a strange land.
Exodus II, 22

Al terminar la represión puritana,
el culto del trabajo, la conciencia
del deber bien cumplido,
tienes visita cada noche en tu cuarto,
la píldora se vende sin problemas,
se puede fornicar en todas partes.
Y no funciona la calefacción,
la burocracia se ha enredado en sí misma,
no hay quien arregle lo que está descompuesto,
las cartas tardan no sé cuántos meses.

INTERCAMBIO CULTURAL

Miss Cynthia Paterson, de Iowa City,
vino a aprender la lengua de Cervantes.
La encontró poderosamente corrupta.
Fue lo de menos.
Regresó satisfecha a su país.
Comprobó en carne propia hasta qué punto
enriquece el espíritu
todo conocimiento de otras lenguas.

PARA QUIEN VIVE ENTRE MURALLAS Y GUARDIAS

De noche los ratones poseen
tus orgullosas propiedades.
Los mosquitos lancean el cuerpo que amas.
Las cucarachas burlan tus medidas higiénicas.
Malos sueños afrentan tu respetabilidad.
Bajan los gatos a orinar tu soberbia.

LOS HEREDEROS

Mira a los pobres de este mundo. Admira
su infinita paciencia.
Con qué maestría han rodeado todo.
Con cuánta fuerza miden el despojo.
Con qué certeza
saben que estás perdido:
tarde o temprano
ellos en masa heredarán la tierra.

«Ô TOI QUE J'EUSSE AIMÉE...»

Y ahora una digresión: consideremos
esa variante del amor que nunca
puede llamarse amor.
Son aislados instantes sin futuro.

En la ciudad donde estaré tres días
nos encontramos.
Hablamos cien palabras.

Pero un brillo en los ojos, un silencio
o el roce de las manos que se despiden
prende la luz de la imaginación.

Sin motivo ni causa uno supone
que llegó pronto o tarde y se lamenta
(«No habernos conocido...»).

Y sin quererlo ni saberlo entraste
en un célibe harén de sombra y humo.

Intocable,
incorruptible al yugo del amor,
viva en lo que llamó De Rougemont
la posesión por pérdida.

IV. EXAMEN DE LA VISTA

¿Adónde fue la luz del día?
¿De dónde vienen las tinieblas?
WEI YIN WU

ODA

Baja la primavera al aire nuestro.
Invade
con sus plenos poderes al invierno.
Todo lo redescubre y lo ilumina.
Brota del mar.
Es Dios o su emisario.

ALBA EN MONTEVIDEO

La noche se deshace lentamente en la luna
que avanza llena de claridad.

AMANECER EN BUENOS AIRES

Rompe la luz el azul celeste.
Se hace el día en la plaza San Martín.
En cada flor hay esquirlas de cielo.

LLUVIA EN COPACABANA

Como cae la lluvia sobre el mar,
al ritmo en que sin pausa se desploma,
así vamos fluyendo hacia la muerte.

EL SEGUNDERO

Digo *instante*
y en la primera sílaba el instante
se hunde en el no volver.

RÍO DE LAS MARIPOSAS

Entre los nadadores distinguimos
a Heráclito el Oscuro
que hizo una señal de despedida.

DEFINICIÓN

La luz: la piel del mundo.

ENIGMAS

Como el pasado ya pasó
no sabes

qué ha sido en realidad
lo que ha pasado.

MAR ETERNO

Digamos que no tiene comienzo el mar:
empieza en donde lo hallas por vez primera
y te sale al encuentro por todas partes.

ESTUDIO

En el mantel a cuadros
la manzana,
semejante a sí misma.

CLÍNICA DE BELLEZA

Ésas que ves allí sudando a mares
pro retorno imposible,
fueron un día
las muchachas en flor.

INTRODUCCIÓN AL PSICOANÁLISIS

Don Segismundo Freud,
tras arduo estudio,

descubrió lo que al otro le costó un verso:
el delito es haber nacido.

UN GORRIÓN

Baja a las soledades del jardín
y de pronto lo espanta tu mirada.
Y alza el vuelo sin fin,
alza su libertad amenazada.

REMEMBRANZA

En el bar, entre dos amargas copas,
hacíamos planes
para un futuro condenado a la inexistencia.
Se elevaba del piano
una canción.
Es todo lo que resta de aquel momento.

CONTAMINACIONES

El esmog, el tabaco, el hexaclorofeno,
el aire emponzoñado que te va corroyendo,
son la vida que filtra en todos su veneno
y siempre nos recuerda: *vivir es ir muriendo.*

APARICIÓN

Cuando abriste la puerta
me deslumbró tu desnudez.
Y hablan de las estrellas de cine,
de las muchachas de *Playboy*.

GATO

Ven, acércate más.
Eres mi *oportunidad*
de acariciar al tigre
—y de citar a Baudelaire.

EL ORIGEN DE LAS ESPECIES

La moda, sí, es imagen de la muerte.
Todo pasa, de acuerdo.
Pero si no pasara yo sería un protozoario
en un mundo de amibas e invertebrados.

APOCALIPSIS POR TELEVISIÓN

Trompetas del fin del mundo
interrumpidas
para dar paso a un *comercial*.

BLASFEMIAS DE DON JUAN EN LOS INFIERNOS

—Dios que castigas la fornicación
¿por qué no haces el experimento?

PARÍS, 1968

> ¿Recuerdas que querías ser
> una Margarita Gautier?
> RUBÉN DARÍO, *Prosas profanas*

¿Recuerdas que querías ser
no una
Margarita Gautier
sino una Rosa Luxemburgo?

NIEVE EN LA ARENA

Sin pausa cae la nieve que pretende
adueñarse del mundo, comenzando
por este inmóvil mar muerto de frío.

FÁBULA

Matamos al centauro y al unicornio.
Sepultamos al fénix en sus cenizas.
Conservamos la vaca, el perro, el conejo:
Tiene indudable riesgo el inconformismo.

VIETNAM

1

Vuelve al Mekong la primavera.
Los árboles,
comidos por el defoliador,
tienen renuevos.
Bombardearon Vietnam como quien manda
flagelar a los mares.

2

Dijeron que iban a defender el mundo occidental y la revolución
no pasaría.
Hoy sus huesos blanquean los arrozales. Entre el fango otoñal
brillan los restos de sus latas y plásticos indestructibles.

TEOTIHUACÁN

Llueve en Teotihuacán.
Sólo la lluvia
ha descifrado a esta ciudad de muerte.

TESTIMONIO

Árboles desgarrados,
testimonio
de la inutilidad de haber vivido.

SUCESIÓN

Aunque renazca el sol
los días no vuelven.

HOY MISMO

Mira las cosas que se van,
recuérdalas,
porque no volverás a verlas nunca.

IRÁS Y NO VOLVERÁS

Sitio de aquellos cuentos infantiles,
eres la tierra entera.
A todas partes
vamos a no volver.
Estamos por vez última
en dondequiera.

V. «CONSIDERANDO EN FRÍO, IMPARCIALMENTE»

A nadie le interesa lo que nos pasa
ni aquello que escribimos.
Somos nuestro único público.

TU FU

¿No ves un año y otro sobre los altamares
a la literatura llorando por su suerte
en el viento de otoño?

LI HO

VIDAS DE LOS POETAS

En la poesía no hay final feliz.
Los poetas acaban
viviendo su locura.
Y son descuartizados como reses
(sucedió con Darío).
O bien los apedrean y terminan
arrojándose al mar o con cristales
de cianuro en la boca.
O muertos de alcoholismo, drogadicción, miseria.
O lo que es peor: poetas oficiales,
amargos pobladores de un sarcófago
llamado Obras completas.

OTRO HOMENAJE A LA CURSILERÍA

Dear, dear!
Life's exactly what it looks,
Love may triumph in the books,
Not here.

W. H. AUDEN

Me preguntas por qué de aquellas tardes
en que inventamos el amor no queda
un solo testimonio, un triste verso.
(Fue en otro mundo: allí la primavera
lo devoraba todo con su lumbre.)
Y la única respuesta es que no quiero
profanar el amor invulnerable
con oblicuas palabras, con ceniza
de aquella plenitud, de aquella lumbre.

D. H. LAWRENCE Y LOS POETAS MUERTOS

They look on and help

No desconfiemos de los muertos
que prosiguen viviendo en nuestra sangre.
No somos ni mejores ni distintos:
tan sólo nombres y escenarios cambian.

Y cada vez que inicias un poema
convocas a los muertos.
Ellos te miran escribir,
te ayudan.

A QUIEN PUEDA INTERESAR

Otros hagan aún el gran poema,
los libros unitarios, las rotundas
obras que sean espejo de armonía.
A mí sólo me importa el testimonio
del momento inasible, las palabras
que dicta en su fluir el tiempo en vuelo.
La poesía anhelada es como un diario
en donde no hay proyecto ni medida.

OBSERVACIONES

1. *Balance*

En aquel año escribí diez poemas:
diez *diferentes formas de fracaso.*

2. *Manifiesto*

Todos somos poetas de transición:
la poesía jamás se queda inmóvil.

3. *Instantáneas*

Dentro de poco tiempo estos poemas
sonarán más ridículos que ahora.
Como no hay fijador en el mercado

se irán desvaneciendo mis palabras,
instantáneas caducas mal tomadas.

4. *Oficio de poeta*

Ara en el mar.
Escribe sobre el agua.

5. *Una cartita rosa a Amado Nervo*

Lo cursi es la elocuencia que se gasta.
No te preocupes
si sonreímos con tus versos dolientes
y nos sentimos hoy por hoy superiores.

Tarde o temprano
vamos a hacerte compañía.

6. *El autor declara su anonimato*

Mis poemas no conquistan un público.
Mis libros congestionan las bodegas.
Nada se puede contra el *Reader's Digest*.

7. *Contra los recitales*

Si leo mis poemas en público
le quito su único sentido a la poesía:
hacer que mis palabras sean tu voz,
por un instante al menos.

8. *Conferencia*

Halagué a mi auditorio. Refresqué
su bastimento de lugares comunes,
de ideas adecuadas a los tiempos que corren.
Pude hacerlo reír una o dos veces
y terminé cuando empezaba el tedio.
En recompensa me aplaudieron.
¿En dónde
voy a ocultarme para expiar mi vergüenza?

9. *Arte poética*

No tu mano:
la tinta escribe a ciegas
estas pocas palabras.

10. *Garabato*

Escribir
es vivir
en cierto modo.
Y sin embargo todo
en su pena infinita
nos conduce a intuir
que la vida jamás estará escrita.

LA MALEZA Y LA SOMBRA

En torno de una idea original
difunde su maleza la retórica,
su óxido fatigado la repetición,
su tormenta de vaho el paso en falso.

En torno de una idea original
hay una muchedumbre de lugares comunes,
frases mal construidas, expresiones
que no ajustaron con el pensamiento.

En torno de una idea original
crece la sombra y la aridez se agolpa.

MISERIA DE LA POESÍA

Me pregunto qué puedo hacer contigo
ahora que han pasado tantos años,
cayeron los imperios,
la creciente arrasó con los jardines,
se borraron las fotos
y en los sitios sagrados del amor
se levantan comercios y oficinas
(con nombres en inglés naturalmente).

Me pregunto qué puedo hacer contigo
y hago un pseudopoema
que tú nunca leerás
—o si lo lees,
en vez de una punzada de nostalgia,
provocará tu sonrisita crítica.

MÍRAME Y NO ME TOQUES

¿Cómo podría explicar *Las soledades,*
concentrarse en Quevedo, hablar de Lope
si en vez de alumnas tiene ante sus ojos
(con permiso de Heine y de sus clásicos)
la rosa, el sol, el lirio y la paloma?

AL TERMINAR LA CLASE

Más temprano que tarde la poesía
llega a los claustros.
Bibliotecas que no consulta nadie,
opiniones de cuarta o quinta mano,
comentarios triviales, haz de anécdotas
en el salón de clase
(auditorio cautivo indiferente).
«Cultura» en fin y «tradición».
Es triste.

Sin embargo la llama no se extingue.
Sólo duerme,
prensada y seca flor en un libro,
que de repente
puede encenderse
viva.

«BIRDS IN THE NIGHT»
(Vallejo y Cernuda se encuentran en Lima)

> Al partir de las aguas peruanas la anchoveta ha puesto en crisis a la industria pesquera y ha provocado en las ciudades del litoral la invasión de las hambrientas aves marinas.
>
> *Excélsior,* 1972

Toda la noche oigo el rumor alado desplomándose
y, como en un poema de Cisneros,
albatros, cormoranes y pelícanos
se mueren de hambre en pleno centro de Lima,
baudelaireanamente son vejados.

Aquí por estas calles de miseria
(tan semejante a México)
César Vallejo anduvo, fornicó, deliró
y escribió algunos versos.

Ahora sí lo imitan, lo veneran
y es «un orgullo para el continente».

En vida lo patearon, lo escupieron,
lo mataron de hambre y de tristeza.

Dijo Cernuda que ningún país
ha soportado a sus poetas vivos.

Pero está bien así:
¿No es peor destino
ser el Poeta Nacional
a quien saludan todos en la calle?

DE SOBREMESA, A SOLAS, LEO A VALLEJO

En el pan huroneado por las hormigas
diminutivamente negrean
sus eficaces sombras.

Un mordisco de nada y ya no está,
desmantelado en el mantel,
tu granito de azúcar.

Las silenciosas ciegas van disciplinando
menudamente
la continua erosión del mundo.

Como ellas
hemos perdido el habla
y es bajo cuerda el acabóse.

ESCRITO CON TINTA ROJA

La poesía es la sombra de la memoria
pero será materia del olvido.
No la estela erigida en la honda selva
para durar entre sus corrupciones,
sino la hierba que estremece el prado
por un instante
y luego es brizna, polvo,
menos que nada ante el eterno viento.

EPÍLOGO

RAMÓN LÓPEZ VELARDE CAMINA POR CHAPULTEPEC
(Noviembre 2, 1920)

Para despedirme de José Carlos Becerra

El otoño era la única deidad.
Renacía
preparando la muerte,
sol poniente
que doraba las hojas secas.

Y como las generaciones de las hojas
son las humanas.

Ahora nos vamos
pero no importa
porque otras hojas
verdecerán en la misma rama.

Contra este triunfo
de la vida perpetua
no vale nada
nuestra mísera muerte.
Aquí estuvimos,
reemplazando a los muertos,
y seguiremos
en la carne y la sangre
de los que lleguen.

V

ISLAS A LA DERIVA

[1973-1975]

Para Alejandra Moreno Toscano y Enrique Florescano

Islas de sílabas a la deriva...

Luis Cardoza y Aragón

I. PRÓLOGO

A Juan Gustavo Cobo Borda

HORAS ALTAS

En esta hora fugaz
hoy no es ayer
y aún parece muy lejos la mañana.

Hay un azoro múltiple,
extrañeza
de estar aquí, de ser
en un ahora tan feroz
que ni siquiera tiene fecha.

¿Son las últimas horas de este ayer
o el instante en que se abre otro mañana?

Se me ha perdido el mundo
y no sé cuándo
comienza el tiempo de empezar de nuevo.

Vamos a ciegas en la oscuridad,
caminamos sin rumbo por el fuego.

EL MAR SIGUE ADELANTE

Entre tanto guijarro de la orilla
no sabe el mar en dónde ha de romperse.

¿Cuándo terminará su infernidad que lo ciñe
a la tierra enemiga,

como instrumento de tortura,
y no lo deja agonizar,
no le otorga un minuto de reposo?

Tigre entre la olarasca
de su absoluta impermanencia.
Las vueltas
jamás serán iguales;
la prisión
es siempre idéntica a sí misma.

Y cada ola quisiera ser la última,
quedarse congelada
en la boca de sal y arena
que está diciendo siempre: adelante.

LAS PERFECCIONES NATURALES

De las capitanías de la oruga
sabe el rosal lo que le corresponde.

Silenciosas boquitas que roen de noche
o bajo la altanera plenitud del gran sol
las perfecciones naturales.

Ante ellas no hay belleza, sólo avidez,
sólo necesidad de estar vivas.

Y perduran matando, como nosotros.

1

Es la hora imperceptible en que se hace de noche.
Y nadie se pregunta cómo se hace la noche,
qué materia secreta va erigiendo a la noche.

2

Mar, devuelve a la noche
la oscuridad que atraes a tu abismo.

3

Llueve y el mundo se concentra en llover.
El agua se ensimisma.
La tierra entera se está hundiendo en la lluvia.

II. ANTIGÜEDADES MEXICANAS

A Carlos Monsiváis

LA LLEGADA

1

Gran cielo malva y en el fondo azulea
la tierra prometida por los muertos. Será
bosque sólo plantado para cortar madera
y campo de cultivo que alimente no sus bocas, las nuestras.
Pero ante todo el oro,
piedra color de sol que es color de Dios.
Y sobre esta piedra
fundaremos el Nuevo Mundo.

2

Toda la noche el rumor de pájaros,
alas en la salobre oscuridad desplegando
hálito de hojas muertas, bosques, follajes.
Tierra inventada por el mar, desnuda
la isla para el grito que da el vigía.

3

Alta mar que se inclina cuando ofrece a la tierra
el sacrificio de su oleaje.
Verde y azul y color de arena
es la ola al romperse. En su insaciedad

¿qué palabra muda
dice a la playa eternamente la espuma?

CEREMONIA

De entre los capturados en la Guerra Florida
escogeremos uno. Para él serán
las vírgenes del templo, la comida sagrada, todo el honor
que la Ciudad de México reserva
a quien es elegido por sus deidades.

Y pasados tres meses se vestirá
con la piel del dios vivo.
Será el dios mismo
por algunos instantes.

Más tarde subirá la escalinata
entre el aroma de copal y el lúgubre
sonido de atabales.

Hasta que en el remate de la pirámide
le abran el pecho para alimentar,
con la sangre brotada del sacrificio,
al sol que brilla entre los dos volcanes.

BECERRILLO

Y Cristóbal Colón también lanzó
contra los indios de Santo Domingo
disparos de metralla, una jauría

de perros antropófagos. Entre sus fauces
murieron centenares. Ya la historia
olvidó el episodio. Pocos saben
que la avanzada civilizadora
tuvo su héroe, un dogo: *Becerrillo*.
Colón le dio la paga de dos soldados.

TULUM

Si este silencio hablara
sus palabras se harían de piedra.
Si esta piedra tuviera movimiento
sería mar.
Si estas olas no fuesen prisioneras
serían piedras
en el observatorio,
serían hojas
convertidas en llamas circulares.

De algún sol en tinieblas
baja la luz a este fragmento de un planeta muerto.
Aquí todo lo vivo es extranjero
y toda reverencia profanación
y sacrilegio todo comentario.

Porque el aire es sagrado como la muerte,
como el dios
que veneran los muertos en esta ausencia.

Y la hierba se arraiga y permanece
en la piedra comida por el sol

—centro del tiempo, abismo de los tiempos,
fuego en el que ofrendamos nuestro tiempo.

Tulum se yergue frente al sol. Es el sol
en otro ordenamiento planetario. Es núcleo
del universo que fundó la piedra.

Y circula su sombra por el mar.
La sombra que va y vuelve
hasta mudarse en piedra.

PRESAGIO

Se puso el sol, brillaron las montañas.
El Gran Tlatoani entró en sus aposentos.
Incapaz de dormir, fue hasta las Salas
Negras de su palacio, destinadas
a los estudios mágicos, recinto
de la sabiduría de los padres.
Miró el lago (jade bajo la noche), la ciudad,
isla rodeada de volcanes.

Y dijo el mensajero: —Piden verte,
señor, dos pescadores. Encontraron
un ave misteriosa. Es su deseo
que no la mire sino Moctezuma.

Entraron los dos hombres,
con el ave en la red. El Gran Tlatoani
observó que en lugar de la cabeza
tenía un espejo. En él vio que surgían

casas sobre la mar y unos venados
cubiertos de metal, grandes, sin cuernos.

—Vuelven los dioses —dijo Moctezuma—.
Las profecías se cumplen. No habrá oro
capaz de refrenarlos. Del azteca
quedarán sólo el llanto y la memoria.

DOÑA MARINA

Jerónimo de Aguilar y Gonzalo Guerrero, los náufragos,
hicieron vida con la tribu,
aprendieron la lengua maya. Gonzalo
tuvo mujer, engendró hijos. Aguilar
exorcizó todo contacto, rezó el rosario
para ahuyentar las tentaciones.

Llegó Cortés y supo de los náufragos. Gonzalo
renunció a España
y peleó como maya entre los mayas. Jerónimo
se incorporó a los invasores. Sabía la lengua,
pudo entenderse con Malinche, que hablaba
maya también y mexicano.
A estos traductores
debemos en gran parte
la conquista y colonia, el mestizaje,
el enredo llamado México, la pugna
de hispanismo e indigenismo.

CIUDAD MAYA COMIDA POR LA SELVA

De la gran ciudad maya sobreviven
arcos, desmanteladas construcciones, vencidas
por la ferocidad de la maleza.
En lo alto el cielo en que se ahogaron sus dioses.
Las ruinas tienen
el color de la arena. Parecen cuevas
ahondadas en montañas que ya no existen.
De tanta vida que hubo aquí, de tanta
grandeza derrumbada, sólo perduran
las pasajeras flores que no cambian.

TEMILTOTZIN DE TLATELOLCO

Temiltotzin, nacido en Tlatelolco,
se hizo poeta en el calmécac, dejó escrito:
«Dios me envió a la tierra
para hacer la amistad entre los hombres.»
Pero llegó Cortés y Temiltotzin
fue tlacatécatl, general azteca.
Defendió la ciudad junto a Cuauhtémoc
y cuando los cañones y la peste
acabaron con todo y el hedor
de los muertos llenaba el aire,
resistió en Tlatelolco hasta caer
al lado del tlatoani.

Cortés lo mandó a España. Temiltotzin
se negó a ser esclavo, se arrojó
a las olas del mar y nadie sabe

si acabaron con él los grandes peces
o si alcanzó la orilla.

FRANCISCO DE TERRAZAS

Su primera pasión fue la extrañeza.
¿Quién era en este mundo no europeo ni indio?
(botín de algunos pocos, infierno en vida
para los derrotados, ruina y promesa,
vergel de Europa y desierto de América).

Sintió que por herencia de conquista
era suya esta tierra.
Ni azteca ni español: criollo, por tanto
el primer hombre de una especie nueva.
Y halló su identidad en el idioma
que vino con la cruz hecha de espadas.

Cuando ardieron los libros de la tribu
quedó en silencio el escenario. Terrazas
fundó la otra poesía y escribió
el primer verso del primer soneto:
Dejad las hebras de oro ensortijado...

CAVERNA

Es verdad que los muertos tampoco duran.
Ni siquiera la muerte permanece.
Todo vuelve a ser polvo.

∞

Pero esta cueva preservó su entierro.
Aquí están alineados,
cada uno con su ofrenda,
los huesos dueños de una historia secreta.

Aquí sabemos a qué sabe la muerte.
Aquí sabemos lo que sabe la muerte.
La piedra le dio vida a esta muerte.
La piedra se hizo lava de muerte.

Todo está muerto.
En esta cueva ni siquiera vive la muerte.

LA SECTA DEL BIEN

Era tan sólo un párroco de aldea,
criollo o tal vez mestizo, que de repente
abrió los ojos al horror del mundo,
vio la pena infinita, el sufrimiento
en la tierra, en las aguas, en el aire.
Y le dijo a otro párroco que Dios
no era responsable de todo esto:
El mundo cayó en manos del demonio
y el gran usurpador al que venera
la ceguedad cristiana
tiene al único Dios en el infierno.

El cura que escuchó la confesión
escribió al Santo Oficio. El denunciado
ardió en la leña verde, fue a reunirse
con su Dios —que es amor— en el infierno.

SOR JUANA

Es la llama trémula
en la noche de piedra del virreinato.

LAS RUINAS JUNTO AL MAR

Entre los juncos donde el mar se estanca
las ruinas de un fortín, piedra caliza
y semidevoradas por la selva.
Manchas de moho, huellas de un incendio
y la raíz de un árbol hiende el muro.

Adentro una inscripción casi borrada.
Aún se alcanza a leer *Mil setecientos...*
Luego *Carlos III* y el nombre de un virrey.
Pardo vestigio
de una opresión que ya cambió de nombre
pero nos sigue atando.

UN POETA NOVOHISPANO

Como se ahogaba en su país y era imposible
decir una palabra sin riesgo;
como su vida misma estaba en manos
de una sospecha, una delación, un proceso, el poeta
llenó el idioma de una flora salvaje. Proliferaron
estalactitas de Bizancio en sus versos.

Acaso fue rebelde, acaso comprendió
la ignominia de lo que estaba viviendo:
El criollo resentido y cortés, al acecho
del momento en que se adueñaría de la patria ocupada
por hombres como su padre. En consecuencia
más ajenos, más extranjeros, más invasores todavía.

Acaso le dolió el tener que escribir sin tregua
panegíricos, versos cortesanos, juegos de hueco ingenio,
pomposidades serviles.
Sus poemas verdaderos en los que está su voz, los sonetos
que alcanzan la maestría en el nuevo arte,
a la sombra de Góngora, es verdad,
pero con algo en ellos que no es enteramente español,
los sembró noche a noche en la ceniza.

Han pasado los siglos y alimentan
una ciega sección de manuscritos.

EL PADRE LAS CASAS LEE A ISAÍAS, XIII

Estruendo de multitud en los montes,
como de mucho pueblo.
Y traen los instrumentos de su furor
para borrar del suelo a los opresores.
Y los castigarán por su iniquidad
y harán que cese la arrogancia de los soberbios.
Y ya nadie se ocupará de la plata
ni seguirá codiciando el oro.

«VECINDADES» DEL CENTRO

Y los zaguanes huelen a humedad.
Puertas desvencijadas
miran al patio en ruinas. Los muros
relatan sus historias indescifrables.
Los peldaños de cantera se yerguen
gastados a tal punto que un paso más
podría ser el derrumbe.

Entre la cal, bajo el salitre, el tezontle.
Con este fuego congelado se hizo
una ciudad que a su modo inerte
es también un producto de los volcanes.

No hay chispas de herradura que enciendan
las baldosas ya cóncavas. Por dondequiera
autos, manchas de aceite.

En el XVIII fue un palacio esta casa.
Hoy aposenta
a unas quince familias pobres,
una tienda de ropa, una imprentita,
un taller que restaura santos.

Flota un olor a sopa de pasta.
Las ruinas no son ruinas, el deterioro
es sólo de la piedra inconsolable.
La gente llega, vive, sufre, se muere.
Vienen los otros a ocupar su sitio
y la casa arruinada sigue viviendo.

MÉXICO: VISTA AÉREA

Desde el avión ¿qué observas? Sólo costras,
pesadas cicatrices de un desastre.
Sólo montañas de aridez, arrugas
de una tierra antiquísima, volcanes.

Muerta hoguera, tu tierra es de ceniza.
Monumentos que el tiempo erigió al mundo,
mausoleos, sepulcros naturales.
Cordilleras y sierras nos separan.
Somos una isla entre la sed, y el polvo
reina sobre el encono y el estrago.

Sin embargo, la tierra permanece
y todo lo demás pasa, se extingue.
Se vuelve arena para el gran desierto.

CRÓNICA

La guerra terminó o tal vez no ha empezado.
El fuego derribó nuestras murallas
y hacemos guardia entre las armas rotas.
En el aire se palpa un rumor de lluvia.
Aún no desciende pero está manchada
por nuestra sangre. ¿Somos inocentes
o somos los culpables de la matanza?
¿Quién desertó o ha muerto como un héroe?
No lo sabremos nunca. En esta noche
toda nuestra ventura se reduce
a esperar, a esperar aquella guerra
que aún no comienza
o se encendió hace siglos.

III. ESCENAS DEL INVIERNO EN CANADÁ

A mis amigos de Toronto: María Elena y Mario J. Valdés, Keith Ellis y Elena Schlanger

OLD FOREST HILL ROAD

Calle en penumbra, y el invierno baja
en escuadrones a su helada lumbre.
Hojas aún verdes en el prado, signos
de que el estío no ajustó su ciclo.
Casas cerradas y en silencio, enigmas
de cuántas vidas que pasaron *(y otras*
que pasarán) sin que mis ojos sepan
cómo pasaron.
Porque no estuve ni estaré. He venido
sólo de paso a esta ciudad, a este mundo.
Soy extranjero en esta tierra. En todas
seré extranjero. Al regresar, mi patria
habrá cambiado. Y no estaré ni estuve.
Mi única tierra es una calle ajena
de hojas aún verdes que el otoño entrega
al hondo invierno y a su helada lumbre.

JARDÍN DE ONTARIO

Pinos que no otoñecen.
Plantas perennes
invulnerables como el sol.
Algunas patrioteras hojas de arce.
Carnicería de leños esperando
volver al polvo.

Página blanca
que de improviso se ve cubierta
por la escritura de la nieve.

RUMOR

Tenues aguas muro abajo en la noche.
Hilo sonoro aunque siempre invisible,
¿de dónde cae y por qué
sólo fluye de noche?

Fuente oscura en que manan hondas tinieblas,
corriente prisionera,
en ti la sombra
vuelve a ser libre.

LA RAMA

De pronto la visión
de la rama desnuda por la ventana.
Su dibujo crispado se encamina,
arabesco o araña,
entre la nieve.

Esta caligrafía del invierno
trae la esperanza de un renacimiento.
Pero nunca será tan bella
como hoy su menuda muerte.
Savia que hierve inmóvil o duerme.

Inscripción en el aire. Nave.
Este jardín, como mil jardines,
pudo ser, sin saberlo, el paraíso.

DESPERTAR

Abre los ojos el jardín. No hay nadie.
Se detiene la noche en su espesura
porque el aire ya invoca al nuevo día.
Mundo que nace de sí mismo, esfera
hecha de tiempo en derredor. Las horas
bajan sin pausa a la memoria.
Abro los ojos. Veo el jardín: no hay nadie.
Abre los ojos el jardín: me mira.

NOCHE Y NIEVE

Me asomé a la ventana y en lugar de jardín, hallé la noche
constelada de nieve.

La nieve hace tangible el silencio. Es el desplome de la luz y se apaga.

La nieve no quiere decir nada:

Es sólo una pregunta que deja caer millones de signos de
interrogación sobre el mundo.

EL FUEGO

En la madera que se resuelve en chispa y llamarada,
luego en silencio y humo que se pierde,
miraste deshacerse con silencioso estruendo tu vida.
Y te preguntas si habrá dado calor,
si conoció alguna de las formas del fuego,
si llegó a arder e iluminar con su llama.
De otra manera todo habrá sido en vano.
Humo y ceniza no serán perdonados
pues no triunfaron contra la oscuridad,
leña que arde en una estancia desierta
o en una cueva que sólo habitan los muertos.

«CON LA IGNORANCIA DE LA NIEVE»

Miro caer la nieve. Estoy en medio
de la nieve que cae iluminada
por una luz del otro mundo.

La nieve existe porque su descenso
deja su huella en mí, lo cubre todo
con su seda apagada.

Entre el aire de nieve me encamino
hacia la noche de Toronto, inmensa
llanura, lividez desamparada.

Abro otra puerta. No hay misterio: entiendo
que el mundo comenzó por ser de nieve.
En lo hondo de la nieve las estrellas

se dirían de nieve iluminada
y próxima a caer: apocalipsis
silencioso y voraz como la nieve.

INSISTENCIA

Una vez más hablemos de la nieve. Digamos:
su virtud cardinal es el silencio.
Sabe nacer con impecable suavidad en la noche
y al despertar la vemos adueñada
de la tierra y los árboles.

¿Adónde irá la nieve que hoy te rodea?
La nieve que interminablemente circunda
la casa y la ciudad volverá al aire,
será agua, nube y luego otra vez nieve.
Tú no tienes sus virtudes mutantes
y te irás, morirás, serás tierra.
Serás polvo en que baje a apagarse la nieve.

RITO SOLAR

Numeroso es tu brillo sobre la nieve,
sol afilado que entre la distancia
vienes a interrumpir tanta grisura
con un número fuera de programa.

Dices como una araña: —Estoy aquí.
Aún tengo fuerzas para conjurar

las edades de hielo que se ciernen
contra mi diminuto protectorado.

Otros viejos planetas se congelaron
o los dejaste caer en llamas,
como un fallido borrador
del que no quieres ni acordarte.
Hoy subrayas que somos tu propiedad
y repartes en torno de la luz
la feroz advertencia de este invierno.

LA ISLA

Llegamos a la isla. El otoño
se abría paso en el aire, y en el lago
las hojas encarnadas y amarillas flotaban
como los peces muertos.

Sólo me acompañó a la playa el crepúsculo.
Aguas color de mar, piedras como olas.
Por todas partes
las infinitas hojas caídas.
La isla y yo éramos
hojas también y nunca lo supimos.

HORSESHOE FALL

> Nadie resiste fotografiar la catarata o, en el peor caso, arrojar al torrente unos cuantos versos.
> JULIÁN HERNÁNDEZ, *Por tierras del norte* (1936)

El agua está cayendo desde la eternidad.
Grandes aguas, masas que no se amansan, estampida
de millones de gotas como bisontes, tonel sin fondo
que revienta de cólera
—aunque tal vez esté ya resignado,
ya sepa que es perfecto e incomparable.

Lo contemplamos
desde todos los ángulos:
a la distancia,
por encima y abajo,
en pasadizos,
tallados como el mismo cañón,
en la roca viva.

Pero no estamos a su altura. Sus ojos
no nos permiten verlo.
Sólo espuma,
sólo estruendo y espuma y una helada
salpicadura,
con el frío
del áisberg infinito que llena el cielo,
los espacios eternos, la noche cósmica
que al deshelarse engendra a la catarata.

LAGO ONTARIO

Aquí en el medio no se le ve fin
al lago que zozobra en el firmamento,
poblado de islas fugitivas, gaviotas
en permanente desbandada.
Mar se diría pero no huele a sal,
aunque a veces las ondas se hacen oleaje.
Todo es azul mientras lo navegamos,
todo belleza y calma.
Hasta que al acercarnos a la ciudad
surgen las manchas pardas casi negruzcas
y los áisbergs de espuma sucia
de los letales detergentes.

UNA ROSA, LAS ROSAS

Nadie corte a la rosa que está allí,
detenida en su trémulo esplendor
para el que no hay mañana.
Nadie la corte: déjenla morir
para que exista siempre en el jardín
una rosa, otra rosa.

SOUVENIR

Aún queda nieve entre los árboles. Hay hojas
calcinadas de otoño bajo los setos.
Las ramas, blancas o pardas, todavía se desploman
bajo el agravio de su desnudez. Sin embargo,

la ardilla al fin ha abandonado el subsuelo
y el primer petirrojo ya escarba
en su coto de caza, ya pesca
las lombrices que han vuelto a la hierba.

El sol opaco pinta bosques de sombra
en la mancha de nieve. Ya todo
se dispone a vivir nuevamente.

Contemplo el móvil cuadro en la pared: esta ventana.
No volverán mis ojos
a detenerse en el jardín.
Seguirá la casa
con algo de nuestras voces y nuestras vidas.

Es demasiado el equipaje. No puedo
guardarme ni siquiera una hoja muerta
y calada de invierno.

A falta de una cámara, un pincel
o habilidad para el dibujo, me llevo
—como única constancia de haber estado—
unas cuantas palabras.

IV. HABLA COMÚN

A Cecilia Bustamante y Julio Ortega

LA FLECHA

No importa que la flecha no alcance el blanco.
Mejor así.
No capturar ninguna presa,
no hacerle daño a nadie,
pues lo importante
es el vuelo, la trayectoria, el impulso,
el tramo de aire recorrido en su ascenso,
la oscuridad que desaloja al clavarse,
vibrante,
en la extensión de la nada.

CINEVERDAD

¿Dónde estarán aquellas horas? Te preguntas
pero no con nostalgia,
porque parece
un gasto imperdonable de energía
dispendiar el brevísimo tiempo que nos fue dado
en tantas situaciones diferentes
(melodramas, sainetes, vodeviles,
parodias de parodias, una tragedia)
a que se ajusta la experiencia vivida.

En algún cine de otra eternidad
han de pasar ahora esas películas.
Todo en copias rayadas, más bien difusas,
hasta que se haga polvo el celuloide.

SANTA MARÍA

Homenaje a Juan Carlos Onetti

Esta ciudad se inventa otro pasado.
El silencio está fuera de lugar.
Las casas son vestigios de un mundo ausente.
La noche se desploma sobre otra época.
El aire envenenado huele a campos antiguos.
Y todo se vuelve aún más extraño
porque lo reconozco.
Porque ya en cierta forma estuve aquí
(donde no he estado nunca).
Porque he perdido la ciudad insondable
que ahora recobro misteriosamente.
¿Y quién podrá decirme la verdad en este cauteloso fin del mundo?
¿Estoy vivo en mi vida pero me adentro en una fantasmagoría?
O todo, a fuerza de ser real,
¿me está volviendo un azorado fantasma?

PIEDRA

Lo que dice la piedra
la noche a veces logra descifrarlo.
Nos mira con su cuerpo todo de ojos.
Con su inmovilidad nos desafía.
Sabe mejor que nadie ser permanencia.

Ella es el mundo que otros desgarraron.

LOS JUGUETES

Desagravio a Juan de Dios Peza

Cuando la infancia pasa
los juguetes se vuelven tristes.
Una melancolía sorda aparece
en sus desgarradores ojos de vidrio.

Sienten su muerte.
Saben que los espera en un desván
su infinito destierro de cadáveres.
Y con ellos han muerto para siempre
los días del niño.

Oso, conejo, ardilla de un bosque antiguo
vuelto ceniza.
Ni ahora ni nunca
volverán a los brazos
que acompañaron.

ESTACIÓN TERMAL

Para huir del dolor aquí trajimos
todos nuestros pesares.
Nos acompañan, se renuevan, llenan
el pobre cuerpo que les da aposento.

Cada cual es distinto. Nadie puede
reconocer su pesadumbre en el otro.
Nadie tampoco hace el esfuerzo.

Aquí nos mata la vejez.
Aquí nos entretiene
la enfermedad
con un tablero de esperanza.
Aquí por un momento la locura
parece más serena.

Bien descansados, bien comidos, vamos
cayendo uno por uno.

DANZÓN

Tristes las olas cuando se apagaban
en el recodo maloliente. Montañas
de ostras deshabitadas. La cloaca,
injuria al mar que en modo alguno lava
la suciedad del mundo.

Y de repente sonó el danzón,
música triste de un nunca más.
La tocan muertos que siempre están
vivos y presos en algún disco,
y condenados a repetir
un acto antiguo como este mar

cuando alguien echa una moneda.

DOS POEMAS ESPAÑOLES

A la memoria de Raúl Gustavo Aguirre

1. *Esopo, por Velázquez*

Este retrato imaginario,
asexuado,
muestra al fabulista
con un aire de Goya
y mirada de madre triste.

Su rostro,
herido por el desencanto,
irradia
una melancolía incurable.

Su mano izquierda
sostiene sin entusiasmo unos manuscritos.
La derecha
calma un dolor de vientre,
producto
de su indecible pesadumbre.

No está peinado
ni vestido de calle.
Lo cubre una tosca bata.
Hay a sus pies una tinaja
y algunas prendas misteriosas.

Mechones negros
son entre el pelo blanco

la señal última
de su antiquísima juventud.
La sombra invade
por la izquierda esta acre fábula ocre.

2. *Galdós*

En los últimos años
la tristeza,
la doliente ceguera
y la arteriosclerosis.

Y por si fuera poco
el odio
de media España,
la indiferencia
de la otra media.

Le arrebataron
el premio Nobel
y se burlaron
del «olor a garbanzos»
que hay en sus libros.

Interrumpía su martirio
paseando a solas por Madrid.
Desde el coche
percibía los ambientes
y en sus tinieblas, en su soledad
lo habitaban
los personajes con que amplió el mundo.

Fue lentoroso
el proceso que lo llevó a convertirse
por fin en una más de sus invenciones.

CONVERSACIÓN

Densa la noche que rodea la casa,
sonoro el campo
y el cerrado estruendo
de los grillos avanza por el aire.
Grandes avispas quieren calcinarse
contra la luz opaca.

Todo es noche,
todo es calor
nacido de la tierra.

Y enmedio de esta indiferencia
un minuto nos une. Conversamos.
Estamos juntos sin proximidad.

Y se rompe el encanto.
Desde ahora
seremos otra vez desconocidos.

HOTEL

El frío de las migraciones,
la desolada conversación de los que están despiertos hasta el
amanecer,

y cuando el sol derrumba las materias nocturnas
se miran a los ojos y se ven lívidos y como si tuvieran ceniza,
mientras afuera el verde río se pudre
y se difunde el clima artificial
que aísla los cuartos del hotel
y los convierte en frigoríficos.

«H & C»

En las casas antiguas de esta ciudad las llaves del agua
tienen un orden diferente.
Los fontaneros que instalaron los grifos
dieron a *C* de *cold* el valor de *caliente;*
la *H* de *hot* les sugirió agua *helada*.

¿Qué conclusiones extraer de todo esto?:
Nada es lo que parece.
Entre objeto y palabra cae la sombra,
presentida por Eliot.

Para no hablar de lo más obvio:
Cómo el imperio nos exporta un mundo
que aún no sabemos manejar ni entender.
Un progreso bicéfalo (creador
y destructor al mismo tiempo
y como el mismo tiempo)
al que no es fácil renunciar.

Nadie que ya disfrute el privilegio
(tener agua caliente es privilegio)

se pondrá a cavar pozos, a extraer
aguas contaminadas de un arroyo.

Todo acto es traducción: sin este código
se escaldará quien busque
bajo *C* el agua fría.
Los años pasarán sin que se entibie
la que mana de *H*.

LOS MUERTOS

Quién impuso esta ley infame que obliga
a confinarnos en atroces
reservaciones de corrupción y olvido
en que medra la zarza
mientras los días opacan
la menuda perpetuidad del mármol.

Baja la noche por la enredadera
y aquí abajo decimos a la muerte
lo que el grano de arena susurra
a la ola que lo alza en vilo.

Vil sonido, como hachas
en un bosque invisible:
la desintegración
de la carne que no retorna.

Crueldad de abandonarnos a nuestros restos.
Mejor el fuego
o los cuervos de la montaña.

Nada hay capaz de compensar
la humillación de hundirse aquí abajo,
pudriéndose
sin que la caja funeral
nos permita volver al polvo.

INMEMORIAL

El misterioso día
se acaba con las cosas que no devuelve.

Nunca nadie podrá reconstruir
lo que pasó ni siquiera en éste
más cotidiano de los mansos días.

Minuto, enigma irrepetible.

Quedará tal vez
una sombra, una mancha en la pared,
vagos vestigios de ceniza en el aire.

Pues de otro modo qué condenación
nos ataría a la memoria por siempre.

Vueltas y vueltas en derredor de instantes vacíos.

Despójate
del día de hoy para seguir ignorando y viviendo.

INSCRIPCIONES EN UNA CALAVERA

Si cuando vivos somos diferentes, en cambio
todas las calaveras se parecen.
Son la imagen y el fruto de la muerte.

El cráneo con textura ya de marfil
observa detenidamente la noche.
Y visto al sesgo en el espejo parece
un cascarón de huevo que ya dio alas
a quien latía en su interior fecundante.

Está vacío, ya es vacío, pero sin él
no habría existido la existencia.
Y sin decirlo quiere interrogarnos,
hacer de nuevo las preguntas eternas:

¿Llevamos siempre adentro la propia muerte
o (contra Rilke) carga el esqueleto
pesadumbre de carne, corrupción
sobre la calavera incorruptible?

Es la piedra pulida por ese mar
al que no vemos sino encarnado en sus obras.
El tiempo hizo la mueca de este horror;
también esculpe con su transcurrir
la belleza del mundo. Y así pues,
resulta un acto de justicia poner
sobre su frente la gastada inscripción:
Este cráneo se vio como hoy nos ve.
Como hoy lo vemos
nos veremos un día.

EL POZO

> El método habitual para purificar el agua de los pozos: mantener una tortuga en su fondo, resultaba una forma eficaz de contaminación.
>
> AMBROSIO ORTEGA PAREDES,
> *El agua, drama de México*

Quizá en el fondo estábamos tratando
de fingir que fingíamos
—pero dijimos la verdad.

En efecto, la vida
no es la resonancia, es la piedra
que antes de dibujar los ecos en el agua
despierta círculos
de tembloroso moho en las paredes.

Y en la hondura del pozo cae sin fuerzas
en la mustia tortuga que arrojaron,
como instrumento o talismán o conjuro,
para purificar con sus devoraciones
el agua o la conciencia.
Y ahora vemos
cómo nuestros ardides son las trampas
donde nos deslizamos sin remedio.

Claro está: la tortuga
no limpia, contamina.
La piedra que cae a plomo nos engaña.
Nunca sabremos la extensión del pozo
ni su profundidad ni el contenido
de sus emponzoñadas filtraciones.

V. ESPECIES EN PELIGRO (Y OTRAS VÍCTIMAS)

Para Andrew P. Debicki

LOS PÁJAROS

La primera impresión de Veracruz en mi infancia
fue aquella densa marejada:
negras aves que parecían traer la noche en sus alas.
—Se llaman pichos —me dijeron.
Deben ser tordos o zanates o alguna variedad semejante.
Aunque el nombre no importa, lo perdurable
era la oscura garrulería, el temor,
la indisciplina misteriosa con que los pájaros
iban cubriendo —grandes gusanos o langostas— los árboles.
Bajaban como aerolitos de las cornisas y los cables eléctricos,
inerme multitud que intenta en vano conjurar la catástrofe.

El crepúsculo ahogado de calor se extinguió,
lumbre ya sin rescoldo en aquellas frondas.
También el cielo fue un ave negra
e inesperadamente se posó el silencio en el aire.
Entramos en el hotel después del largo viaje.
Mi abuelo
compró el periódico de México
y me leyó noticias de aquella bomba,
de aquel lugar con un extraño nombre remoto,
de aquella muerte que descendió como la noche y los pájaros,
de aquellos cuerpos vivos arrasados en llamas.

LOS OJOS DE LOS PECES

A la orilla del mar la curva arena
y una hilera de peces muertos.
Como escudos después de la batalla.
Sin vestigio de asfixia ni aparente
putrefacción.

Joyas pulidas por el mar, sarcófagos,
encerraban su propia muerte.

Había un rasgo
fantasmal en aquellos peces:
ninguno tenía ojos.
Doble oquedad en sus cabezas.
Como si algo dijera que sus cuerpos
pueden ser de la tierra.
Pero los ojos son del mar.
Por ellos mira el mar.
Y cuando muere el pez en la arena
los ojos se evaporan, y al reflujo
recobra el mar lo que le pertenece.

OBRA DE ARTE

Por su luz invisible baja la araña
y, deslumbrado ante su perfección artística,
respondes
con un hilo de baba
que no es flexible ni tampoco sirve
para subir al cielo.

Tanta paciencia y tanta perfección
en vano.

Porque la escala fue también sudario
y su obra una red para atrapar
la intolerante suela del zapato.

BALLENAS

Grandes tribus flotantes, migraciones,
áisbergs de carne y hueso, islas flotantes.

Suena en la noche triste
de las profundidades
su elegía y despedida,
porque el mar
fue despoblado de ballenas.

Sobrevivientes de otro fin de mundo,
adoptaron la forma de los peces
sin llegar a ser peces.

Necesitan salir a respirar
cubiertas de algas milenarias.
Entonces
se encarniza con ellas la crueldad
del arpón explosivo.

Y todo el mar se vuelve un mar de sangre
cuando las llevan al destazadero
para hacerlas lipstic, jabón, aceite,
alimento de perros.

∞

Sus ojos son los párpados del alba.
De sus narices sale humo
como de olla o caldero que hierve.
En su cerviz está la fuerza
*y delante se esparce el desaliento.**

LANGOSTA

De la langosta se sabe que, a pesar de su excelente armadura y sus costumbres del abismo marino,

llega a la tierra destinada al tormento.

HORMIGAS

Las hormigas van y vienen por el sendero bajo la hierba, con sus inmensas cargas solidarias, su disciplina ciega, su voluntad constructora, no se preguntan para qué han nacido, cuál es el objeto de sus afanes, qué justifica su fatiga, son libres, no tienen yo, carecen de ambiciones individuales, no les importa el paso del tiempo, saben que están aquí porque siempre hubo hormigas y deben continuar su camino contra el veneno y contra el pisoteo, para que este planeta no se vuelva otro lugar desierto y sin hormigas.

* Job 41, 18-22.

MORITURI

Difícil es morir con dignidad. Preguntadlo
a la res que sucumbe en el matadero
o al pollo al dar de vueltas decapitado.
Nadie elige su muerte, sólo el suicida.

Y allí también se topa con la dificultad:
los sesos que emporcaron el escenario,
el lavado de estómago, la autopsia,
la sangre tan deslumbrante y tan repulsiva
—y la mueca de espanto.

ZOPILOTE

No es una injuria al reino de las aves.
Tampoco aberración o falla natural perpetuada
por mera inercia evolutiva.

Al arte por el arte del pavo real o del faisán corresponde
su equivalente utilitario. (La belleza
está en los ojos de quien la contempla
y es cuestión relativa.)

Lo ves y te conduele su asimetría,
el color apagado y más bien luctuoso
y la no menos plúmbea repugnancia
de su moco de pavo. (Todo él,
aun sin la papada, se diría
un guajolote incomestible.)

Concedamos: es feo como el diablo.
(¿Alguien conoce al diablo?)
Y suscita los odios más despiadados.
(Es común apedrearlos; he visto niños
que se adiestraban para ser verdugos.)

Pero sin esta variante regional
del buitre tan infamado por la retórica,
sin este «aura tiñosa» o «gallinazo»
—con tales nombres se le injuria—
¿qué hubiera sido
de los lugares pobres frecuentados
por la fiebre amarilla y otras plagas
de los *tristes tropiques*?

Los zopilotes
fueron nuestras brigadas de reciclaje.
Ahora se han acabado los zopilotes.
La basura está a punto de ahogar al mundo.

CABALLO MUERTO

Al verlo en la llanura no parece a primera vista un cadáver. De lejos su rancia animalidad se vuelve asunto de sastrería o mecánica.
Sus entrañas tienen brillo de cobre, son cuerda rota de un juguete olvidado.
Sorprende que el cadáver no sea carroña y no se escuche el pulular de gusanos.
Pero la muerte excluye toda ambigüedad:
las cuencas son pruebas palpables del vacío,
grietas por las que escapa un gran vacío.
Los dientes amarillos congelaron un relincho ya casi póstumo.

Dentro de poco un animal nocturno
vendrá inflexiblemente a descarnarlo.

TEMA Y VARIACIONES: LOS INSECTOS*

1

El cerceris inocula al gorgojo
una sustancia paralizadora.
Cuando nacen sus larvas
encuentran alimento en buen estado
e incapaz de maniobras defensivas.

2

El esfex de alas amarillas ataca
al saltamontes.
Abre con su aguijón tres orificios,
pone sus huevecillos en las heridas.
Los esfex recién nacidos se comen vivo
al prisionero que fue su tierra y su cuna.

3

Cuando el macho termina de fecundarla
lo sujeta la mantis religiosa
con sus patas en forma de cizalla.

* Recortado de *Entomología para uso de la niñez* (1949).

Para inmovilizarlo hiere sus ganglios
y luego lo devora pieza por pieza.

LA SIRENA

En el domingo de la plaza, la feria
y la barraca y el acuario con tristes
algas de plástico, fraudulentos corales.
Cabeza al aire, la humillada sirena,
acaso hermana de quien cuenta la historia.

Pero el relato se equivoca: De cuándo acá
las sirenas son monstruos
o están así por castigo divino.

Más bien sucede lo contrario: son libres,
son instrumentos de poesía.
Lo único malo es que no existen.
Lo realmente funesto es que sean imposibles.

NEANDERTHAL CONTEMPLA LA TEMPESTAD

El dragón que llamamos trueno
deja escuchar su bramido lejano.

La silueta de fuego
atraviesa la tempestad.
Después sólo una lluvia empecinada
y ya no vuelve a quebrantarla el rezongo.

LAS MOSCAS*

> Y en el aire y el muro y el suelo
> moscas tiernas, a pares, en celo.
> SALVADOR DÍAZ MIRÓN

Mientras yo sobre ti, tú sobre mí,
los dos al lado,
dos alados insectos se persiguen.

Obscenamente sobrevuelan el lecho,
miran zumbonas o tal vez excitadas.

Para él sin duda no eres la más hermosa y deseable.
(Tal un lirio entre las espinas
es su mosca entre muladares.
Los contornos de su trompa son como joyas,
como púrpura real sus vellosidades.)

¿Despreciarán
sus ojitos poliédricos nuestros cuerpos,
nuestras torpes maniobras,
nuestros brazos que no son alas?

Y juntas se levantan como la aurora,
grandiosas como ejércitos en batalla.

Han puesto de cabeza el rastrero infierno
y se adueñan al fin de su cielo raso.
Inaudibles, jadeantes, bocabajo,
colgadas de las patas sobre el abismo,
hacen lo suyo sin pensar en la muerte.

* Con disculpas a Salomón, Cantares 2, 2; 7, 1 y 6, 10.

VI

DESDE ENTONCES

[1975-1978]

A la memoria de Efraín Huerta
A David Huerta
A Thelma Nava

No estoy alegre ni triste.
Éste es el destino de los versos.
Los escribí y debo mostrarlos a todos.
No podría ser de otro modo.
La flor no puede ocultar su color,
Ni el río disimular su curso,
Ni el árbol esconder sus frutos...
¿Quién los leerá?
¿A qué manos irán?...
Me someto y me siento casi alegre,
Casi alegre como el que se cansa de estar triste.

Fernando Pessoa / Alberto Caeiro
[Versión de Octavio Paz]

I. EN RESUMIDAS CUENTAS

A la memoria de Lya Kostakovsky
y Luis Cardoza y Aragón

A LA ORILLA DEL AGUA

La hormiguita que pasa
por la orilla del agua parece
decir adiós al inclinar sus antenas.

Qué voy a hacer si pienso en ti al observarla,
tan segura de su misión, tan hermosa,
siempre a punto de ahogarse y siempre salvándose.

Siempre diciendo adiós
a quien no ha de volver a verla.

JEAN COCTEAU SE MIRA EN EL ESPEJO

En el principio no existían los años,
sólo un continuo innumerable: la infancia.

Más tarde subrayaron su impermanencia,
fueron hierba del campo, olas, adioses.
Y llegué a acumular setenta.

Este rostro de vidrio ahora es mi cara
en la luna del agrio espejo.
Atrás, bajo su cara sombría,
en su mar de tinieblas, entre el azogue,
me esperan impacientes los otros muertos.

EN RESUMIDAS CUENTAS

¿En dónde está lo que pasó
y qué se hizo de tanta gente?

A medida que avanza el tiempo
vamos haciendo más desconocidos.

De los amores no quedó
ni una señal en la arboleda.

Y los amigos siempre se van.
Son viajeros en los andenes.

Aunque uno existe para los demás
(sin ellos es inexistente),

tan sólo cuenta con la soledad
para contarle todo y sacar cuentas.

LAVANDERÍA

Dentro de poco no sabré quién soy
entre todos los muertos que llevo encima.

Cambiamos siempre
de manera de ser y estar
como mudamos de camisa.

Pero lo malo de esta insaciedad
es que nada nos lava del ayer
como se limpia la otra ropa sucia.
Y vamos con un fardo de otros-yo
que nos pesa, nos hunde y sin embargo
no deja huellas en la oscuridad
ni sale a flote ya en ningún espejo.

BAGATELA

Para quien no haya visto cuanto yo vi
parecerá mentira lo que pasó.
El mundo es diferente. Todo cambió.
No volverá a ser mío lo que perdí.
¿Dónde estará el pasado que terminó?
¿Cuál camino transita quien antes fui?
Para quien no haya visto cuanto yo vi
parecerá mentira lo que pasó.

HOMENAJE

Con esta lluvia el mundo natural
penetra
en los desiertos de concreto.

Escucha
su música veloz,
contrapunto de viento y agua.

Única eternidad que sobrevive,

esta lluvia no miente.

ACUARELA

El aire sangra sobre la ciudad,
leve paloma que el halcón traspasa.

No es todavía de noche y el cielo
cerrado está como en tormenta. Reptiles
abandonan sus madrigueras
con el miedo feroz a cuestas.

Pero no pasarán.

NOCTURNO

La noche yace en el jardín.
La oscuridad en silencio respira.
Cae del agua una gota de tiempo.
Un día más se ha sepultado en mi cuerpo.

BOSQUE DE MARZO

La flor acaba de nacer, la hoja vibra
de juventud en solidario follaje.
Nueva es la tierra y es la misma de entonces.
Aquí tan sólo quien contempla envejece.

ESPECTROS

Nunca he visto fantasmas. Llevé una
años enteros en el desmantelado
teatro de la memoria.

Transilvania o los páramos ingleses
fueron menos temibles que los sitios
en donde estuve bajo el sol con ella.

No hubo exorcismo contra aquel espectro.

Un día cesaron las apariciones.

EXTRANJEROS

Si te molestan por su acento o atuendo,
por sus términos raros para nombrar
lo que tú llamas con distintas palabras,
emprende un viaje,
no a otro país (ni siquiera hace falta):
a la ciudad más próxima.

Verás cómo tú también eres extranjero.

MANUAL DE URBANIDAD

Para qué tanta ceremonia, indirectas,
puñaladitas bajo cuerda, gasto suntuario,
cortina de humo o envoltura contaminante
de una desnuda frase: *No puedo verte*
o *No te soporto*.
Es decir, soy ciego
a nuestra humana luz compartida.
O bien, no resisto
el peso de otra dolencia errante agregada
a mi invencible pesadumbre.

«LOS DEMASIADOS LIBROS»

A cambio de las horas que no regresan
se acumulan los libros,
cajas de sueños, esperanzas, cóleras
que (es muy probable)
no leeremos nunca.

Por todas partes libros en desorden,
objetos de ansiedad, mudo reproche
de no haberlos abierto.

Miedo a morirse
sin hojearlos siquiera.

Con qué cinismo,
con cuánta desvergüenza o qué locura,
después de todo esto nos ponemos
a escribir otro libro.

MULTITUDES

Bajo un sol que aparenta comenzar otra edad
obreros, campesinos, pueblo, pueblo,
van ocupando a México. Parece
que es la revolución... No:
son acarreados
que trajo el PRI a aclamar al presidente.

SAN COSME, 1854

Mundo de vidrio en la litografía. Jardines
en donde ahora se atropellan los coches.
Casas y fuentes y árboles frutales,
hoy estacionamientos desolados.
Aire sin mancha
y no el actual irrespirable veneno.

Pero no creas
en la nostalgia inmemorable: debajo
del tibio edén que se detuvo en la imagen
había:
desagüe a la intemperie, miles de esclavos,
seis o siete horas para hacer la comida
—y gran dificultad para bañarse.

EL DERROCHE

Mientras espero a la que llega tarde,
ahora y siempre, observo
la multitud.
Y no me porto sociológico,
apocalíptico ni estético.

Hoy me limito a ver los rostros de todos.
Pienso en el desmedido gasto superfluo,
las horas-hombre (u horas-Dios, según la creencia)
desperdiciadas en dar a cada cual unos rasgos
que jamás se duplican.

Hay —dijo Bioy— un verdadero derroche de caras.

RETRATO DE FAMILIA

¿Quiénes son los extraños que nos contemplan
desde el fondo gris del retrato?
Dieciséis años son un enorme trozo de siglo:
generaciones, vidas, historias.
Broma pesada de cualquier moda:
cómo ridiculiza al viejo presente,
nos obliga a reírnos de nuestro aspecto.
Qué jóvenes, qué niños parecen todos.
Cómo han cambiado nuestros muertos.
Ya llevaban su muerte a cuestas
pero nadie vio la guadaña.
El vendaval arrasó con todo.
Todos envejecimos menos la abuela
—más hermosa que nunca a sus ochenta años.

LONDRES, POR WHISTLER

La *ciudad irreal*
se duplica irrealmente en el agua.
Masas de sombra se desbordan. El río
las lleva en vilo tembloroso.

Como un fantasma en la otra orilla, observas
luces difusas en la masa gris
de las bodegas y edificios.

La noche
también es gris.
La oscuridad se disuelve.
Arde la luna muy adentro del agua.

SENTIDO CONTRARIO

Picasso y sus críticos

El río de tinta seguirá corriendo,
hilito de agua al pie de la montaña.

Lugones a los ultraístas

Hablo una lengua muerta.
Siento orgullo
de que nadie me entienda.

Camoens

Cuando empezó la ruina en Portugal
Camoens, que había cantado su gloria,
volvió a Lisboa:
—Quiero compartir
este dolor, esta miseria que somos.

Dante

Al ver a Dante por la calle
la gente lo apedreaba con la certeza
de que realmente estuvo en el infierno.

Sol de Heráclito

El sol es nuevo cada día,
pero los ojos que lo ven brillar
no disfrutan
de esa capacidad
—añadió Heráclito
en líneas omitidas por los copistas
o devoradas
en el célebre incendio de Alejandría.

Cabeza olmeca

Bloque o montaña.
Un solo rostro, un astro
caído de una historia inescrutable.

Selva de la inmovilidad,
padre de piedra,
vestigio de qué dios decapitado.

Ciudades

Las ciudades se hicieron de pocas cosas:
madera (y comenzó la destrucción),
lodo, piedra, agua, pieles
de las bestias cazadas y devoradas.

Toda ciudad se funda en la violencia
y en el crimen de hermano contra hermano.

Nombres

El planeta debió llamarse *Mar:*
es más agua que *Tierra.*

Tradición

Aquí yacen tus pasos,
en el anonimato de las huellas.

«Lost generation»

Otros dejaron a la «posteridad»
grandes hazañas o equivocaciones.

∞

Nosotros
nada dejamos,
ni siquiera espuma.

Antiguos compañeros se reúnen

Ya somos todo aquello
contra lo que luchamos a los veinte años.

II. FIN DE SIGLO

A Laurette Séjourné y a la memoria
de Arnaldo Orfila Reynal

COCUYOS

En mi niñez descubro los cocuyos.
(Sabré mucho más tarde que se llaman luciérnagas.)

La noche pululante del mar Caribe
me ofrece el mundo como maravilla
y me siento el primero que ve cocuyos.

¿A qué analogo lo desconocido?
Las llamo estrellas verdes a ras de tierra,
lámparas que se mueven, faros errantes,
hierba que al encenderse levanta el vuelo.

Cuánta soberbia en su naturaleza,
en la inocente fatuidad de su fuego.

Por la mañana indago: me presentan
ya casi muerto un triste escarabajo.
Insecto derrotado sin su esplendor,
el aura verde que le confiere la noche;
luz que no existe sin la oscuridad,
estrella herida en la prisión de una mano.

EL EQUILIBRISTA

Entre las luces se perdió el abismo.
Se oye vibrar la cuerda.

No hay red: sólo avidez, sólo aire
a la temperatura de la sangre.

Suena el silencio.
Es invisible la luz.
Resbalan los segundos al acecho.

Y la muerte
lo toma de la mano.

Se deja conducir
pero la ve de frente.
Y ella baja la vista y se retira.

Sabe respetar
a quien no la desdeña ni la teme.

El hombre al fin
llega al extremo opuesto.

Su pavor
se desploma en el aire.

DEL ÚLTIMO JUAN RAMÓN

A la memoria de Ricardo Gullón

Desde su noche ve
no la otra sombra
sino su claridad.

Brilla en el mar nocturno
la sal del sol, a solas, agua adentro,
en su materia misma inasible.

En la honda arena cae lo muriente
pero lo vivo resplandece en la gota
a la que sólo puede interrogar
la mirada del pez profundo.
Circulaciones
de la vida transformándose siempre.

Y en el abismo de su oscuridad
no desciende: se alza
sobre-viviente,
animal de fondo.

La noche al fin
se vuelve transparencia deseante.

DESMONTE

El árbol respira noche. Se puede oír
la savia de la oscuridad perpetuándose
en su aislamiento que se romperá. Dondequiera

yacen los grandes troncos carbonizados. La selva
restaurará en su territorio al desierto.
La tribu errante
no tiene otra comida que el maíz. Para cultivarlo
torna en ceniza su gran bosque sagrado.
Quinientos años duró el árbol. Quinientos años
lleva la noche de caer sobre México.

CERDO ANTE DIOS

Tengo siete años. En la granja observo
por la ventana a un hombre que se persigna
y procede a matar un cerdo.
No quiero ver el espectáculo.
Casi humanos, escucho
alaridos premonitorios.
(Casi humano es, dicen los zoólogos,
el interior del cerdo inteligente,
aún más que perros y caballos.)
Criaturitas de Dios los llama mi abuela.
Hermano cerdo, hubiera dicho San Francisco.
Y ahora es el tajo y el gotear de la sangre
y soy un niño pero ya me pregunto:
¿Dios creó a los cerdos para ser devorados?
¿A quién responde: a la plegaria del cerdo
o al que se persignó para degollarlo?
Si Dios existe ¿por qué sufre este cerdo?
Bulle la carne en el aceite.
Dentro de poco
tragaré como un cerdo.

Pero no voy a persignarme en la mesa.

LA PRIMERA CANCIÓN DE AGUSTÍN LARA

La noche engendra música. A su imán
acuden las canciones memoriosas, el piano
desafinado, la guitarra ya casi polvo, el violín
comido por los años, las maracas
que suenan como huesos. Y los ancianos
vamos a congregarnos en este círculo mágico.
Nos verá la espalda
el presente que nos asfixia, el agobio
de estar vivos aquí y ahora.
Sonará como entonces la blanda música.
Nos recubre esa vida que fue la nuestra
y mantiene a raya el sepulcro abierto.
Muchacha que hoy serás como fue mi abuela,
en esta noche tienes veinte años todavía.
Cómo impedir una lágrima cursi o dar las gracias
pues me quedé con tu rostro del 29.
Ahora, de pronto, casi en mi tumba, vuelves
en la canción tristísima. Por un momento
somos de nuevo los hermosos amantes.

FIN DE SIGLO

La sangre derramada clama venganza.
Y la venganza no puede engendrar
sino más sangre derramada. ¿Quién soy:
el guarda de mi hermano o aquel a quien adiestraron
para aceptar la muerte de los demás,
no la propia muerte?
¿A nombre de qué puedo condenar a muerte
a otros por lo que son o piensan?

Pero ¿cómo dejar impunes
la tortura o el genocidio o el matar de hambre?

No quiero nada para mí, sólo anhelo
lo posible imposible: un mundo sin víctimas.

DESDE ENTONCES

Hubo una edad (siglos atrás, nadie lo recuerda)
en que estuvimos juntos meses enteros,
desde el amanecer hasta la medianoche.
Hablamos todo lo que había que hablar.
Hicimos todo lo que había que hacer.
Nos llenamos
de plenitudes y fracasos.
En poco tiempo
incineramos los contados días.
Se hizo imposible
sobrevivir a lo que unidos fuimos.
Y desde entonces la eternidad
me dio un gastado vocabulario muy breve:
«ausencia», «olvido», «desamor», «lejanía».
Y nunca más, nunca más, nunca, nunca.

MONÓLOGO DEL MONO

Nacido aquí en la jaula, yo el babuino
lo primero que supe fue: este mundo
por dondequiera que lo mire tiene
rejas y rejas.

No puedo ver nada
que no esté entigrecido por las rejas.
Dicen: Hay monos libres.
Yo no he visto
sino infinitos monos prisioneros,
siempre entre rejas.
En las noches sueño
con la selva erizada por las rejas.
Mi existencia consiste en ser mirado.
Viene la multitud que llaman «gente».
Le gusta enardecerme. Se divierte
cuando mi furia hace sonar las rejas.
Mi libertad es mi jaula. Sólo muerto
me sacarán de estas brutales rejas.

TRES Y CINCO

Todas las tardes a las tres y cinco
llega hasta el patio un pájaro.
¿Qué busca? Nadie lo sabe.
No alimento: rehúsa
cualquier migaja.
Ni apareamiento:
está siempre solo.

Tal vez por la simple inercia de contemplarnos
siempre sentados a la mesa a una misma hora,
poco a poco se ha vuelto como nosotros
animalito de costumbres.

NUPCIAS

«¿De quién son esos ojos?»,
dicen como los niños los amantes.
Quieren *tener* para *ser* otros,
dos en uno, olvidarse
de que nacieron separados,
morirán separados.
Y sólo por un instante están juntos.
Paz en la guerra.

Y nadie piense bajo aquellos minutos:
No eres *mía*, no soy *tuyo*,
nada nos pertenece, no poseemos
ni siquiera los nombres propios.

Somos hormigas obedientes.
Todo el amor, todo el deseo
apenas espejismos, sobornos
de la incesante procreación.
Engranajes
bien programados para perpetuarse.
Peces, cardúmenes
con el anzuelo de un segundo en las bocas,
en sus cuerpos que son
carne del tiempo.

RATTUS NORVEGICUS

Dichosa con el miedo que provoca, la rata parda de Noruega
(nacida en Tacubaya y plural habitante
de barrios más bien pobres), en vez de ocultarse

observa con ojillos iracundos las tristes armas
—palos, escobas, cacofónica avena envenenada—
que no podrán contra su astucia.
Sentada en su desnuda cola y en la boca del túnel,
la rata obesa de exquisita pelambre, la malhechora
que devora recién nacidos arrojados a los baldíos
parece interrogarme: «¿Soy peor que tú?»,
con sus bigotes erizados la oronda en tensión suprema.
«También tengo hambre y me gusta aparearme y no
me consultaron antes de hacerme rata y soy más fuerte
(comparativamente) y más lista. ¿Puedes negarlo?
Además, las ratas somos mayoría: por cada uno de ustedes
hay cinco de nosotras. En esta tierra
las ratas somos los nativos; ustedes,
los indeseables inmigrantes. Observen
la pocilga y el campo de tortura que han hecho
de este planeta compartido. El mundo
será algún día de las ratas. Ustedes
robarán en nuestras bodegas,
vivirán perseguidos en las cloacas.»

El gato
interrumpió el monólogo silente.

III. PROSAS

A Martha Livelli y José Miguel Oviedo

REPRESENTACIONES

El día se queda inmóvil como un árbol. Se detiene el reloj. El ser de los objetos se perfila. Es como si se hubiera ido la luz y no obstante el mundo permaneciera visible.

Habitaré el extrañamiento cuando todo se afianza en su quietud y el tiempo abre las puertas a la nada. Pero llega un sonido de cinceles contra la piedra. La hoja se mueve. Extiende el árbol su inmovilidad y alcanza en silencio la otra orilla. El aire es luz y corre a velocidades inaudibles. ¿Qué es la verdad en esta representación solitaria?

LOS CONSPIRADORES

No queremos dejarla en paz. Antes de suicidarse, B. llamó a sus amigos. No dijo lo que intentaba ni alcanzamos a imaginarlo: B. no había hecho simulacros ni ensayos generales. Nadie acudió al llamado. El abandono es injustificable. Pero, como es de suponerse, tenemos paliativos, coartadas. El teléfono suena a medianoche. Hay sobresaltos. No somos los que fuimos. Ahora cada uno tiene deberes y necesidad de levantarse temprano.

El suicidio es una crítica radical a nuestro modo de vida y, en primer término, un asesinato simbólico. Todos sentimos que matamos a B. y ella, en venganza, acabó con nosotros. Nos sobrevaloramos al pensar que una palabra nuestra, un gesto solidario, los consuelos de la filosofía cristiana o estoica, la esperanza de la revolución mundial, la memoria de los buenos momentos en compañía, el despliegue de nuestras propias humillaciones y fracasos, un sarcasmo oportuno y autoescarnecedor... algo hubiera bastado para conjurar el suicidio.

Más que en nuestro íntimo sufrimiento, en estas maniobras se revela el horror de estar vivo. Nos sentimos tan culpables que nadie quiere cargar con la culpa. Entre habladurías y reproches directos, sostenemos una campaña cerrada para que alguno de nosotros expíe el remordimiento colectivo —y le haga a B. en la muerte la compañía que no supimos hacerle en vida.

AL ESTE DEL PARAÍSO

Aquel mundo ya sólo existe en la memoria que inventa. Entonces todas las muchachas se llamaban Teresa, Yolanda o Lilia. Demasiado niños para llegar a un hotel, demasiado pobres para tener cuartos al fondo del jardín o coches deportivos que pusieran bosques y carreteras a nuestro alcance, nos tocaron los besos en los parques, el zaguán en tinieblas, la última fila de los cines. Siempre el temor pero nunca la noción del pecado.

VALLE DE LÁGRIMAS

En el silencio de la noche un niño llora. No es un huérfano ni un abandonado: los padres salieron y lo dejaron solo creyendo que no despertaría. Su llanto inconsolable taladra mis huesos. No puedo hacer nada. Muros, patios, puertas, corredores me separan del niño, a quien apenas conozco. Si entrara en su casa, al ser descubierto por los padres, ¿cómo explicaría mi intrusión, mi buena voluntad, mi conciencia del sufrimiento ajeno? Así, me desespero escuchando un llanto aislado aunque también simbólico. Un dolor que no será permanente y sin embargo contiene todo el dolor del mundo.

APUNTE DEL NATURAL

Una rama de sauce sobrenada en el río. Pulida por la corriente, se encamina hacia el ávido mar. El viento impulsa la navegación. La rama se estremece y prosigue. En sus hojas se anuda una serpiente. La luz del sol y los restos de la lluvia arden en sus escamas.

Rama y serpiente se enlazaron hasta constituir una sola materia. Piel es la madera y la lengua, retoño venenoso. La serpiente ya no florecerá en la selva. El árbol no encajará en las aves sus colmillos narcóticos.

Prueban la sal en las aguas fluviales, entran en el mar mientras la noche se propaga. Llegarán unidas al fondo del océano. Tal vez renazcan en la arena inviolable.

AUGURIOS

Hasta hace poco me despertaba un rumor de pájaros. Hoy ya no están. Han acabado estas señales de vida. Sin ellos todo parece más lúgubre. Me pregunto si los ha matado la contaminación o el hambre de los habitantes. O bien, quizá los pájaros comprendieron que la Ciudad de México se muere y alzaron el vuelo antes de la ruina final.

EL ARTE DE LA GUERRA

Winner take nothing

Años de errar en el desierto. Salvé la vida porque el verdugo se compadeció y entregó el recién nacido a unos pastores. Cuando alcancé la mayoría de edad me dijeron: «Eres hijo del rey asesinado. Acaudilla a los desafectos, recobra lo que te pertenece».

Las tropas del impostor no me alcanzaron. Años de errar en el desierto. Me enseñaron el arte de la guerra las tribus mercenarias. Al invocar el nombre de mi padre levanté ejércitos. Tras veinte años de combate, gracias a la valentía de mis soldados y la astucia de mis lugartenientes, tomé la capital, hice pedazos al tirano y me senté en el trono que no se comparte.

Ahora soy rey. No se lo deseo a nadie. En los ojos de cada uno de mis compañeros de lucha observo el odio y el brillo de la daga que tarde o temprano se clavará en mi espalda.

INDULTO

Acabo de resistir a la bestia que llevo a todas partes encadenada. Derroté el impulso de cazador que me legó la horda ancestral. Vi una cucaracha que, en vez de huir como dicta su especie, me observaba, paralizada de terror. Cuando iba a pisotearla —lo hago siempre— su miedo me detuvo. Dejé que continuara su camino.

EL LIBRO

Lo compré hace muchos años. Pospuse la lectura para un momento que no llegó jamás. Moriré sin haberlo leído. Y en sus páginas estaban el secreto y la clave.

AYER Y HOY

Ni la misma casa ni la misma ciudad, ni los mismos amores ni las mismas costumbres, ni los mismos libros ni los mismos amigos. De aquellos tiempos lo único que conservo es mi nombre.

INTERCAMBIO

No hemos cumplido cuarenta años y ya hay en nuestra generación demasiados poetas muertos. Muertos en la guerrilla, la tortura, el accidente, el suicidio...

Pactemos con los adelantados que nos permitieron sobrevivirlos. Si ellos vivieron nuestras posibles muertes, correspondamos a tanta gentileza tratando de escribir sin proponérnoslo —en ese libro único que cada generación trasmite al desdén o al malentendido generoso de las siguientes— las páginas que aquéllos no tuvieron tiempo ni deseo de escribir.

LAS CEREMONIAS DEL VERANO

En diez minutos llovió tanto que se desplomaron cables eléctricos y perdió una rama el único árbol en varios kilómetros a la redonda. Fue como un terremoto de lluvia. Al obstruirse la coladera se formó en el patio una bahía de agua lodosa y hojas amenazantes. De un momento a otro iba a anegarse la casa. Intenté desazolvar la alcantarilla. El mango de la escoba se hundía sexualmente en una materia invisible, al mismo tiempo blanda y poderosa. Por el tubo de la azotea bajaban cataratas. Las plantas se ahogaban en sus macetas. Al fin hallé la bomba succionadora. Entonces agua, tierra, hojas, insectos se despidieron con un breve remolino admirable. Sentí la frustración de quienes no lograron vengarse de la especie que explota y corrompe a la misma naturaleza de la que forma parte.

A LAS PUERTAS DEL METRO

Con el cerebro destruido por las inhalaciones de «cemento», se halla a las puertas del Metro, tirado como lata de cerveza o envoltura de plástico. Canturrea algo semejante al rock. Lleva una camiseta harapienta con la inscripción *Have a Pepsi,* yins a tal punto raídos que algunos pagarían fortunas por exhibirse con ellos en sitios elegantes.

Tiene cualquier edad entre los quince y los cuarenta, acaso dieciocho. Las señoras de bolso y los señores de traje, que casi no se ven en este medio de transporte, lo miran de reojo y con desprecio. Antes lo hubieran fulminado con la palabra *indio.* Ahora tienen una solución de recambio: el término *naco.*

Para ellos la inflexible autoinmolación es un alivio: un desempleado menos, un asaltante menos, un violador menos, un guerrillero menos en el ejército de la miseria que crece a cada instante y nos rodea por todas partes. Quisieran borrarlo como se barren latas vacías y envolturas de plástico, desechos deshechos de una sociedad capaz de producir estas imágenes.

Si lo viera Ernesto Cardenal le diría: Levántate. En ti se ven los frutos del hambre, la violencia y la opresión que ya han durado cuatro siglos. Pero también el genio que construyó las pirámides e hizo posibles Machu Picchu, el calendario maya, la escultura azteca, los códices nahuas, la obra de Nezahualcóyotl... Todo esto se encuentra bajo la voz que en vano intenta reproducir la letra del rock.

VIDA DE LAS HORMIGAS

De niño descubrió en *El tesoro de la juventud* instrucciones para construir un formicario. Lo hizo y pasó las tardes de muchos años observando en corte transversal la vida de las hormigas. Fue un gran entrenamiento que aguzó su inteligencia. Hoy es jefe de «inteligencia». Conoce todos los secretos, lee todas las cartas, escucha todas las conversaciones telefónicas. Para él la ciudad es un formicario. Puede aplastar a todos como hormigas.

CARNADA

Pasamos la vida llevando a cuestas un desconocido: nuestro cuerpo. Tomamos la parte por el todo y de él sólo conocemos la superficie, el revestimiento.

El verdadero cuerpo está por dentro, invisible. No adquirimos conciencia de su estar hasta que la enfermedad nos obliga a percibirlo. Antes nadie se imagina el corazón, el cerebro, los pulmones, el páncreas... secretas maquinarias que lo sostienen en vida y de cuyo arbitrio depende tanto como del azar exterior. Toda esa ordenación sin reposo será al final carne de la nada, carnada de la muerte.

EL GRAN TEATRO DEL MUNDO

1976 deja todas las noches su cargamento de muertos en Beirut, Belfast, Buenos Aires, Montevideo, Santiago, Sudáfrica... Bajo el terremoto se abre la tierra y se desploman ciudades, los volcanes arrojan inmensos ríos de piedra al rojo vivo, el mar borra las poblaciones de la orilla. Crece el desierto, aumenta el hambre, la violencia se adueña de los agonizantes centros urbanos. Seguimos viviendo el tiempo de los asesinos.

Dicen quienes observan todo como si estuvieran a salvo: «No se preocupen, no sean apocalípticos. Se trata nada más de los temores del milenio. Sólo faltan veinticuatro años para el 2000. Todo se habrá compuesto cuando llegue. Vendrán tiempos mejores. No hay problema».

Que los muertos entierren a sus muertos en grandes fosas comunes. Quién entre los vivos se cubrirá de cenizas por las víctimas del crimen cotidiano, o no podrá vivir en paz mientras exista un ser al que torturan. Somos legión y somos prescindibles, desechables, inmemorables. Nos hemos vuelto comparsas de un melodrama en que, bajo el nombre de noticias, el mundo se ofrece como espectáculo a sí mismo. Hasta ahora nadie nos ha llamado a escena: somos espectadores y sobrevivientes. Pero ¿por cuánto tiempo?

SÁHARA

El desierto es el fondo de un mar ausente. En vez de agua, peces, restos de naufragios y formaciones de coral, sólo arena tatuada y modelada por los vientos. *La mayor idea de masa que puede concebir nuestra mente es la pluralidad de sus granos de arena.* Se aprietan y se apartan unánimes, cambian de forma flexibles como nubes.

Cada uno de ellos contiene en su interior otro desierto, compuesto a su vez de átomos infinitos e invisibles. Montañas de un día, las dunas oponen a la fijeza la plasticidad, a la permanencia el movimiento.

Desierto, espejo de la muerte que vive. Arena, polvo en que todo habrá de convertirse, sudario que envolverá los imperios. Recordación de que cuanto empezó en el agua terminará en la aridez que por nuestra locura se está adueñando de la tierra entera.

EL ADVERSARIO

En un corredor de la casa a la que me invitaron hallé su nombre fijado a la pared. Años sin acordarme de mi verdugo al que no conoceré jamás. Acaso estuvo allí y es del dominio público mi humillante secreto. Nunca sabemos lo que los otros saben de nosotros. Pero no: aquel hombre no tiene idea de mi existencia, ignora lo que significó en un pasado ya remoto la suya. Ante mi enemigo no significaba nada aquella muchacha que para mí era el mundo, como él para ella desde luego.

Misteriosa inconsciencia de la vida: ignorar cuántos destinos tejemos y destejemos sin saberlo. Como dos ardillas ciegas que se persiguen en una jaula redonda y no se alcanzarán jamás, así se ha vuelto nuestro vínculo. Cuando menos lo espere encontraré su nombre a mi espalda.

OBRA MAESTRA

Cuántos adjetivos podría acumular mi orgullo ante la obra maestra recién salida de mis manos: *tersa irisada plena perfecta incomparable,* avanza por el aire hasta chocar con invisibles arrecifes y hacerse añicos de nada. Tal es la historia crítica, el génesis y el apocalipsis de la pompa de jabón que, tras varias décadas de intento y error, fue mi única e irrepetible obra maestra.

AMISTAD

Hay viejas amistades parecidas al odio. Nos conocemos y nos reflejamos. Cada uno descubre los móviles del otro. Ya no podemos engañarnos con desplantes o subterfugios. Mutuamente nos hemos vuelto incómodos testigos. Odiamos sabernos proyectos que no se cumplieron, realidades que contrarían lo que esperábamos de nosotros mismos.

Reunirnos todos los días en el café se ha vuelto una obligación mecánica. Nada queda del afecto y la alegría compartida de los antiguos años. A la menor oportunidad sacamos las garras: módicos tigres condenados a dar vueltas en el mismo foso del zoológico hasta que se mueran de viejos o en un instante de sinceridad se entredevoren.

EL LÁPIZ

Madera y grafito se unen en el lápiz para inmolarse a medida que producen palabras, rasgos, números, líneas. El lápiz se gasta como quien lo maneja. Muere al dar vida a sus trazos y al segregarlos se prolonga en ellos (también son efímeros como el viento en la arena o la lluvia en el agua).

Por su lengua habla la naturaleza vencida. Árbol que acaban de talar, las mondaduras huelen a bosque. Para ser lápiz, a fuerza de ser lápiz, se despoja de las materias que sostienen su condición de lápiz. Incluye en latencia todas las posibilidades expresivas de la mente y la mano. Pero, inseguro, lleva su antítesis en el otro extremo: la goma. Lo que escribimos resulta provisional como lo que hace el lápiz. El signo de las cosas es gastarse.

LA MÁQUINA DE MATAR

La araña coloniza lo que abandonas. Alza su tienda o su palacio en tus ruinas. Lo que llamas polvo y tinieblas para la araña es un jardín radiante. Erige con la materia de su ser reinos que nada pueden contra la mano. Como los vegetales, crecen sus tejidos nocturnos: morada, ciudadela, campo de ejecuciones.

Cuando te abres paso entre lo que cediste a su dominio, encuentras el fruto de su acecho: el cuerpo de un insecto, su cáscara suspendida en la red como una joya. La araña le sorbió la existencia y ofrece el despojo para atemorizar a sus vasallos. También los señores de horca y cuchillo exhibían en la plaza los restos del insumiso. Y los nuevos verdugos propagan al amanecer, en las calles o en las aguas de un río, el cadáver de los torturados.

EL AÑO QUE ENTRA

El año que entra no toca a la puerta, no saluda, nos mira con la arrogancia de quien nos tiene en sus manos. Se burla de nuestros intentos de cautivarlo, como pulverizará los buenos propósitos. Disfruta de su poder, lo sabe efímero, conoce las desgracias que repartirá sin equidad como siempre.

En su jurisdicción de vida y muerte el año que entra arrasará con todo, sin dejar ni siquiera una flor seca para el sentimentalismo del recuerdo. Atropella con soberbia de vencedor la frágil dignidad de quienes lo inventamos y le erigimos un adoratorio.

MICROCOSMOS

Bosques de algas y hongos en cada piedra. Galaxias invisibles al ojo humano en un milímetro de musgo. Mares poblados de zoologías insondables en la gota que tiembla sobre la hoja. Antigua idea de un macrouniverso donde nuestros planetas son moléculas. Para él nuestra historia y nuestro sufrimiento se vuelven tan importantes como para nosotros las guerras, plagas, invasiones y cataclismos que ocurren entre los infusorios.

CUENTO DE HADAS

Pobres y planas las invenciones novelísticas ante aquellas noches en que la abuela te adormecía narrándote cuentos. Transformaban en calidoscopio el agrio túnel de este mundo y la pena de ser niño en morada de todos los prodigios. Madeja de historias falsas para proteger de la vida al indefenso, ponerlo precariamente a salvo de cuanto se le espera a cada uno.

O fue al revés: modo sabio, sutil, tribal y ya perdido de prepararlo —mediante la poesía sin conciencia de serlo— al paso por la selva carnívora, el viaje en el barco de los locos y la lucha con monstruos y dragones. Pero también de alistarlo para el milagro: las sirenas que brotan de las aguas profundas, las hadas, las princesas, las doncellas de túnica raída pero aun más hermosas que su reina.

VISTA DE PÁJARO

Asombro del primero que subió en globo y pudo ver, literalmente a vista de pájaro, la tierra dominada a sus pies. Hoy, si uno puede pagarla, esta visión se ha vuelto común. En cambio desaparecen otras imágenes de viaje, condenadas a perderse como el vaivén de las diligencias o la calma en altamar cuando las velas languidecían a la espera.

Abrir los ojos a medianoche en el tren detenido. Levantar la cortina: oscuridad apenas horadada por una luz en medio del campo, estación sin nombre ni presencia en los mapas. Dos embozados pasan junto a la vía. Cargan linternas y no hablan.

O bien, olor del barco en el puerto. Mirar cómo hasta la última señal de tierra firme se pierde en el curvo océano y quedamos a merced de tempestades y naufragios. Sensaciones ya casi abolidas que ahora viajan hacia nunca jamás.

TRASMUTACIONES

Vuelvo la vista a un año remoto. No me sorprende lo muerto que existe en él —se halle donde se encuentre— sino su atroz perduración en este otro mundo. Perduración, lo sé, no es la palabra. ¿Cómo llamar a lo que se teje y desteje sin tregua? Muchos actores de entonces sobreviven en el gran teatro. Interpretan papeles que se hubieran dicho impensables. Por supuesto, varios se han ido y siempre habrá recién llegados a la compañía. Pero en nosotros qué trasmutaciones. Y las metamorfosis no cesarán mientras el escenario siga en pie o yo continúe aquí para observarlo cuando represento. ¿Cuál será el porvenir de mi pasado? ¿Cuántas sombras de ayer ocultas en el ahora reaparecerán mañana en circunstancias que hoy nadie se imagina? Nunca me cansaré de asombrarme ante esta riqueza más fascinante que una llama.

EL INFIERNO DEL MAR

Tú también, como todos, lo llamaste espejo de la eternidad, contrario de la tierra, camino que une, abismo que separa. O, si la relación fue más estrecha, te refieres a ella como *la mar*, agua madre que en su interior gestó a todos los seres. Tu más remoto antepasado estuvo allí como partícula de vida a la que en millones de años crecieron cilios, aletas, brazos, ojos, pulmones, cerebro, pulgar capaz de oponerse a los otros dedos.

Desde el promontorio sigues el pastoreo de las olas, sus avances, sus retiradas, las gradaciones de limpidez entre el azul, el verde y la espuma. Si con Eurípides has creído que el mar lava la suciedad del mundo, observa lo que desde esta orilla le arrojamos: plomo, cobre, mercurio, cianuro. Zarpa y verás los grumos de petróleo que han empedrado sus senderos.

Durante siglos pudimos injuriarlo y saquear lo que sus olas resguardaban. Hoy al matarlo estamos muriendo. Cuando haya muerto el mar no tendremos oxígeno. Última ironía y regreso a las fuentes, moriremos boqueando, *como peces fuera del agua.*

NOCTURNO DE MÉXICO

La húmeda noche se deposita en la ciudad. Ahora sólo es visible su gran carta astronómica. Si alzas la vista no pensarás en cuántas estrellas que parecen arder son apenas reflejo de una catástrofe milenaria, información que a velocidad de años luz tarda edades de sombra para llegar hasta aquí abajo. Como si en su vértigo que se abre paso entre malezas intangibles aquel resplandor muerto se negara a hundirse en la fosa común de la eternidad.

No: si miras sublunarmente el espacio que para ti se configura como una bóveda, más bien te preguntarás sobre la destrucción de la capa de ozono por los gases que libera nuestro progreso y sus consecuencias sobre el aumento de las temperaturas y la multiplicación de los desastres naturales.

La noche está cavada de túneles. La horadan y trepanan ruidos inexorables como termes. El silencio del mundo se viene abajo triturado por la avidez de tanta carcoma. Todo resuena en la noche triste que cubre la ciudad como paño arrojado a la cara de un muerto.

EL ÁRBOL

El árbol que en su ostentosa perfección empleó quinientos años para acortar en veinte metros la distancia entre el cielo y la tierra quiere alabanzas. Nos ha dado tánto: oxígeno, frutos, sombra, belleza. Al sentir que nos acercamos piensa que hemos venido a elogiar el grosor de su tronco, la textura de sus nudosidades, el virtuosismo estilístico de sus ramas que se extienden en todas direcciones, sin aparente simetría pero con sabio orden interno. Quiere alabanzas. Las merece. ¿Cómo desengañarlo o pedirle perdón antes de abatirlo con nuestra sierra eléctrica?

SEIS AÑOS

Seis años. Unas cuantas palabras. No hacen falta más para explorar este inmenso milímetro de mundo. Playa de oro, viñas de la arena, troncos de la tormenta porosos como un corcho. Mundo sin mí que ahora está conmigo y ofrece al recién llegado el mar que es lo mejor de su casa. Nadie me retiene. Entro en el agua, me sostengo a flote y avanzo. Poder de vida o muerte. Sabor salobre de la dicha. Como un llamado, las grandes olas distantes. Escojo el mundo y nado de regreso. Jamás la tierra volverá a ser tan mía.

SHOPPING CENTER

Quedó abierto el tarro de miel. Centenares de hormigas lo tomaron por asalto. Como en la fábula protagonizada por las moscas que memorizaste a los cuatro años, las hormigas murieron ahítas, presas de patas en la miel pantanosa, la dulce arena movediza.

CONVERSACIÓN DESESPERADA

En la noche desierta el único rumor es su diálogo. La llama inmóvil en su ardiente fluidez quiere volverse el insecto que la corteja, abrir las alas y arrojarse al abismo. El insecto quiere ser llama, tener la gloria y los poderes del fuego. Hay un silencio en la conversación. Se produce un chasquido.

PROVERBIO ÁRABE

Nada se escucha. La oscuridad cae a plomo en el desierto de los objetos. Primero asoma la nariz sensitiva, luego el cuerpecillo trémulo, la cola que rompe la armonía de la pelambre y es como cadena o castigo. Damos pasos furtivos, miradas concéntricas. No hay nadie: podemos aventurarnos hasta donde los restos del festín empiezan a corromperse. Es cuanto nos tocó y lo agradecemos. Otros han muerto sin probarlos siquiera. Por ahora reposa quien no descansa en sus ejecuciones. El gato duerme cerca de los rescoldos. Así pues, adelante: *Robemos el placer mientras dormita la desgracia.*

IV. JARDÍN DE NIÑOS

[Poemas escritos para el libro-objeto de
Vicente Rojo que lleva el mismo título]

Para Alba Cama y Vicente Rojo

1

Abrir los ojos. Aún no hay mundo. Cerrarlos.
Ver las tinieblas prenatales. Allí
algo como un regreso al principio de todo.
Soy una amiba, un protozoario, un pez
que milenariamente va saliendo del agua.*
Con espasmos de asfixia me interrogo
sobre el planeta humeante.
Me adentro en tierra firme. Ya respiro.
Avanzo a rastras. Soy reptil pulmonado.
Y ahora me brotan alas: mis escamas
se han transformado sin saberlo en plumaje.

* Esto que aquí se rompe y se rehace se llama *el mar.*

2

Lo que entre sangre y de la sangre brota
no es bello ciertamente.
Como una fiera se debate, lucha
con los puños cerrados y protesta
contra quienes lo arrancan. Una cola
lo ata a su especie humana. La cercenan.
Recibe el primer golpe. La luz lo hiere.
Hierve el estruendo de este mundo.

Ahora está solo y se defiende llorando.
Cabeza deformada por el túnel
y la lucha asfixiante. El viejo monstruo
rejuvenece en horas y mañana
será tierno y hermoso.

3

Desde la cuna veo llover. Se desploma
el cielo entero en un torrente sin pausa.
La tierra inerme volverá a ser del agua.
¿Voy a tocar el fondo como una piedra
o flotaré como un anfibio en las ondas?
Desciende a plomo y melodiosamente la lluvia.
Huele el jardín a recomienzo. Despierta.
El agua baja a proseguir este mundo.
Vibra el rumor que me adormece. Me duermo.

4

Tinta de la memoria. Extensión ciega
de lo indecible inmemorable.
Allí no hay nada. Sólo calor sin luz.
Tal vez la angustia
de la primera noche en esta tierra.
¿Acabarán
alguna vez las sombras?
¿Volverá el aire
a iluminarse?
Llanto, llanto
de aquel recién nacido en quien renueva
sus temores la especie.

Ser a solas,
indefenso ante el mundo, el gran no-yo
y su despliegue amenazante
sobre, en torno
del que ha nacido sin palabras.
Si tienes hambre, si padeces de frío,
si te incomodan los pañales,
existes, te hallas vivo, caes en la cuenta
de que los otros te hacen falta
y no eres
centro de ningún mundo,
rueda apenas
del perpetuo engranaje,
una semilla
entre la cuna eterna que se mece insaciable.

5

Generación que vas como las hojas...
como las hojas no, como las ondas
o círculos concéntricos taladrados
por la gota de lluvia en la masa de agua,
hasta que al ensancharse se hacen un todo
con el río que nunca pára
porque es distinto siempre.
Las aguas pasan,
el río sigue su curso,
sigue en su cauce.
Generación
de los nacidos entre tumbas
al resplandor
del incendio del mundo.

Tanto trabajo de las células
y en poco tiempo
ser alimento de gusanos
en grandes fosas o en las ruinas del bombardeo.
Generación
de millones de niños muertos.
La sobrevida
será para los otros muerte en el alma.
Y su tarea
dejar escrito en agua su testimonio.

6

La única antorcha recibida
iluminó el entierro de sus muertos.
Desplazamientos
que por mil noches terminaron en humo.
Crujir de huesos,
rumor de casas incendiadas.
¿A quién le debo
haber estado a salvo
mirando todo
desde otra orilla?
Gran aventura
es la guerra como espectáculo,
a menos
de que uno lleve como pecado original esta culpa.

7

Pero el que nace y muere solo, vivirá acompañado.
Madre, padre, inventores
del frágil desconocido en cuya página en blanco
la estirpe deja rasgos y rastros. Pero quién sabe
qué hará con él la vida, qué hará la historia,
qué hará consigo mismo.

Mamá y papá, como en un juego,
arrojaron la piedra cuestabajo, pusieron
la hoja al viento, llevada
por los que están aquí, por los que nacen
y nacerán mañana.

8

El lactante o lechón entre dos orificios:
boquita bien dispuesta para llenarse de placer
con el líquido que lo construye y lo hace egoísta,
y la cloaca
que lo ata al suelo como globo cautivo
y le recuerda: eres también destructor
y has profanado la limpieza del mundo.
No eres un ángel
sino algo más hermoso y terrible.
Por ser humano
estás sujeto a tu grandeza y tragedia.
Que tus ojos sin color te descubran
la hermosura de esto que vives, la sordidez
de haber nacido entre la injusticia, el terror,
el microbio o bacilo que puede fermentarnos en lobos
de nuestros semejantes.

9

Narciso en el estanque: hay un espejo
donde se abisma el que se reconoce.
Quién como yo,
supone el niño al observar la ficción
hecha de luz contra telones de azogue.
Si no hay piedra que rompa el maleficio
la autohipnosis embriagará a su víctima,
lo hará un tirano incapaz de ver
más allá de su ombligo mínimo,
precisamente la cicatriz
que nos señala a fuego para indicar
pertenencia al conjunto, la obligación
de ser para otros ya que somos de otros.

10

Entre el amor que puede ser asfixia y produce
plantas de sombra que se calcinan en la realidad sensitivas
y el desamor que engendra monstruos dolientes,
cuál es el justo medio, cuál es el punto
donde se erigen los que deben ser seres
de verdad humanos, no caricaturas
ni proyectos abandonados.
La violencia nace en la casa, el dulce hogar
reproduce lo que hay afuera. El maltrato,
como toda crueldad, es inconsciencia
y da forma a quienes serán
los crueles inconscientes del mañana.
La sobreprotección
es un efecto del pesimismo:
si el mundo es malo

y nada hacemos por cambiarlo —se dicen—
al menos retrasemos en lo posible
la hora y fecha del pago.

11

Si nada sobra, nada falta: hay comida,
tienes un lecho, ropa limpia,
cuadernos de dibujo, libros, juguetes.
Por un azar incomprensible te tocó en suerte nacer
del otro lado de la muralla, en los márgenes.
Pero de cualquier modo no te baña la lluvia,
no sufres hambre,
cuando te enfermas hay un médico; eres querido
y te esperaron en el mundo.
Son muchos
los privilegios que te cercan y das
por descontados. Sería imposible
pensar que otros no los tienen.
Y un día
te sale al paso la miseria. La observas
y no puedes creer que existan niños
sin pan, sin ropa, sin cuadernos, sin padre.
Te vuelves y preguntas por qué hay pobres.
Descubres
que está mal hecho el mundo.

12

Esos días, lo rápido que pasan.
Memorias no: destellos, aerolitos
en galaxias de olvido o de invención.

Esos días
del único Adán único que tuvo para sí toda la casa,
todos los padres, todos los amores.
Hasta que el paraíso se disuelve
y entran por fin los otros:
semejantes o hermanos, da lo mismo.
No hay limbo, el purgatorio no existe:
solamente
paraíso o infierno aquí en la tierra.
En uno u otro,
no en el lugar de enmedio, no en la tierra de nadie.
Infierno si has perdido lo que tuviste, infierno
si no lo tienes, infierno
si te desvela la obsesión de perderlo,
aunque no valga nada ni sea nada: espejismo
de egolatría, disfunción
de una célula, carcoma.
Arde la tierra.
En sangre derramada arde la tierra.

13

Pero el niño reinventa las palabras
y todo adquiere un nombre. Verbos actuantes,
muchedumbre de sustantivos. Poder
de doble filo: sirve lo mismo
a la revelación y al encubrimiento.
Cuando el objeto ya no está,
cuando los actos mueren
queda aún la palabra que los nombra, fantasma
de presencias que se disuelven.
Envuelto en esta herencia nos llega el tiempo,
calidoscopio

de figuras compuestas al infinito.
Los mismos vidrios
para un millón de imágenes distintas,
siempre distintas.
Ningún día vuelve, cada minuto es diferente.
En la sucesión,
en su insondable vértigo nos queda,
como hilo en nuestro camino o migaja
para volver por nuestros pasos, el habla.

14

El niño tiene la intuición de que no es preciso formar
una secta aparte o sentirse
superior a los otros para hacer poesía.
La poesía se halla en la lengua,
en su naturaleza misma está inscrita.
Y sus primeras frases son poéticas siempre.
Como un poeta azteca o chino,
el niño de dos años se interroga y pregunta:
—¿Adónde van los días que pasan?

15
(Cartilla de lectura)

EL NIÑO rompe todas las cosas de LA CASA.
Quiere adueñarse de LA CASA.
Rompe todo lo viejo que hay en LA CASA.
EL NIÑO representa LA VIDA nueva.
LA VIDA nueva está condenada a hacerse LA VIDA vieja.
Un día será como las cosas viejas que hay en LA CASA.

16

Recuerdos de la infancia como el eco de un pozo.
Inquietud
de quien surge y destruye todo.
Niño que sin saberlo
quiere rehacer el mundo y, cansado
de exterminar las cosas del viejo orden,
se pone
a esculpir su utopía inconsciente: dibujos
en un cuaderno, trazos geométricos,
ciudad justa, visiones
de alguna tierra inalcanzable.
O, si no puede con el dibujo, trata
de inventar las historias que ajusten los fragmentos
del gran rompecabezas: la realidad.
Y queda al margen
de los actos. Su hacer
se añade al mundo pero no lo transforma.

17

Como pedazos de estatuas rotas que desentierran
en los centros ceremoniales
son los juguetes lamentables, las fotos,
los cuadernos casi ilegibles
hallados de repente al limpiar la casa.
Estas ruinas son todo lo que perdura
de la infancia irrestituible. (La estatua
puede recomponerse;
el pasado interno
salidifica a quien se vuelve a mirarlo.)

En los despojos o recuerdos por un instante
el ayer se entreabre y luego
queda cerrado para siempre.

18

Ahora en definitiva es otro mundo. Aquellos años
en que irrumpimos sin saber adónde parecen
tan lejanos como el diluvio. No obstante,
prosigue la gran matanza.
Se extiende el hambre.
En el sur de América
hay campos de tortura, inmensas fosas
se abren en nuestra tierra como en Auschwitz.
El tiempo
no pasó en vano.
Se perfecciona el exterminio.
Aunque todo esto
no servirá de mucho
ante el valor humano, frente a la decisión
de alcanzar un futuro.

19

Como del fondo sube una burbuja y los peces,
encadenados al acuario, horadan el tedio
en feroces o mansas coreografías, nosotros
estamos ciegos para ver más allá del gran vidrio,
del agua turbia que llamamos el tiempo.
Somos los peces de este ahora, vorazmente transformado
en entonces;

los prisioneros reducidos a soñar un porvenir que otros
muchos soñaron y ya es
nuestro presente miserable.
No puedo dar un paso fuera de mi acuario.
Conozco mis voraces limitaciones.
Falta el oxígeno. Las algas proliferan.
Se adensa el agua.
Hay un escape en algún lado.
Tal vez nos llegará la asfixia, tal vez muramos
sin ver el otro mundo allá afuera.*

* Pero qué importa esa agonía.
Si te derrumbas, si te mueres
habrá otro siempre
para acabar cuanto empezaste.
Nada es inútil y tu misma muerte
trasmitirá la vida a quienes lleguen.
El mundo
no morirá, lo sabes,
cuando te extingas.

20
(Epílogo)

O somos los guijarros que expulsa el mar y caemos
en la playa que no elegimos, entre sargazos
y entre grumos letales de petróleo. Aquí está
la sequía que nombran el desierto. Es preciso
atravesarlo de sol a sol. Llegaremos
al otro mar a que nos cubra la muerte. Entretanto
el camino es la meta y nadie avanza solo
y el agua se comparte o revientas. No hay
minuto que no transcurra. Adelante.

VII

LOS TRABAJOS DEL MAR

[1979-1983]

A la memoria de Alaíde Foppa,
Raúl Gustavo Aguirre
y Miguel Guardia

Aquí terminan los trabajos del mar,
los trabajos del amor.
Aquellos que vivirán un día aquí donde acabamos,
si la oscura sangre se alza e inunda su memoria,
que no se olviden de nosotros,
almas sin fuerza entre los asfódelos.
Que vuelvan hacia el Erebo la cara de las víctimas.
Nosotros no tenemos nada que enseñarles
sino la paz.

GIÓRGOS SEFÉRIS, *Mythistorema* XXIV

I. AGUAS TERRITORIALES

De pronto el corrosivo mar quedó escrito
en la íntima oreja del caracol y siguió resonando.
JULIÁN HERNÁNDEZ, *El cuaderno negro*

EL PULPO

Oscuro dios de las profundidades,
helecho, hongo, jacinto,
entre rocas que nadie ha visto,
allí en el abismo,
donde al amanecer, contra la lumbre del sol,
baja la noche al fondo del mar y el pulpo le sorbe
con las ventosas de sus tentáculos tinta sombría.

Qué belleza nocturna su esplendor si navega
en lo más penumbrosamente salobre del agua madre,
para él cristalina y dulce.
Pero en la playa que infestó la basura plástica
esa joya carnal del viscoso vértigo
parece un monstruo. Y están matando
/ a garrotazos / al indefenso encallado.

Alguien lanzó un arpón y el pulpo respira muerte
por la segunda asfixia que constituye su herida.
De sus labios no mana sangre: brota la noche
y enluta el mar y desvanece la tierra
muy lentamente mientras el pulpo se muere.

VERACRUZ, 1955

De lejos llega la marejada gris en el aire.
Viento en la sal del mar,
cuerpo a cuerpo, oscura batalla,
mientras el sol ha muerto de ausencia.

Innumerable látigo las olas:
cada una vive
de la muerte de la otra.
Toma su fuerza
para diseminarla.
No hay destrucción
como este sismo de agua.
Débil la piedra
ante su fuerza ciega.
Llueve la arena
y en la casa el viento
entra por todas partes,
levanta en vilo
cuanto le arrebatamos.
Pide lo suyo.
A las pocas horas
todo es del viento o se transforma en viento.
La costa vuela en el diluvio de olas.
Vibra la muerte.
No hay quietud ni polvo.

Sólo ceniza el mar.
Mortaja. Envuelve
la masa terrenal.
El huracán destruye
para que siga siendo mundo este mundo,
la tierra dé su fruto más tarde,

y el mar se resigne a ser,
una vez más, el poderoso vencido.

INMORTALIDAD DEL CANGREJO

—¿En qué piensas?
—En nada: en la inmortalidad del cangrejo.
Anónimo, *Los mexicanos pintados por sí mismos*

Y de inmortalidades sólo creo
en la tuya, cangrejo amigo.
Te aplastan, te echan en agua hirviendo,
inundan tu casa.
Pero la represión y la tortura
de nada sirven, de nada.

No tú, cangrejo ínfimo,
caparazón mortal de tu individuo, ser transitorio,
carne fugaz que en nuestros dientes se quiebra;
no tú sino tu especie eterna: los otros:
el cangrejo inmortal
toma la playa.

EL PUERTO

El mar bullente en el calor de la noche,
el mar que lleva adentro su cólera,
el mar sepulcro de las letrinas del puerto,
nunca mereció ser este charco que huele a ciénega,

a hierros oxidados, a petróleo y a mierda,
lejos del mar abierto, el golfo, el océano.

No hay olas en este mar encadenado, esta asfixia
cada vez más oscura en la noche que se ahoga pudriéndose.
No espejo sino el reverso de azogue, la cara sombría.

Ya progresamos hacia el fin del mundo.

PEÑA EN EL MAR

Cómo sufre esta roca atada siempre
a su noria de espuma.
El mar, el mar
inconsolable que la está batiendo
desde que la inventó con su materia.

Cuánto acarreo de furia y para qué
tanta inmovilidad como lo opuesto de aquella
fluidez de la fijeza.
No pasarán,
dice la tierra a la avidez de las olas.

VOLVER AL MAR

Sombra
de los acantilados en el mar
o mancha ondulante
de pez, de ave o de piedra.

Nada se mueve bajo el sol si el mar
es la inmovilidad del movimiento.
Y desde que empezó a ser mar
y perdió su planeta
está insistiendo con las mismas olas
en su plegaria plañidera
que de repente se transforma en la furia,
el tormento de la tormenta.

Este pedazo del inmenso mar
para mí es todo el mar
o como si lo fuera,
porque siempre regreso a verlo.
Y cuando pienso en mar
dentro de mí se forma esta imagen.
Quiero decir:
lo llevo tan dentro
que su rumor es como el caudal de la sangre.
Y desde mi subjetividad deleznable,
el mar se habrá cambiado en desierto
cuando ya no esté aquí para mirarlo y amarlo;
cuando mi ceniza
arda por un instante en la espuma rota
y de nuevo sea
átomo de la nada o de la vida invencible
en la totalidad del océano unánime.

INFORME DE JONÁS

Intenté huir de Dios que me ordenaba
predicar contra Nínive.
Me embarqué rumbo a Tarsis.

Se desató la tempestad.
Fui arrojado
para aquietar las olas.

Me rodearon las aguas hasta el alma.
Las algas se enredaron en mi cabeza.
La tierra echó sobre mí sus cerrojos.
Y me tragó *el gran pez* finalmente.

En el temible vientre de la ballena encontré
procesos digestivos, violencia pura, cardúmenes,
una teoría del estado moderno, una imagen
del desamparo humano, un retorno
al paraíso prenatal irrigado
por el fluir de la corriente sanguínea.

Y en mi habitada soledad tuve tiempo
para reflexionar en la esperanza: algún día
¿nuestra vida ya no será, como la llamó Hobbes,
tan sólo *breve, brutal y siniestra?*

COSTAS QUE NO SON MÍAS

A la memoria de José Durand en Berkeley (1981-1983)

I

De la isla conozco el olor, la forma
y la textura de la arena.
Sé que no pertenezco a ella
pero la siento mía por derecho de amor.
La isla es del mar.

No voy a disputarla.
Dejo en el agua el más humilde homenaje.

2

En la noche de azogue ola rima con luna.
Nadie puede encender el sol ni frenar el océano,
el misterioso oleaje que no tiene
misericordia de nosotros.

3

Lo que la arena dice al mar tal vez sea:
—No te serenes nunca. Tu belleza
es tu absoluto desconsuelo.
Si encontraras sosiego perderías
tu condición de mar.
Si te calmas
dejará de fluir el tiempo.

4

Los días sin niebla, de repente, a lo lejos
por la ventana del cuarto humilde el estrecho,
la Puerta de Oro y su puente.
Chartres de hierro, catedral de los mares.
Cuánto poder y levedad en este puente,
en este triunfo contra el mar enemigo
que arde allí abajo, murmurante, esperando
el terremoto, el regreso
de California hasta el rumor de las aguas.

5

Así como en el jardín
que está ocho pisos más abajo, en silencio,
todos los animales se combaten,
bajo el mar de la noche hay guerra.
Y este cielo sin nubes allá arriba
parece tan sereno y es violencia
—como las calles, como los países—:
astros mueren, planetas se derrumban,
de una explosión total
nacen galaxias.

MUELLE DE NUEVA ORLEANS

Para Carlos Cortínez

Éste es el río envolvente, éste es el Padre
de las Aguas y él las sepulta.
En su rueda giran sin pausa
el barro del principio y los desechos letales
que acabarán con el mundo.
Pero tal vez no porque el Misisipi
ha estado siempre y seguirá para siempre.

Al verlo transcurrir con ese aplomo
majestuoso y ensimismado y también muy triste
parecería
que él engendró al planeta y aún es el magma
en donde bullen interminadas formas de vida.

Cuando pasa en silencio deja escuchar
algo como un lamento por el exilio del agua.

Un río jamás emplea la palabra *reposo.*
El Misisipi no se limita a ilustrar
con su fluir el paso de nuestras horas.
El Misisipi socava
la tierra firme. Y un día
terminará con todo lo que no es agua
y acabará por imponer su ley de arena a los mares.

II. PROSA DE LA CALAVERA

Voz que decía: Da voces. Y yo respondí: ¿Qué tengo que decir a voces? Que toda carne es hierba, y toda su gloria como flor del campo.

Isaías 40, 6

[Versión de Casiodoro de Reina y Cipriano de Valera]

A Miguel Cervantes

Como Ulises me llamo Nadie. Como el demonio de los Evangelios mi nombre es Legión.

Soy tú porque eres yo. O serás porque fui.

Tú y yo, nosotros dos, vosotros, los otros, los innumerables ustedes que se resuelven en mí.

Mi imagen omnipresente en Tenochtitlan, recordaba a todos y a toda hora la conciencia del fin, el fin de cada azteca y del mundo azteca.

Después me volví lugar común para simbolizar la sabiduría. Lo más sabio suele ser lo más obvio. Y como nadie quiere verlo de frente, nunca estará de sobra repetirlo:

No somos ciudadanos de este mundo sino pasajeros en tránsito por la tierra prodigiosa e intolerable.

Si la carne es hierba y nace para ser cortada, soy a tu cuerpo lo que el árbol a la pradera. Ni invulnerable ni perdurable, resisto un poco más y eso es todo.

Cuando tú y los nacidos en el hueco del tiempo que te fue dado en préstamo terminen de representrar su papel en el drama, la farsa, la comedia y la tragedia, permaneceré por algunos años desencarnada.

Serena máscara, secreto rostro que te niegas a ver —aunque lo sabes íntimo y tuyo y siempre va contigo—, yo soy tu cara auténtica, la que más te aproxima a tus semejantes.

En fugaces células que a cada instante mueren por millones tengo adentro cuanto eres: tu pensamiento, tu memoria, tus palabras, tus ambiciones, tus deseos, tus miedos, tus miradas que a golpes de luz erigen la apariencia del mundo, tu entendimiento de lo que llamamos realidad.

Lo que te eleva por encima de tus hermanos martirizados, los animales, y lo que te sitúa por debajo de ellos: la señal de Caín, el odio a tu propia especie, tu capacidad bicéfala de hacer y destruir, hormiga y carcoma.

En vez de temerme o ridiculizarme por obra de tu miedo deberías darme las gracias. Sin mí, qué cárcel sería la vida en la tierra. Qué tormento si nada cambiara ni envejeciera y durante siglos de desesperación sin salida la misma gente diera vueltas a la misma noria.

Gracias a mí todo es valioso porque todo es irrepetible y efímero.

Único es todo instante y cada rostro que florece un segundo en su camino hacia mí.

Porque voy con ustedes a todas partes. Siempre con ella, con él, contigo, esperando sin impaciencia ni protesta.

Los ejércitos de mis huesos han forjado la historia. De la pulverización de mis añicos está amasada la tierra. Reino en el pudridero y en el osario, en el campo de batalla y en los nichos en donde por breve tiempo se venera a las víctimas de lo que ustedes llaman la gloria.

Y no es sino la maligna voluntad de negarme, el afán estúpido de creer que hay escape y por medio de actos y obras alguien puede vencerme.

Actos y obras cargan también su sentencia de muerte, su calavera invisible: último precio de haber sido.

Contigo, hermana mía, hermano mío, me formé de tu sustancia en el vientre materno. Volverás a la oscura tierra. Yo, que en cierta forma soy tu hija, heredaré la nada de tu nombre. Seré tus restos, tus despojos, tus residuos, tus sobras: testimonio de que por haber vivido estás muerto.

Así, quién lo diría, yo, máscara de la muerte, soy la más profunda entre tus señales de vida, tu huella final, tu última ofrenda de basura al planeta que ya no cabe en sí mismo de tantos muertos.

Estaré aquí poco tiempo, de cualquier modo muy superior al que te concedieron.

A menos que me aniquiles junto con tu carroña, aceleres por medios técnicos o por lo imprevisible el proceso que conduce a nuestra última patria: la ceniza de que los dos estamos hechos.

Si desapareciera contigo me privarías de la última voluptuosidad: creerme superior a los gusanos que devoran a los devoradores del mundo y apenas me rozan con sus viscosidades. (Me siento afín a ellos porque también soy innombrable.)

Pero mientras la carne me disfraza y las células ocultas me electrifican soy (si bien nada más para ti: cada uno / cada una) el ombligo del mundo, el centro del universo.

Toda belleza y toda inteligencia descansan en mí. Sin embargo me repudias, me ves como señal del miedo a los muertos que se resisten a estar muertos y del terror a la muerte llana y simple: tu muerte.

Porque sólo puedo salir a flote con tu naufragio. Sólo cuando has tocado fondo aparezco, aunque a cierta edad ya me anuncio en los surcos que me dibujan, en las canas que anticipan mi amarilla blancura.

Yo, tu verdadera cara, tu rostro final, tu apariencia última que te hace Nadie y te vuelve Legión, hoy te ofrezco un espejo y te digo:

Contémplate.

III. GEOMETRÍA DEL ESPACIO

La vida, más feroz que toda muerte.

JORGE GUILLÉN, *Clamor*

EL SILENCIO

La silenciosa noche. Aquí en el bosque
no se escuchan rumores.
Los gusanos trabajan.
Los pájaros de presa hacen lo suyo.
Pero yo no oigo nada.
Sólo el silencio que da miedo. Tan raro,
tan escaso se ha vuelto en este mundo
que ya nadie se acuerda de cómo suena,
nadie quiere
estar consigo mismo un instante.
Mañana
dejaremos de nuevo la verdadera vida para mañana.
No asco de ser ni pesadumbre de estar vivo:
extrañeza
de hallarse aquí y ahora en esta hora tan muda.
Silencio en este bosque, en esta casa
a la mitad del bosque.
¿Se habrá acabado el mundo?

LA GRANADA

¿En qué sueña la carne
de la granada
allá adentro
de su corteza efímera?

Quién sabe.
Desde aquí sólo puede especularse
que piensa:
«Gozo de mi esplendor.
No durarán
esta apretada simetría,
esta húmeda
perfección que me constituye
y me hace granada.
No una joya ni un árbol
o una brizna de hierba.
Tampoco piedra, plomo o alondra.
Seré putrefacción
o bien, devorada,
me haré sin duda carne de tu carne.
En ambos casos
(¿es necesario repetirlo?)
regresaré a la tierra en forma de polvo
y desde ese polvo
(tú no)
reconstruiré mi perfección de granada.»

PERDURACIÓN DE LA CAMELIA

Alba de añil...
EFRAÍN HUERTA

Bajo el añil del alba flota en su luz
la camelia recién abierta.
No tiene aroma, sólo es resplandor.
Parece toda hecha de espuma.

Nube que se posó en la rama un instante
para mirar el cielo desde aquí abajo,
a los tres días de su nacimiento
se desmorona en pétalos sombríos,
polvo que se hace tierra y de nuevo vida.

CLARO DEL BOSQUE

In memoriam Kenneth Rexroth

A este claro del bosque acuden año tras año los ciervos
para el apareamiento.
Nadie jamás ha visto la ceremonia sagrada.
Si alguien la perturbara
no habría ciervos.

Aquí conocen el amor los ciervos,
Aquí se reconocen.
Y luego se dispersan.
No vuelven nunca
a este claro del bosque.

Porque su más allá recibe el nombre de muerte
y para ellos significa flechas, jaurías,
rifles de alta potencia.

EL FANTASMA

Entre sedas ariscas deslizándose
—todo misterio, todo erizada suavidad acariciante—
el insondable, el desdeñoso fantasma,
tigre sin jaula porque no hay prisión capaz de atajar
esta soberanía, esta soberana soberbia,
el gato adoptivo,
el gato exlumpen sin pedigrí (con prehistoria),
deja su harén y con elegancia suprema
se echa en la cama en donde yaces desnuda.

JABALÍ: CERDO SALVAJE

Dardo del jabalí: lo lleva clavado
en el testuz furibundo
mientras se interna sin ninguna esperanza
en el bosque de su agonía.
Los otros dardos
se estremecen desoladoramente sin alas.
Gran frustración no poder clavarlos
con arco o rifle
en los cerdos salvajes que lo han matado.

PERRA EN LA TIERRA

La manada de perros sigue a la perra
por las calles inhabitables de México.
Perros muy sucios, cojitrancos y tuertos, malheridos
y cubiertos de llagas supurantes.

Condenados a muerte
y por lo pronto al hambre y la errancia.
Algunos cargan
signos de antigua pertenencia a unos amos
que los perdieron o los expulsaron.
Y mientras alguien se decide a matarlos
siguen los perros a la perra.
La huelen todos, se consultan, se excitan
con su aroma de perra.
Le dan menudos y lascivos mordiscos.
La montan
uno por uno en ordenada sucesión.
No hay orgía
sino una ceremonia sagrada
en estas condiciones más que hostiles:
los que se ríen,
los que apedrean a los fornicantes,
celosos
del placer que electriza las vulneradas pelambres
y de la llama seminal encendida
en la orgásmica vulva de la perra.

La perra-diosa,
la hembra eterna que lleva
en su ajetreado lomo las galaxias, el peso
del universo que se expande sin tregua.

Por un segundo ella es el centro de todo.
Es la materia que no cesa. Es el templo
de este placer sin posesión ni mañana
que durará mientras subsista este punto,
esta molécula de esplendor y miseria,
átomo errante que llamamos la Tierra.

A CIRCE, DE UNO DE SUS CERDOS

> Circe abrió las puertas de la pocilga y sacó
> a mis compañeros en figura de puercos de
> nueve años.
>
> *Odisea*, rapsodia X

De entre todas las bestias
que en mi cuerpo lucharon contra mi alma
acabó por triunfar el cerdo.

Circe, amor mío, cuánta paz y felicidad sabernos
nada más cerdos. No ambicionar
la aprobación de nadie,
no suplicarle a nadie: entiéndeme,
tienes que comprenderme, soy falible, perdóname.

No hay embrujo tan grande como el placer
de revolcarnos en el lodo:
tú la hechicera, yo el cerdo.

Qué triste dicha ser uno más de tus cerdos.
Somos tu piara, la zahúrda es tu templo.

Disfruta, Circe, la pasión de tus cerdos.
Paga en amor la humillación de tus cerdos.

PORNOÁGRAFO
(Una sátira)

Ágrafo: Que no puede o no sabe escribir.
RODOLFO OROZ, *Diccionario de la lengua castellana*

Cuánta imaginación la del erótico zozobrante
que cuenta por millones y siempre cuenta
las hazañas que nunca tuvo.
Tan sexual, transexual en algunos delirios,
el omnidevorante de antimateria.
O de materia misma: la de los sueños
jamás humedecidos por la verdad.
Todo novela pornoágrafa.
Todo en la mente
pero hasta convencerse de que fueron verdad
sus populosas orgías y sus fornicaciones
con todo lo que camina, vuela, se arrastra
o nada (la nada). Tristeza
de la imaginación entre las cuatro paredes.
Porque van como nubes
las que sólo tocó su fantasía.
Su triste cuerpo
fue la alcoba nupcial y nadie
escribirá la dicha y el tormento
del amor más terrible
que es el amor propio.

TORRE DE NAIPES

Piso la tierra que no es firme
sino más bien caliza y se desmorona.

Torre de naipes, fugaz castillo de arena
los días que nos tocaron movedizos.
No existen puentes.
Hay que enfangarse para cruzar el pantano.
La niebla no permite ver el camino.
Todos los que ignoran
van inventando en sus adentros un tigre.
Y entre el desgarramiento y la asfixia
se arrastran hacia su playa de luz
únicamente para arder en su lumbre.

LA NOCHE NUESTRA INTERMINABLE

Mis paginitas, ángel de la guardia, fe
de las niñeces antiquísimas,
no pueden, nada logran, son inútiles
contra el horror creciente de este mundo.
Y en dónde yace la esperanza, de dónde
va a levantarse el día que sepulte
la noche nuestra interminable y doliente.

CRISTO CON LA CRUZ, POR EL BOSCO

Con los ojos
cerrados y serenos,
la barba de tres días
y sobre todo
la corona de espinas,
Cristo soporta el peso
de su martirio.

Y dice a las mujeres que lloran:
Llorad por vosotras mismas
y vuestros hijos.

No hay más sangre
que una herida en el cuello,
fruto del roce
con la cruz pesadísima
que un soldado encaja
en los hombros del Galileo.
Van al Lugar de la Calavera.
En hebreo se llama Gólgota.

Cristo es el centro del cuadro,
quizá no su motivo más importante.
Porque tal vez El Bosco no se propuso
(¿cómo saber sus intenciones?)
pintar otro retablo de la Pasión
sino darnos la imagen
del Mal según aflora en el rostro humano.

El tema del rostro
es el eje de este siniestro cuadro hermosísimo.
Verónica retira el paño corriente
en que sudor y sangre imprimieron
para siempre el Divino Rostro.

Pero devora la obra
la multitud de caras terribles.
Barrabás forma la O de un aullido.
Un vómito de furia se derrama
por la boca de un monstruo ya desdentado.

La ira calcina a otro bufón malévolo
y sus labios dibujan estas palabras:
«Si eres el Rey
de los Judíos, ¿será posible
que no te salves a ti mismo?
¿A quién pretendes salvar
si no te libras del tormento y la injuria?»

De improviso rompe las épocas
la presencia de un dominico.
Aliado
a un dignatario adusto,
cara de pato,
amonesta al Ladrón ya muerto.
(Nadie como Hyeronimus van Aeken llamado Bosch
logró pintar ese color plomizo
que a cierta altura de la corrupción
se apodera de los cadáveres.)

Y a la orilla del cuadro los que dan voces:
Crucifícalo, crucifícalo.
(No son
los habitantes de Judea.
El Bosco retrata
la danza de la muerte de la Edad Media
y los demonios más que humanos de Flandes.)
El goce brutal
de quienes piden más y más sangre.
El canalla estremecido de dicha
ante el presente y el futuro martirio.

Y los dos que se asombran.
Nunca sabremos
de qué se asombran.

Pero sabemos en cambio
que sin saber de nosotros
el implacable Bosco nos pintó en este cuadro.

Sólo tenemos que reconocernos.

MOZART: *QUINTETO PARA CLARINETE Y CUERDAS EN «LA» MAYOR, K. 581*

La música llena de tiempo brota y ocupa el tiempo.
Toma su forma de aire, vence al vacío
con su materialidad invisible. Crece
entre el instrumento y el don
de *tocar* realmente su cuerpo de agua,
fluidez que huye del tacto, manantial hecho azogue,
porque inmovilizada sería silencio la música.

La corriente de Mozart tiene
la plenitud del mar y como él justifica el mundo.
Contra el naufragio y contra el caos que somos
se abre paso en ondas concéntricas
el placer de la perfección, el goce absoluto
de la belleza incomparable
que no requiere idiomas ni espacio.
Su delicada fuerza habla de todo a todos.
Entra en el mundo y lo hace luz resonante.
En Mozart y por Mozart habla la música:
nuestra única manera de escuchar
el caudal y el rumor del tiempo.

LA «Y»

En los muros ruinosos de la capilla
florece el musgo pero no tanto
como las inscripciones: la selva
de iniciales talladas a navaja en la piedra
que, unida al tiempo, las devora y confunde.

Letras borrosas, torpes, contrahechas.
A veces desahogos, insultos.
Pero invariablemente,
las misteriosas iniciales unidas
por la «y» griega:
manos que acercan,
piernas que se entrelazan, la conjunción
copulativa, huella en el muro
de cópulas que fueron, o no se realizaron.
Cómo saberlo.

Porque la «y» del encuentro también simboliza
los caminos que se bifurcan: E. G.
encontró a F. D. Y se amaron.
¿Fueron «felices para siempre»?
Claro que no, tampoco importa demasiado.

Insisto: se amaron,
una semana, un año o medio siglo.
Y al fin
la vida los separó o los desunió la muerte
(una de dos sin otra alternativa).

Dure una noche o siete lustros, ningún amor
termina felizmente (se sabe).

Pero aun la separación
no prevalecerá contra lo que juntos tuvieron.

Aunque M. A. haya perdido a T. H.
y P. se quede sin N.,
hubo el amor y ardió un instante y dejó
su humilde huella, aquí entre el musgo
en este libro de piedra.

IV. MALPAÍS

Cuando, de pronto, a medianoche oigas
pasar una invisible compañía
con exquisitas músicas y voces,
no lamentes en vano tu fortuna
que cede al fin, tus obras fracasadas,
los ilusorios planes de tu vida.
Como dispuesto de hace tiempo, como valiente, dile
adiós a Alejandría que así pierdes.

CONSTANTINOS CAVAFIS,
«El dios abandona a Antonio»
[Versión de ELENA VIDAL y JOSÉ ÁNGEL VALENTE]

MALPAÍS

Malpaís: Terreno árido, desértico e ingrato; sin agua ni vegetación; por lo común cubierto de lava.

FRANCISCO J. SANTAMARÍA,
Diccionario de mejicanismos

Ayer el aire se limpió de pronto
y aparecieron las montañas.
Siglos sin verlas. Demasiado tiempo
sin algo más que la conciencia de que están allí circundándonos.
Caravana de nieve el Iztaccíhuatl.
Crisol de lava en la caverna del sueño,
nuestro Popocatépetl.

Ésta fue la ciudad de las montañas.
Desde cualquier esquina se veían las montañas.
Tan visibles se hallaban que era muy raro
fijarse en ellas.

Sólo nos dimos cuenta de que existían las montañas
cuando el polvo del lago muerto,
los desechos fabriles, la ponzoña
de incesantes millones de vehículos
y la mierda arrojada a la intemperie
por muchos más millones de excluidos,
bajaron el telón irrespirable
y ya no hubo montañas. Pocas veces
se deja contemplar —azul, inmenso— el Ajusco.
Aún reina sobre el valle pero lo están acabando
entre fraccionamientos, taladores y, lo que es peor, incendiarios.
Lo creímos invulnerable. Despreciamos
nuestros poderes destructivos.

Cuando no quede un árbol,
cuando ya todo sea asfalto y asfixia
o malpaís, terreno pedregoso sin vida,
ésta será de nuevo la capital de la muerte.

En ese instante renacerán los volcanes.
Vendrá de lo alto el gran cortejo de lava.
El aire inerte se cubrirá de ceniza.
El mar de fuego lavará la ignominia,
se hará llama la tierra y lumbre el polvo.
Entre la roca brotará una planta.
Cuando florezca volverá la vida
a lo que convertimos en desierto de muerte.

Soles de lava, astros de ira, indiferentes deidades,
allí estarán los invencibles volcanes.

STRADA DELL'ABBONDANZA

A fuerza de explotar a los esclavos
y robarse dinero público,
hubo auge en los negocios. Así los ricos
se volvieron más ricos, mientras los pobres
redoblaban su hambre y su miseria. La ciudad
desbordó sus antiguos límites, perdió sus rasgos
originales, fue reconstruida
según los lineamientos del imperio. También el habla
se corrompió con los hablantes. Y el lujo
entró como la hiedra en muchas partes.
Combatieron el tedio con la droga.
Nos legaron imágenes de sus actos sexuales,
como extraño presentimiento
de su fragilidad. Y entre robos
y asesinatos dondequiera, el terror
extendió su dominio. Miedo en la alcoba
y pánico en la calle. Furia y pena.
Sobre todo odio
proliferante. Porque el bien camina
pero el mal corre (y no se sacia nunca).
Todo esto sucedió en Pompeya, la víspera
del estallido del Vesubio.

RECUERDOS ENTOMOLÓGICOS

En marzo aparecieron las hormigas.
No unas cuantas —voraces y puntuales,
parte del mundo como siempre— sino
millones y millones en columnas vibrantes
por todas las bodegas de este país.

Arrastraron
al fondo de los ciegos pasadizos
hasta un grano de sal o cualquier cosa mínima
que antes hubieran rechazado.

No es pensamiento mágico: se trata
de un sentido que aún no descubrimos.
Como otros animales se anticipan
a terremotos y desbordamientos,
en vísperas de crisis y escaseces
se multiplican las hormigas, cargan
con cuanto pueda preservar su especie.

Desprécialas si quieres, o extermínalas:
No las acabarás.
Han demostrado ser sin duda alguna
mucho más previsoras que nosotros.

CRÓNICA MEXICAYOTL

En otro giro de la procesión
o de la tribu errante que somos,
henos aquí sin nada como al principio.
Sapos y lagartijas nuestro alimento,
sal nuestra vida, polvo nuestra casa.
Añicos y agujeros en la red
nuestra herencia de ruinas.
Por fin tenemos
que hacerlo todo a partir
de esta nada que por fin somos.

LOS MONSTRUOS

Para donde te muevas los ojos te seguirán
por esa galería que acumula retratos
de quienes construyeron el sufrimiento.
Cada país suele mostrar temeroso
una pinacoteca de sanguinarios ladrones.
El servilismo del pintor no alcanzó a maquillar
rostros en los que el miedo y la ambición
se mezclan al orgullo que rodará por tierra
y a la certeza
de que Saint-Just no se equivocó
y en efecto el arte de gobernar
no ha producido sino monstruos.

PASEO DE LA REFORMA

Este fresno tan bien plantado
que ni el rayo ni la tormenta pudieron
estremecer,
que ni el hacha
osó injuriar con su afilado silbido;
este monumento
a la belleza del mundo;
este pródigo
que nos dejó respirar y alabó
los ojos con su estampa
y fue luz
pero también dio sombra y duró
más que nuestras edades y todo.
Éste que parecía eterno
o estable al menos
ha muerto asfixiado

y masacrado con otros mil
por el gas venenoso que echan
los autobuses
en la innoble y letal colonia
penitenciaria
que hasta hace poco llamamos
Ciudad de México.

ECUACIÓN DE PRIMER GRADO CON UNA INCÓGNITA

En el último río de la ciudad, por error
o incongruencia fantasmagórica, vi
de repente un pez casi muerto. Boqueaba
envenenado por el agua inmunda, letal
como el aire nuestro. Qué frenesí
el de sus labios redondos,
el cero móvil de su boca.
Tal vez la nada
o la palabra inexpresable,
la última voz
de la naturaleza en el valle.
Para él no había salvación
sino escoger entre dos formas de asfixia.
Y no me deja en paz la doble agonía,
el suplicio del agua y su habitante.
Su mirada doliente en mí,
su voluntad de ser escuchado,
su irrevocable sentencia.
Nunca sabré lo que intentaba decirme
el pez sin voz que sólo hablaba el idioma
omnipotente de nuestra madre la muerte.

V. OCASIONES Y CIRCUNSTANCIAS

¡Ay de ti que saqueas y nunca fuiste saqueado; que haces deslealtad aunque nadie contra ti la hizo! Cuando acabes de saquear serás saqueado y cuando acabes de hacer deslealtad se hará contra ti. Isaías 33, 1

¿QUÉ TIERRA ES ÉSTA?

Homenaje a Juan Rulfo con sus palabras

Hemos venido caminando
desde el amanecer.

Ladran los perros.

Grietas, arroyos secos.
Ni una sombra de árbol,
ni una semilla de árbol
ni una raíz de nada.

Los cerros apagados y como muertos.

Aquí así son las cosas.
Por eso a nadie
le da por platicar.

Aquí no llueve.
A la gota caída
por equivocación
se la come la tierra
y la desaparece en su sed.

¿Quién haría este llano tan grande?
¿Para qué sirve este llano tan grande?

No hay conejos,
no hay pájaros,
no hay nada.

Tanta y tamaña tierra para nada.

Unos cuantos huizaches,
una que otra manchita de zacate
con hojas enroscadas.

Nos dieron esta costra de tepetate
para que la sembráramos.

Pero no hay agua.
Ni siquiera para hacer buches
tenemos agua.

Tierra como cantera que rechaza el arado.
Un blanco terregal endurecido
en que nada se mueve.

Ésta es la tierra que nos dieron,
sombra recalentada por el sol.

No es tiempo de hojas.
Tiempo seco y roñoso de espinas.
Polvo seco
como tamo de maíz que sube muy alto.

Seguimos buscando por todas partes
entre el rastrojo.
Muchas lamentaciones revueltas
con esperanzas.

Caminamos en medio de la noche
con los ojos aturdidos de sueño
y la idea ida.

El viento lleva y trae
la tierra seca.

En la hora desteñida,
cuando todo parece chamuscado,
no aparecen las aguas.
Nuestra milpa
comienza a marchitarse.

Llueve muy poco.
Le crecieron espinas
a nuestra tierra.

Somos como terrones endurecidos.
Somos la viva imagen del desconsuelo.

¿Qué tierra es ésta?
¿En dónde estamos?

Todos se van de aquí.
Nomás se quedan
los puros viejos,
las mujeres solas.

∞

Aquí vivimos.
Aquí dejamos nuestras vidas.
Un lugar moribundo.

Ya no se escucha
sino el silencio de las soledades.
Y eso acaba con uno.

Aquí no hay agua.
Aquí no hay más que piedras.
Aquí los muertos
pesan más que los vivos.
Lo aplastan a uno.

Allá lejos los cerros
están en sombras.

Tiempo de la canícula
cuando el aire de agosto
sopla caliente.

Digan si oyen alguna señal de algo
o si ven luz en alguna parte.
Si hay olor de paz y de alfalfa
como olor de miel derramada.
Digan si ven la tierra que merecemos.

Digan si hay aire y nubes.
Si hay esperanza.
Si contra nuestras penas
hay esperanza.

Digan si es necesario lavar las cosas,
ponerlo todo nuevo de nueva cuenta,
como campo recién llovido.

Digan si oyen alguna señal de algo
o si ven luz en alguna parte.

Digan si ven la tierra que merecemos.

Digan si contra nuestras penas
hay esperanza.

PARA EFRAÍN HUERTA

¿En qué lugar del valle que no elegimos, la isla de asfixia
rodeada de miseria por todas partes, habrán quedado
tus pasos, tus palabras, tu última sombra?
Así pues, terminó el danzón.
Vámonos con la música a otra parte.
Tú no estás muerto.
En esta inmensa zona de desastre que es México
nosotros somos los cadáveres.

A JORGE GUILLÉN EN SUS 90 AÑOS

Sombrío el vasallaje de los topos
a la raíz que se hunde y ancla la tierra
para que no se derrame
sobre el vacío en su girar incesante.

∞

Por la raíz la sombra asciende al árbol,
se vuelve hoja de luz en la rama.
Guillén toma lo más oscuro
y su alquimia ilumina el mundo
y nos enseña a mirarlo.

EL CENTENARIO DE GUSTAVE FLAUBERT

[Un artículo en verso]

La granja de Croisset en que el normando enorme vociferaba
ante una consonancia, una cacofonía, una palabra repetida,
no existe, fue sepultada
en la aridez industrial del nuevo paisaje.

Pero sus libros siguen inquietándonos.
Convirtió en arte
un género pensado para la diversión: la novela.
La hizo otra forma de poesía.
De allí el cuidado
puesto en cada palabra. No hay sinónimos:
existe nada más el término exacto,
una palabra para cada cosa. Debe ceñirse,
como la piel al cuerpo, a lo que nombra.

Muchos juzgan exceso este rigor:
nada queda en traducción de frases como las suyas.
Pero todo escritor debe honrar
el idioma que le fue dado en préstamo, no permitir
su corrupción ni su parálisis, ya que con él
se pudriría también el pensamiento.

Su obligación primera consiste
en escribir prosa o verso de la mejor manera posible.

El gran estilo de Flaubert no es un vitral ni un adorno,
se halla siempre al servicio de lo que narra.
Gracias a él
las desventuras de Emma Bovary
y de Félicité, la sirvienta,
se grabaron a fuego en nuestra memoria,
como *L' Éducation sentimentale* de Fréderic Moreau
y con ella la vida entera de Francia
bajo el segundo imperio.
La educación sentimental es complemento indispensable de
El 18 Brumario de Luis Bonaparte.
Con permiso de Sartre, aquí no importan
los gritos de Flaubert contra la Comuna,
porque él enseña todo acerca de su clase (la nuestra).

Y los amores desdichados, su ansia de gloria
(de éxito no),
frustrada por el censor y el crítico y la guerra;
su rabia ante la estupidez propia y ajena,
ante la enfermedad y la vejez,
no fueron a la postre sino utensilios
de su gran obra que sigue ardiendo a fuego lento.

Hay seis o siete libros de Flaubert: mil quinientos
sobre Flaubert. Y a pesar de todo
lo único que cuenta (decía Revueltas)
no son estatuas ni homenajes:
es sólo aquel
diálogo silencioso que un lector
establece con cada libro, *su* libro.
Y hay conexión o no circula corriente.

¿Por qué? Nadie lo sabe. Pero ante esto
lo demás es polvo y estruendo.

Por otra parte
nunca sabremos de verdad quién fue Flaubert,
lo que intentó decir (ni él lo sabía).
Porque Flaubert, como todo autor, dice nada más
lo que cada hombre y cada mujer que lo lea
sabe escuchar entre el rumor de sus páginas.

CARTA A GEORGE B. MOORE EN DEFENSA DEL ANONIMATO

No sé por qué escribimos, querido George.
Y a veces me pregunto por qué más tarde
publicamos lo escrito. Es decir, lanzamos
una botella al mar, harto y repleto
de basura y botellas con mensajes.
Nunca sabremos
a quién ni adónde la llevarán las mareas.
Lo más probable
es que sucumba en la tempestad y el abismo.

Sin embargo, no es tan inútil esta mueca de náufrago.
Porque un domingo
usted me llama de Estes Park, Colorado,
me dice que ha leído cuanto está en la botella
(a través de los mares: nuestras dos lenguas)
y quiere hacerme una entrevista.
Después recibo un telegrama inmenso
(lo que se habrá gastado usted al enviarlo).

En vez de responderle o dejarlo en silencio
se me ocurrieron estos versos. No es un poema,
no aspira al privilegio de la poesía
(no es voluntaria).
Y voy a usar, así lo hacían los antiguos,
el verso como instrumento de todo aquello
(relato, carta, drama, historia, manual agrícola)
que hoy decimos en prosa.

Para empezar a *no* responderle,
no tengo nada que añadir a lo que está en mis poemas,
dejo a otros el comentario, no me preocupa
(si alguno tengo) mi lugar en la historia.
(Tarde o temprano a todos nos espera el naufragio.)
Escribo y eso es todo. Escribo: doy la mitad del poema.
Poesía no es signos negros en la página blanca.
Llamo poesía a ese lugar del encuentro
con la experiencia ajena. El lector, la lectora
harán o no el poema que tan sólo he esbozado.

No leemos a otros: *nos leemos* en ellos.
Me parece un milagro
que algún desconocido pueda verse en mi espejo.
Si hay un mérito en esto —dijo Pessoa—
corresponde a los versos, no al autor de los versos.
Si de casualidad es un gran poeta
dejará cuatro o cinco poemas válidos,
rodeados de fracasos y borradores.
Sus opiniones personales
son de verdad muy poco interesantes.

Extraño mundo el nuestro: cada día
le interesan cada vez más los poetas;
la poesía cada vez menos.

El poeta dejó de ser la voz de la tribu,
aquel que habla por quienes no hablan.
Se ha vuelto nada más otro *entertainer.*
Sus borracheras, sus fornicaciones, su historia clínica,
sus alianzas o pleitos con los demás payasos del circo,
tienen asegurado el amplio público
a quien ya no hace falta leer poemas.

Sigo pensando
que es otra cosa la poesía:
una forma de amor que sólo existe en silencio,
en un pacto secreto entre dos personas,
de dos desconocidos casi siempre.
Acaso leyó usted que Juan Ramón Jiménez
pensó hace mucho tiempo en editar una revista.
Iba a llamarse «Anonimato».
Publicaría no firmas sino poemas;
se haría con poemas, no con poetas.
Y yo quisiera como el maestro español
que la poesía fuese anónima ya que es colectiva
(a eso tienden mis versos y mis versiones).
Posiblemente usted me dará la razón.
Usted que me ha leído y no me conoce.
No nos veremos nunca pero somos amigos.
Si le gustaron mis versos
qué más da que sean míos / de otros / de nadie.
En realidad los poemas que leyó son de usted:
Usted, su autor, que los inventa al leerlos.

VIII

MIRO LA TIERRA

[1984-1986]

Miro la tierra, aíslo
en mis ojos, atento, una pulgada.
¡Qué desconsolador, feroz y amargo
lo que acontece en ella!

Rafael Alberti,
El otoño, otra vez

I. LAS RUINAS DE MÉXICO (ELEGÍA DEL RETORNO)*

Y entonces sobrevino de repente un gran terremoto.
Hechos de los Apóstoles 16, 26

Volveré a la ciudad que yo más quiero
después de tanta desventura, pero
ya seré en mi ciudad un extranjero.
LUIS G. URBINA,
Elegía del retorno (1916)

I

1

Absurda es la materia que se desploma,
la penetrada de vacío, la hueca.
No: la materia no se destruye,
la forma que le damos se pulveriza,
nuestras obras se hacen añicos.

* *Las ruinas de México (Elegía del retorno)* se inscribe a la memoria de los muertos de septiembre, se dedica a Marcelo Uribe y a Hugo Gutiérrez Vega y es un testimonio de gratitud para quienes me acompañaron en aquellos días de 1985: Ricardo Aguilar, Coral Bracho, Julio Bracho, Elizabeth Daghlián, Rosario Ferré, Efraín Kristal, Daniel López Acuña, Amelia Mondragón, Danusia Meson, Alejandro Moreno, José Miguel Oviedo, Graciela Palau de Nemes, Martha Paley de Francescato, Lucinda Ruiz, Fernando Sánchez Mayans, Linda Scheer, Saúl Sosnowski, Graciela Uequín y Hugo J. Verani. El 18 de septiembre yo estaba en Maryland; logré volver a México el 21 y pasar aquí la primera semana posterior al terremoto. *Las ruinas de México* intenta aproximarse a esa doble experiencia.

2

La tierra gira sostenida en el fuego.
Duerme en un polvorín.
Trae en su interior una hoguera,
un infierno sólido
que de repente se convierte en abismo.

3

La piedra de lo profundo late en su sima.
Al despetrificarse rompe su pacto
con la inmovilidad y se transforma
en el ariete de la muerte.

4

De adentro viene el golpe,
la cabalgata sombría,
la estampida de lo invisible, explosión
de lo que suponemos inmóvil
y bulle siempre.

5

Se alza el infierno para hundir la tierra.
El Vesubio estalla por dentro.
La bomba asciende en vez de caer.
Brota el rayo en un pozo de tinieblas.

6

Sube del fondo el viento de la muerte.
El mundo se estremece en fragor de muerte.
La tierra sale de sus goznes de muerte.
Como secreto humo avanza la muerte.
De su jaula profunda escapa la muerte.
De lo más hondo y turbio surge la muerte.

7

El día se vuelve noche,
polvo es el sol,
el estruendo lo llena todo.

8

Así de pronto lo más firme se quiebra,
se tornan movedizos concreto y hierro,
el asfalto se rasga, se desploman
la vida y la ciudad. Triunfa el planeta
contra el designio de sus invasores.

9

La casa que era defensa contra la noche y el frío,
la violencia de la intemperie,
el desamor, el hambre y la sed,
se reduce a cadalso y tumba.
Quien sobrevive queda prisionero
en la arena o la malla de la honda asfixia.

10

Sólo cuando nos falta se aprecia el aire,
cuando quedamos como el pez atrapados
en la red de la asfixia. No hay agujeros
para volver al mar que era el oxígeno
en que nos desplazamos y fuimos libres.
El doble peso del horror y el terror
nos ha puesto
fuera del agua de la vida.

Sólo en el confinamiento entendemos
que vivir es tener espacio.
Hubo un tiempo
feliz en que podíamos movernos,
salir, entrar y ponernos de pie o sentarnos.
Ahora todo cayó. Ha cerrado
el mundo sus accesos y ventanas.
Hoy entendemos lo que significa
una expresión terrible:
sepultados en vida.

11

Llega el sismo y ante él no valen
las oraciones ni las súplicas.
Nace de adentro para destruir
todo lo que pusimos a su alcance.
Sube, se hace visible en su obra atroz.
El estrago es su única lengua.
Quiere ser venerado entre las ruinas.

12

Cosmos es caos pero no lo sabíamos
o no alcanzamos a entenderlo.
¿El planeta al girar desciende
en abismos de fuego helado?
¿Gira la tierra o cae? ¿Es la caída
infinita el destino de la materia?

Somos naturaleza y sueño. Por tanto
somos lo que desciende siempre:
polvo en el aire.

II

> Las piedras que hay en oscuridad y en sombra
> de muerte abren minas lejos de lo habitado.
> En lugares ignotos donde el pie no se posa se
> suspenden y balancean.
>
> Job 28, 4-5

1

Crece en el aire el polvo,
llena los cielos.
Se hace de tierra y de perpetua caída.
Es lo único eterno.
Sólo el polvo es indestructible.

2

Avanzo, doy un paso más,
miro de cerca el infierno.
Muere el día de septiembre
entre la asfixia y los gritos.

Arañamos las piedras y brota sangre.
Todo el peso del mundo se ha vuelto escombro.
La palabra *desastre* se ha hecho tangible.

Se hundió la casa de papel, el cuarto de juegos
de un niño inexplicable que al despertar
aplastó sus cubitos de hojalata.
Pero no hay juego.
Sólo personas que se mueren,
gente que ha muerto, seres humanos
que si salieran vivos del tormento entre escombros
habrían dejado entre el montón de ruinas
brazos y piernas.
Nadie está a salvo.
Aun al quedar ilesos hemos perdido
nuestro ayer y nuestra memoria.

3

De aquella parte de la ciudad que por derecho
de nacimiento y crecimiento, odio y amor
puedo llamar la mía (a sabiendas
de que nada es de nadie),
no queda piedra sobre piedra.

∞

Ésta que allí no ves, que allí no está
ni volverá a alzarse nunca, fue en otro mundo
la casa en que abrí los ojos.
La avenida que pueblan damnificados
me enseñó a caminar.
Jugué en el parque
hoy repleto de tiendas de campaña.

Terminó mi pasado.
Las ruinas se desploman en mi interior.
Siempre hay más, siempre hay más.
La caída no toca fondo.

4

Para talar un árbol de cierta edad
no empieces nunca
por el durísimo tronco:
primero corta las raíces,
el cordón que ata el árbol a la tierra,
madre, sustento y memoria.

Para que exista el árbol ha de haber tierra.
Para vivir necesitamos aquello
que derribó el inmenso hachazo en segundos.

5

Suelo es la tierra que sostiene,
el piso que ampara, la fundación
de la existencia humana. Sin él
no se implantan ciudades ni puede alzarse el poder.

«Los pies en la tierra»
decimos para alabar la cordura,
el sentido de realidad.
Y de repente
el suelo se echa a andar,
no hay amparo:
todo lo que era firme se viene abajo.

6

Dondequiera que pises no habrá refugio.
El suelo puede ser de nuevo mar, encresparse.
Hasta el muro más fuerte se halla en peligro.
No se alzan ciudadelas contra el terror.
Nuestra tierra no es tierra firme.

7

A los amigos que no volveré a ver,
a la desconocida que salió a las seis
para ir a su trabajo de costurera o mesera;
a la que iba a la escuela para aprender
computación e inglés en seis meses,
quiero pedir disculpas por su vida y su muerte.

Ruego que me perdonen porque nunca encontraron
su rostro verdadero en el cuerpo de tantos
que ahora se desintegran en la fosa común
y dentro de nosotros siguen muriendo.

Muerto que no conozco, mujer desnuda
sin más cara que el yeso funeral,

el sudario de los escombros, la última
cortesía del infinito desplome:
tú, el enterrado en vida; tú, mutilada;
tú que sobreviviste para sufrir
la inexpresable asfixia: perdón.

No pude darles nada.
Mi solidaridad de qué sirve.
No aparta escombros, no sostiene las casas
ni las erige de nuevo.
Pido, al contrario,
para salir de mis tinieblas,
la mano imposible
que ya no existe o ya no puede aferrar
pero se extiende todavía
en un espacio de dolor o en un confín de la nada.

Perdón por hallarme aquí contemplando,
en donde estuvo un edificio,
el hueco profundo,
el agujero de mi propia muerte.

8

Para los que ayudaron, gratitud eterna, homenaje.
Cómo olvidar —joven desconocida, muchacho anónimo,
anciano jubilado, madre de todos, héroes sin nombre—
que ustedes fueron desde el primer minuto de espanto
a detener la muerte con la sangre
de sus manos y de sus lágrimas;
con la certeza
de que el otro soy yo, yo soy el otro,

y tu dolor, mi prójimo lejano,
es mi más hondo sufrimiento.

Para todos ustedes acción de gracias perenne.
Porque si el mundo no se vino abajo
en su integridad sobre México
fue porque lo asumieron
en sus espaldas ustedes,
héroes plurales, honor del género humano,
único orgullo
de cuanto sigue en pie sólo por ustedes.

9

Reciba en cambio el odio,
también eterno, el ladrón,
el saqueador, el impasible, el despótico,
el que se preocupó de su oro y no de su gente,
el que cobró por rescatar los cuerpos,
el que reunió fortunas de quince mil millones de escombros
donde resonarán perpetuamente los gritos
de quince mil millones de muertos.

Que para siempre escuche el grito de los muertos
el que se enriqueció traficando
con materiales deleznables,
permisos fraudulentos de construcción,
reparaciones bien cobradas y nunca hechas.

Cubra la sangre el rostro del ladrón,
jamás encuentre reposo,
la asfixia sea su noche,
su vida el peso conjunto
de todas las paredes arrasadas.

10

Con qué facilidad en los poemas de antes hablábamos
del polvo, la ceniza, el desastre y la muerte.
Ahora que están aquí ya no hay palabras
capaces de expresar qué significan
el polvo, la ceniza, el desastre y la muerte.

11

Secamos toda el agua de la ciudad, destruimos,
por usura, los campos y los árboles.
En vez de tierra a nuestras plantas quedó
un sepulcro de fango árido
y rencoroso, malignamente incapaz
de amparar lo que sostenía.

La ciudad ya estaba herida de muerte.
El terremoto vino a consumar
cuatro siglos de eternas destrucciones.

12

El niño que se aburre en el jardín avizora
la columna de hormigas. Van al trabajo,
intercambian informaciones. Qué gran esfuerzo
llevar a cuestas su brizna o su fragmento de mosca.
Qué ordenado parece desde allá arriba
este mundo de hormigas. (En su interior
ha de ser como otro cualquiera
y bullir en discordia, tedio, ansiedades,

aguda conciencia
de la mortalidad de todo y todos.)

En la visión del niño las hormigas
semejan partes de un reloj.
Va a romperlo.
Como una forma de poder imbatible
el niño destruye
casas, columnas, obras, galerías.

A unos centímetros
el mundo sigue igual. Crecen las hojas,
el árbol se endurece en su quietud,
cae el polvo en la luz, el tiempo gira
—y la ciudad de hormigas ya no existe,
ya sólo es un montón de ruinas dolientes
y seres diminutos que padecen
su agonía entre escombros.

El niño, concluida su labor,
se dispone a algún otro juego.

III

> Llorosa Nueva España que, deshecha,
> te vas en llanto y duelo consumiendo...
>
> FRANCISCO DE TERRAZAS,
> *Nuevo Mundo y conquista*

I

La tierra desconoce la piedad.
El incendio del bosque o el suplicio

del tenue insecto bocarriba que muere
de hambre y de sol durante muchos días
son insignificantes para ella
—como nuestras catástrofes.
La tierra desconoce la piedad.
Sólo quiere
prevalecer transformándose.

2

La tierra que destruimos se hizo presente.
Nadie puede afirmar: «Fue su venganza.»
La tierra es muda: habla por ella el desastre.
La tierra es sorda: nunca escucha los gritos.
La tierra es ciega: nos observa la muerte.

3

Los edificios bocabajo o caídos de espaldas.
La ciudad de repente demolida
como bajo el furor de los misiles.
La puerta sin pared, el cuarto desnudo,
harapos de concreto y metal que fueron morada
y hoy forman el desierto de los sepulcros.

4

Mudo alarido de este desplome que no acaba nunca,
las construcciones cuelgan de sí mismas. Parecen
grandes camas deshechas puestas de pie
porque sus habitantes ya están muertos.

Pesa la luz de plomo. Duele el sol
en la Ciudad de México.

5

El lugar de lo que fue casa lo ocupa ahora
un hoyo negro (y representa al país entero).
Al fondo de ese precario abismo yacen pudriéndose
escombros y basura y algo brillante.
Me acerco a ver qué arde amargamente en la noche
y descubro mi propia calavera.

6

Isla en el golfo de la destrucción plural indiscriminada,
nunca estuvo tan sola esta casa sola.
No se dobló ni presenta grietas.
Contra la magnitud del sismo la pequeñez
fue la mejor defensa.
Sigue indemne, pero deshabitada.
Nadie quiere ser náufrago
en este mar de ruinas donde nada previene
contra el oleaje de la piedra.

7

Del edificio que desventró en su furia salvaje
al embestir el toro de la muerte,
brotan varillas como raíces deformadas.
Sollozan hacia adentro
por no ser vegetales,

capaces de hundirse en tierra, renacer,
a fuerza de paciencia reconstruirse,
y levantar lo caído.

Raíces inorgánicas estas varillas que nada más soportan
su irremediable vergüenza.
Las vencieron
la corrupción y la catástrofe. Parecen
tallos sobrevivientes de árbol caído.
Pero son flechas
que apuntan a la cara de los culpables.

8

Entre las grandes losas despedazadas, los muros
hechos añicos, los pilares, los hierros,
intacta, ilesa,
la materia más frágil de este mundo:
una tela de araña.

9

Esos huecos sembrados
con tezontle color de sangre
o plantas moribundas
que algunos llaman «jardines»,
tratan de conjurar la omnipotencia de la muerte
y no logran
sino que llene su vacío la muerte.
(Quizá «vacío»
es el nombre profundo de la muerte.)

Al pisar
los monumentos que la nada erigió a la muerte
sentimos
que allá abajo se encuentran todavía
desmoronándose los muertos.

10

Las fotos más terribles de la catástrofe
no son fotos de muertos. Hemos visto
ya demasiadas. Éste es el siglo
de los muertos. Nunca hubo tantos
muertos sobre la tierra. ¿Qué es un periódico
sino un recuento de muertos
y objetos de consumo para gastar
la vida y el dinero y ocultarnos tras ellos
contra la omnipotencia de la muerte?

No: las fotos más atroces de la catástrofe
son esos cuadros en color donde aparecen muñecas
indiferentes o sonrientes, sin mengua, sin tacha,
entre las ruinas que aún oprimen
los cadáveres de sus dueñas, la frágil vida
de la carne que como hierba ya fue cortada.

Invulnerabilidad de los plásticos que en este caso
tuvieron nombre
y existencia de alguna forma.
Acompañaron, consolaron, representaron la dicha
de aquellas niñas que intolerablemente nacieron
para ver desplomarse su futuro
en el fragor de este fin de mundo.

11

Hay que cerrar los ojos de los muertos
porque vieron la muerte y nuestros ojos
no resisten esa visión.
Al contemplarnos
en esos ojos que nos miran sin vernos
brota en el fondo nuestra propia muerte.

12

Esta ciudad *no tiene historia,*
sólo martirologio.
El país del dolor,
la capital del sufrimiento,
el centro deshecho
del inmenso desastre interminable.

IV

> Patria, patria de lágrimas, mi patria.
>
> GUILLERMO PRIETO

1

Si volvieran los muertos
no te reconocerían, ciudad
manchada por el desastre,
capital del vacío.

Fluye la noche inerme, continúa
su infinito desplome,

envuelve las ruinas
con un nuevo dolor que lo cubre todo.

2

Al regresar, me decía, no encontraré lo que estuvo;
únicamente me espera
lo que sobrevivió. Lo demás
será muñón o árbol talado, allí enmedio
de cuanto mordió el polvo, o más bien
de cuanto fue mordido por el polvo.

3

El polvo del derrumbe flota en el aire.
Es invisible aunque su peso asfixia.
¿No ha de llegar el fin de la catástrofe?
Polvo y ruinas
¿serán los amos de la Nueva España?

4

Al respirar usurpamos
el aire que faltó a los enterrados en vida.
Extraño azar el de seguir aún vivos
a la sombra de tantos muertos.

5

Hay terror en la luna que brilla plena entre escombros.
Porque la luna es un desierto flotante, un espejo
de lo que nuestra tierra será algún día.

Ni árbol ni pájaro.
Continentes de arena helada, mares sin agua,
huellas de un terremoto planetario,
acre silencio que por fin ha anulado,
innumerable, el gran clamor de los muertos.

6

Lo que ayer fue jardín es hoy desierto de hojas.
Ya se quemó el otoño, sólo perduran
los árboles inermes en su hojarasca, su ruina.
Y pasado el invierno recobrarán su grandeza.
En cambio los muertos
ya no verán la otra primavera.
La ciudad
jamás renacerá como estas hojas.

7

No existe el pesimismo. Uno apuesta a la vida
al levantarse de la cama, hacer proyectos, hablar.
El mundo se sostiene en la creencia
de que la muerte y la tragedia pactaron
nada más con nosotros y nos dejan tranquilos
para que todo siga mediobien, mediomal
—hasta que un día irrumpe la catástrofe.

8

Después de cada gran catástrofe siempre buscamos
advertencias, augurios, premoniciones.

Supongo que se trata de una protesta
contra lo inesperado, una precaria defensa
contra el desastre que aún no llega.
Vivir exige
suponernos invulnerables.
De otra manera
no cruzaríamos la calle.
Ahora sabemos
que de nada sirve encerrarse:
cualquier desastre
lleva la muerte al más seguro refugio.

9

Los animales avisaron, intentaron hablar
y no entendimos las señales.
El perro San Bernardo, siempre cordial
y a quien se trata con extremo cariño,
lloró todas las noches meses enteros.
El gato que sólo aspira a comer y a dormir
no cerraba los ojos y escuchaba el subsuelo.
Las viejas cucarachas aumentaron
su pánico ajetreado.
Las hormigas llenaron todas las casas.
Las ratas estuvieron más activas que nunca.
Innumerables peces
se dejaron morir en los acuarios.

Y nunca habían zumbado tantas moscas azules.

10

«Nada es eterno» era una simple frase,
pero nunca creímos
que nos tocaría ver el final de todo en segundos.
¿Para qué construir ciudades, seguir aquí, tener hijos
si basta un estallido de la furia ciega sin nombre
para acabar con todo lo que somos?

11

Conquistar el poder, el oro, la forma perfecta
del arte o de los cuerpos. Abrirse paso
hasta la cima imaginaria. Disciplinarse, esforzarse.
Negar todo placer y tentación. Alcanzar
la santidad o la maldad suprema.
Llegar a la invisible meta codiciada por tantos.
Subir, plantar la bandera, decirle al mundo:
Quién como yo, admiradme
—y en ese instante se desencadena,
crece, vibra y estalla y derrumba todo
el que nadie esperaba, el terremoto.

12

Parto de aquí bajo la lluvia.
El día en los bosques cayó
y se humedece en las hojas.
Adonde voy no existe ya bosque alguno.
Sólo el desierto de las ruinas
y en torno suyo
lo que aún sigue en pie se afantasma.

V

Facilis descensus Averni.
Eneida VI, 58

1

Era de noche. Fuimos a la playa
para buscar almejas y comerlas asadas
en la fogata que encendimos cerca del muelle.
Al excavar la arena descubríamos
a la almeja en quietud. Todo el reposo
transformado en tortura y muerte.
Aquella noche no pensamos en que un día
la ciudad iba a correr la misma suerte
de la almeja en la playa.

2

Una semana antes del desastre encontraron
los restos del *Titánic* en el fondo del mar.
Pasado el terremoto dijimos todos:
la ciudad zozobró en la tierra,
se estrelló contra un áisberg invisible,
cayó de bruces en el abismo del polvo,
lo más hondo se alzó para devorarla.

(Aquí también como en el *Titánic*
el mayor número de víctimas fue cosechado
entre el pasaje de tercera clase.)

3

Desde el punto de vista de quien murió
o ha sufrido las consecuencias,
durante esos minutos
el universo se cayó,
se derrumbaron planetas.
Fue una catástrofe cósmica:
galaxias desplomándose, hoyos negros
devorando el espacio entero.

4

Era tan bella (nos parece ahora)
esa ciudad que odiábamos y nunca
volverá a su lugar.

Hoy una cicatriz parte su cuerpo.
Jamás podrá borrarse. Siempre estará
dividiéndolo todo el terremoto.

5

Nadie piensa en las siete como una hora
propicia a los desastres. Más bien creemos
que las grandes catástrofes sólo ocurren de noche.
En sí misma la noche parece trágica.
(Las tinieblas, velos del mal;
la oscuridad, sinónimo de luto.)
La noche nos alarma pues nadie sabe
si el sol reaparecerá a la hora debida.
En la ancestral caverna inventamos de noche

a los demonios y a los dioses.
Reservamos la noche para la muerte
y en cambio transformamos la mañana
en símbolo de vida y renovación,
de esperanza en una palabra.
Al regresar el sol quedan deshechos
los miedos y los males.
La luz que inventa el día protege al mundo.
Por eso duele como una doble traición
el terremoto de las siete.

6

Cuánto tiempo debe de estar guardada la lluvia
en una tierra que desconoce la nieve
para que en la secreta primavera del valle
las flores se abran en perpetuo comienzo,
reverdezcan los árboles, brote la hierba
y la belleza del mundo
se oponga a la fealdad que es culpa nuestra.

7

He visto muchas veces a las ratas de México,
las grandes habitantes de la noche de México:
despanzurradas, envenenadas, pudriéndose.
Sólo una vez miré su plenitud escurridiza
en un alba de piedra impenetrable.
Las ratas me siguieron por San Juan de Letrán,
esquina tras esquina, retadoras, burlándose
con chillidos bien descifrables:
«No oses dañarnos ni nos veas desde arriba.

Mucho menos cantes victoria.
Quieras o no
será nuestra la última palabra.»

Frente al Salto del Agua me dejaron en paz.
No adiós sino hasta luego me dijeron las ratas:
«Allá abajo nos vemos.»

8

No he vuelto a ver gorriones,
los ocelados sin ley ni hogar ni futuro
que eran los dueños de la calle, los amos
de árboles moribundos y cornisas en ruinas.

No he vuelto a ver gorriones ni palomas:
hoy ésta es la ciudad de las moscas azules.

9

Enjambran, tejen, amotinan, deslíen
su rococó zumbante las moscas azules
en su traje de luces que un día también
será bordado en mi taller de tinieblas.

Minueto, rumba, vals de circo o marcha guerrera,
vibra la danza de las moscas azules
en ésta que es ahora la ciudad de los muertos.

Ángeles condenados al subsuelo y hoy al escombro,
abejas poderosas: todas son reinas.
Qué democracia la de estas moscas azules.

Qué poderío el de las incansables que retan
con el color y el zumbido.
Qué saber y gobierno los de estas moscas azules,
hoy dueñas y señoras en el valle de México.

La dictadura de las moscas azules,
omnipotentes, victoriosas, vencedoras soberbias.
La siempre invicta fuerza aérea implacable,
el orgullo más grande y más humilde
entre las huestes de la muerte.

Ellas no tienen miedo de la noche de México.
Son las nuevas luciérnagas. Se adueñan
de las tinieblas y las hienden brillando.
Sólo estas moscas
reinan sobre el estrago y se apropian de todo.
Las flores del desastre, las pregoneras
de los muertos que hay en el aire.

10

La hija de la muerte se va a morir también. Patalea
la mosca azul agonizante que expira ahíta
del cadáver en que nació. Ha devorado
todo su capital pero a la vez ha cumplido
con su deber y su ética.
Vivió sólo para ultimarnos,
para limpiar este mundo
de la triste carroña que seremos.

No hay mosca azul para la mosca azul.
El triunfo de la muerte beneficia por último
a las dueñas del mundo: las hormigas.

11

Jamás aprenderemos a vivir
en la epopeya del estrago.
Nunca será posible aceptar lo ocurrido,
hacer un pacto con el sismo,
olvidar a los que murieron.

12

Con piedras de las ruinas ¿vamos a hacer
otra ciudad, otro país, otra vida?
De otra manera seguirá el derrumbe.

II. LAMENTACIONES Y ALABANZAS

Me dije: Lo peor ha quedado atrás,
ya soy viejo.
Lo peor aún está por venir,
sigo vivo.

JAROSLAV SEIFERT,
El monumento a la peste

LAMENTACIONES

Cetrería de Caín

Soy dueño de un espléndido animal.
Tiene garfios brutales para sacarte los ojos,
pico de acero y dientes de latón
para roerte las entrañas.

Su único defecto es ser bicéfalo y doble.
A cada golpe de su garfio y su pico
me deja hecho pedazos.

Todo lo que hace contra los demás
al mismo tiempo lo ejecuta en mi cuerpo.

A la orilla del Ganges

A la orilla del Ganges aguardé,
por espacio de cuatro siglos,
el cadáver de mi enemigo.

Vi pasar en el agua restos de imperios,
pero no los despojos de mi enemigo.

En el proceso me volví piedra, planta, raíz
y luego un poco de basura flotante
que se llevó entre sus ondas el Ganges.

Qué decepción: jamás me vi pasar,
nunca supe que yo era mi enemigo.

Las termitas

A las termitas dijo su señor:
Derribad esa casa.
Y llevan no sé cuántas generaciones
de perforar, de taladrar sin sosiego.

Hormigas blancas como el Mal inocente,
esclavas ciegas y de incógnito:
dale que dale en nombre del deber,
muy por debajo de la alfombra,
sin exigir aplauso ni recompensa
y cada cual conforme con su trocito.

Millones de termitas se afanarán
hasta que llegue el día en que de repente
el edificio caiga hecho polvo.

Entonces las termitas perecerán
sepultadas en la obra de su vida.

De punta en blanco

Gran pulcritud la de este baño lustral.
Me absuelve de estar vivo cada mañana.
Renazco de la noche y el sudor
y me bato de fango en mi chiquero.

El cortesano

De tanto condescender ha llegado a doblarse para siempre.
Su nariz topa con la punta del pie.
No levanta la voz ni alza la cara.
Se impulsa con las manos que se le han vuelto patas.

Una vez consumada la abdicación de su yo
y la entrega absoluta al César,
lo mandan cuestabajo de un puntapié
—y desciende rodando.

«Yo» con mayúscula

En inglés «yo», es decir «I»,
se escribe siempre con mayúscula.
En español la lleva pero invisible.

«Yo» por delante
y las demás personas del verbo
disminuidas siempre.

Por eso qué presunción decirle al mundo:
«Yo soy poeta.»
Falso: «yo» no soy nada.

Soy el que canta el cuento de la tribu
y como «yo» hay muchísimos.

Ocupamos el puesto en el mercado
que dejó el saltimbanqui muerto.
Y pronto nos iremos y otros vendrán
con su «yo» por delante.

Solitaria

En el jardín de niños ninguna historia
me impresionó como el relato de Pedro.
Durante años
Pedro llevó en su vientre una tenia,
una serpiente blanca, una solitaria,
albina y ciega, que también era Pedro.

Así llevamos todos muy adentro la muerte
sin conocer su forma hasta que un día
sale de su escondite y dice: «Vámonos.»

«Fumando espero»

Fumar, humear para taparse la cara.
Bípedo pulpo entre su tinta de humo.
Insecto exhalante,
mimetizado con el humo industrial
que vuelve crematorios a las ciudades.

Fumar, humear para meterse la nada
dentro del cuerpo como quien traga puñales.
Humo feroz que se resuelve en otro humo:

montón de huesos que el cremador pulveriza
con su martillo entre fumada y fumada.

El rey ha muerto

«Ya somos libres. Se acabó la opresión.
Desmantelemos el obsceno palacio.
En nuestra tierra no volverá a haber tiranos.»

Todo esto dijo y a continuación
se vistió con el manto y la corona,
aún manchados de sangre, del rey depuesto.

Anfiteatro

Atormentamos muchos animales con un propósito científico:
para saber de nosotros mismos,
conocernos por dentro.

Atormentamos hombres y mujeres
para lograr el triunfo de la bondad
o el fracaso del Mal (según convenga).

Alguien está afilando el bisturí
que ha de sacar al aire nuestros nervios sangrantes,
los monstruosos conductos digestivos.

El público va entrando en el anfiteatro
y escoge los lugares de mejor vista.

ALABANZAS

I

El instante se ha llenado de azul.

Caminamos bajo la monarquía absoluta del sol.

Hay un total acuerdo
entre el estar aquí y estar vivos.

II

Alabemos el agua que ha hecho este bosque
y resuena
entre la inmensidad de los árboles.

Alabemos la luz
que nos permite mirarla.

Alabemos el tiempo
que nos dio este minuto y se queda
en otro bosque, la memoria, durando.

III

La tierra está impregnada de olor a mar.
La gloria de la tarde se alza en espuma.

IV

La noche se vuelve lluvia y desciende
a la negrura de la tierra,
crisol tangible
de la materia que se inventa siempre.

La oscuridad se dispersa
en las gotas de húmeda lumbre.

El agua enciende el alba.
Es su dádiva
otro día más de vida.

V

Tinta, sal y en la página ardiente
toma la forma
en que tu interna oscuridad se ilumina.

VI
(Haikú de la IBM PC)

Letras de luz
trazando en la pantalla
el poema que no existía.

[1984]

VII

Cama del sueño, lecho del amor, gabinete
de la lectura y la poesía, nave sin ancla
de la vida que va y no vuelve:
qué resignada esperas en silencio
ser al fin escenario de la muerte.

VIII

Sepia es el descolor de las fotografías amarilleantes
que en pocos años más se habrán borrado
(como sus pobladores fantasmales).

La vida adquiere consistencia de aire.
Permanece la luz
dentro y fuera del marco.

IX

El verso del pigmeo, la canción del zulú,
el lamento de los huicholes,
el amor de los esquimales...

Poesía que me permite salir de mí
y tener la experiencia de otra experiencia.
Poesía que humaniza a la humanidad
y nos demuestra:
nadie es menos que nadie.

x

Pan que al romperte dejas escapar
el calor de la tierra, la humedad
de aquel suelo en que fuiste espiga,
danos
el sencillo milagro de este placer,
acompaña la dicha de la amistad
y una vez más recibe nuestras gracias
por liberarnos de hambre y odio.

III. LOS NOMBRES DEL MAL

> Al chorro del estanque abrí la llave
> pero a la pena y al furor no pude
> ceñir palabra consecuente y grave.
>
> SALVADOR DÍAZ MIRÓN

LA SALAMANDRA

De esta noche se fue la luz. En tinieblas
vibra la llama de una vela. Mil sombras
en la pared cambiante, nube de piedra.

En las manchas del muro Leonardo vio
dibujarse la salamandra.
Nace del fuego o es de fuego. Encarna
la vida invulnerable que vuelve siempre.
Para encenderse y seguir ardiendo se nutre
de lumbre y muerte.

Cuando se acabe la noche,
cuando se extinga la vela,
consumirá su llama la salamandra
y entonces
de su muerte nacerá el sol.
Él también es fuego,
es vida y muerte: parece
la salamandra del incendio celeste.

CAÍN

Su nombre es testimonio de la Caída:
Caín, el can de la corrupción,
el perro rabioso
que la tribu mata a pedradas.
Caín, la propiedad, el poder, la soberbia.
Caín, la cárcel
del vulnerable cuerpo afligido
por el ansia de herir y dar la muerte.
Calcinación de furia homicida
para que abra la boca la tierra,
devore al muerto y produzca su fruto.
(Pero la sangre clamará venganza.)

Caín, caimán, calabozo, cadena
de capataz que sujeta al vencido
(su hijo, su hermano)
y lo convierte en bestia de labor y de carga.
Caín el canalla. Caín el cáncer
de la doliente humanidad que con él nacía.
Caín carnicero.
Caín el caos que reemplazó al paraíso.

Cardos y espinas lo que fue el Edén.
Sudor, dolor para labrar la tierra
que nos detesta
como intrusos depredadores.

El frío, el calor, el terremoto, el diluvio
o la sequía, la tempestad, la epidemia
muestran hasta qué punto nos aborrece la tierra:
nos ve como insectos

torturadores que la roen por dentro
y la saquean, envenenan, destruyen.

Caín no perdonó la afrenta de que su hermano
fuera alabado.
Y le dio muerte. Quizá
Abel también lo odiaba. (Al respecto
hay un silencio en el Génesis.)

Tal vez el precio de la Caída radique
en la fiera nostalgia de cada ser
que sin saberlo recuerda: Adán
tuvo el Edén sin compartirlo con nadie.
Eva no fue invasora ni semejante sino una parte
de su infinita perfección y su carne ilesa,
no esclavizada al transcurrir ni al dolor.

Caín mató a su hermano y abrió la historia.
«¿Qué hemos hecho?»,
habrá exclamado Adán frente a Eva,
primera Máter Dolorosa, Pietà
con el hijo muerto,
con la primera víctima, el primer eslabón
de la cadena interminable.
A través de su cuerpo herido vino la muerte
a compartir con el Mal el mundo.

Caín quedó condenado a ser extranjero errante
en el planeta del castigo,
a tener conciencia, a ser conciencia culpable.

Caín nuestro padre,
el fundador de las ciudades.

Hay un hombre que ha dejado de ser indefenso y falible.
Ahora es el rey. No se parece a los mortales. La adulación
edificó en su interior una estatua
y él se siente como ella.
De mármol es su carne
y las palabras salen de su boca
ya fijadas en bronce.
En lugar de vivir,
escribe con sus actos su biografía.
El cortesano
le dice en voz muy alta o en susurros: «Señor,
eres el sabio, el justo, el infalible, el más fuerte.
Y cuanto haces lo bendice tu pueblo.
Tú jamás te equivocas, y si no aciertas
aplaudiremos tus errores.
No escucharás
la ira de la turba ni el rezongo amarillo
de la impotencia y de la envidia. Permítenos
gozar el resplandor de tu corona.
Que nos envuelva tu manto
en el poder que es como el fuego sagrado.
No pienses
que muchos sufren por tus decisiones.
¿Acaso has meditado
en los animales que dan
su carne a tu banquete
o en los árboles
que fueron destruidos para hacer el papel
en que se estampan tus decretos?

»Mañana serás polvo y error. Sobre ti
descenderá el granizo de las condenas,

la flecha incendiaria
de las ballestas enemigas.
Pero no importa: eres el rey,
tuviste, tienes
lo que cien mil disputan y uno solo conquista.
En ti adquiere hueso y carne el poder.
Disfrútalo
porque sin él no serías nada.
No serás nada
cuando el poder, que también es prestado
y no se comparte,
salga de ti,
encarne en otro y de nuevo
seas como yo,
el indefenso, el falible,
el cordero entre zarzas que mira el trono
y ve cernirse contra él y su pueblo
la eterna sombra indestructible del buitre.»

ALTAR BARROCO

Homenaje a Rosario Castellanos

Pobreza de la imaginación ante lo simultáneo proliferante.
No puedo describir aquello que los ojos
logran en parte conquistar.
El goce no entiende muchas veces en qué consiste su placer.
Pese a todo,
debo intentarlo, debo reducir
a mi limitación lo ilimitado.

ꝏ

Esta inmóvil festividad recuerda la selva,
pero una selva dominada por la mano de quien la urdió.
No hay batallas de unas especies contra otras,
las hojas no combaten por robarse la luz y el aire,
ni plantas arboricidas rodean los altos troncos.
No hay guerra sino armonía, correspondencias, ecos y respuestas,
alianzas o más bien fecundaciones.
La forma es la lujuria, la precisión el delirio.
Abundancia no significa exceso. Nada sale sobrando.
Todo cumple un papel que no descifro pero intuyo.

He aquí la imagen de la Gloria, forjada
por los que habitan el infierno,
la fiesta de quienes se alimentan de tortillas con sal,
el homenaje de la deidad vencida para los dioses vencedores.
Pero quién sabe
hasta qué punto triunfen,
porque el altar es también
piedra de sacrificios a otras cosmogonías
y en él dominan
los poderes del artesano-artista que no hizo el proyecto
pero al fin lo redujo a su sistema.

No es su reino este mundo. El reino de los cielos
aparece invertido como imagen
de lo que podría ser
la verdadera vida.
No el premio para el martirio esperanzado,
la aceptación de las iniquidades a nombre
de lo que nunca llega,
sino el rito solar
que al renovarse en cada amanecer

narra lo que el altar barroco dice en silencio
cuando la luz enciende los vitrales:

La tierra es nuestro paraíso y la hemos vuelto infierno.
Agradece sus dones. No la mates.
No permitas que te despoje el mal
bajo cualquiera de sus nombres:
codicia, crueldad, opresión, soberbia, desprecio, crimen.

El infierno está en todas partes y te asfixia.
El proyecto de cielo por asalto
puedes verlo de bulto
en este altar barroco.

IX

CIUDAD DE LA MEMORIA

[1986-1989]

A la memoria de Fayad Jamís y Enrique Lihn

Vivimos todos en la ignorancia total,
en la ciudad de la memoria. Borrada.

ENRIQUE LIHN,
París, situación irregular

CARACOL

Homenaje a Ramón López Velarde

I

Tú, como todos, eres lo que ocultas. Adentro
del palacio tornasolado, flor calcárea del mar
o ciudadela que en vano
tratamos de fingir con nuestro arte,
te escondes indefenso y abandonado,
artífice o gusano: caracol
para nosotros tus verdugos.

2

Ante el océano de las horas alzas
tu castillo de naipes,
vaso de la tormenta,
recinto de un murmullo nuevo y eterno,
huracán que el océano deslíe en arena.

3

Sin la coraza de lo que hiciste, el palacio real
nacido de tu genio de constructor,
eres tan pobre como yo,
como cualquiera de nosotros.

No tienes fuerza y puedes levantar
una estructura misteriosa insondable.
Nunca terminará de resonar al oído
lo que esconde y preserva tu laberinto.

4

En principio te pareces a los demás: la babosa,
el caracol de cementerio.
Eres frágil como ellos y como todos.
Tu fuerza reside
en el prodigio de tu concha,
evidente y recóndita manera
de estar aquí en este mundo.

5

Por ella te apreciamos y te acosamos. Tu cuerpo
no importa mucho y ya fue devorado.
Ahora queremos autopsiarte en ausencia,
hacerte mil preguntas sin respuesta.

6

Defendido del mundo en tu externo interior
que te revela y encubre,
eres el prisionero de tu mortaja,
expuesto como nadie a la rapiña.
Durará más que tú, provisional habitante,
tu obra mejor que el mármol,
tu *moral de la simetría.*

7

A vivir y a morir hemos venido.
Para eso estamos.
Nos iremos sin dejar huella.
El caracol es la excepción.
Qué milenaria paciencia
irguió su laberinto erizado,
la torre horizontal en que la sangre del tiempo
se adensa en su interior y petrifica el oleaje,
mares de azogue opaco en su perpetua fijeza.
Esplendor de tinieblas, lumbre inmóvil,
la superficie es su esqueleto y su entraña.

8

Ya nunca encontrarás la liberación:
habitas el palacio que secretaste.
Eres él. Sigues aquí por él.
Estás para siempre
envuelto en un perpetuo sudario:
tiene impresa la huella de tu cadáver.

9

Pobre de ti, abandonado, escarnecido, tan frágil
si te desgajan de tu interior que también es tu cuerpo,
la justificación de tu invisible tormento.
Cómo tiemblas de miedo a la intemperie
de los dominios en que eras rey
y las olas te veneraban.

10

Del habitante nada quedó en la playa sombría.
Su obra
vivirá un poco más
y al fin también se hará polvo.

11

Cuando se apague su eco
perdurará sólo el mar
que nace y muere desde el principio del tiempo.

12

Agua que vuelve al agua, arena en la arena,
la materia que te hizo único
pero también afín a nosotros,
jamás volverá a unirse.
Nunca habrá nadie
igual que tú,
semejante a ti,
hondo desconocido en tu soledad
pues, como todos,
eres lo que ocultas.

DOS POEMAS DE SLIGO CREEK

1. *Arroyo*

El arroyo de aguas clarísimas parte los bosques
en mitades de luz solar.
Se vuelven visibles
entre el silencio de las hojas.

Nada anuncia bajo el reposo trémulo que en su interior
el sol ha gestionado la combustión
de los colores otoñales. Así,
estas generaciones de las hojas
se despiden del mundo.

No hay belleza
como la de una hoja a punto de secarse
y caer al suelo
para que la tierra en donde sus restos van a ser vida
sea fecundada por la nieve.

2. *Escarcha*

Escarcha, tul o nieve de plata
en las ramas de filigrana: los árboles
que fueron y serán
—a diferencia de nosotros.

Es hora
de ponerse de pie y guardarse otro año
en el cuerpo que no da más.

Orden cruel y perfecto de este mundo:
la simetría
de los cristales,
petrificados en el bosque muerto,
la nieve que será nube, el desierto
del *ya me voy* en silencio.

HAMLETIANA

Hondo es el aire que nos contiene y en él,
en alguna de sus cavernas,
debe de estar guardado cuanto dijimos.
Archivo infinito
de *words, words, words,*
el blablablá interminable,
aire tan sólo para que el aire lo borre.

LA SAL

Si quieres analizar su ser, su función,
su utilidad en este mundo,
tienes que verla en su conjunto. La sal
no son los individuos que la componen
sino la tribu solidaria. Sin ella
cada partícula sería como un fragmento de nada,
disuelta en algún hoyo negro impensable.

La sal sale del mar. Es su espuma
petrificada.
Es mar que seca el Sol.

Y al final ya rendido,
ya despojado de su gran fuerza de agua,
muere en la playa y se hace piedra en la arena.

La sal es el desierto en donde hubo mar.
Agua y tierra
reconciliados,
la materia de nadie.

Por ella sabe el mundo a lo que sabe estar vivo.

BOGOTÁ

Dura ciudad entre las dos montañas.
La niebla
hace más real lo que sucede aquí abajo.

CÉSAR VALLEJO

Mala para mis huesos esta humedad
que penetra como un cilicio.

Aquí sucumbe de mal de mar el nativo
de tierra adentro, de ciudades altas,
secas o muertas.
México en el páramo
que fue bosque y laguna
y hoy es terror y quién sabe.

Por la ventana
entra el aire de Lima,

la humedad
como una forma de llanto.

En este viernes
15 de abril,
a medio siglo
de que murió Vallejo

—y uno habla y habla.

GOTA DE LLUVIA

Una gota de lluvia tiembla en la enredadera.
Toda la noche está en esa humedad sombría.

De repente la luna la ilumina.

PERRA VIDA

Despreciamos al perro por dejarse
domesticar y ser obediente.
Llenamos de rencor el sustantivo *perro*
para insultarnos. Y una muerte indigna
es *morir como un perro.*

Sin embargo los perros miran y oyen
lo que no vemos ni escuchamos.
A falta de lenguaje
(o eso creemos)

poseen un don que ciertamente nos falta.
Y sin duda piensan y saben.

En consecuencia,
resulta muy probable que nos desprecien
por nuestra necesidad de buscar amos
y nuestro voto de obediencia al más fuerte.

PAPEL DE TRAPOS VIEJOS

Devoro un poco más de realidad.
Y aquí estamos.
Llega noviembre y el pasado inmenso
hace ver el futuro que me falta
como una prenda de vestir encogida
por el gran ajetreo en la lavadora.

Un millón de partículas o instantes
pasaron como flechas por sus tejidos.
Desgaste.
Desgaste esos minutos o años o sobresaltos.
Aluvión de agua hirviendo
y *shock* del agua helada.

Está raído el traje que iba a ponerme mañana.
No sirve la camisa recién lavada.
Ya muestra las arrugas de su provisional habitante,
el aire más bien triste aunque meritorio
de quien se acaba por servir y entonces repara
en que no sirve ya su servidumbre,
su utilidad para encarnar el tiempo
que habrá de descarnarlo.

Un trapo viejo el cuerpo.
Si algo de él sobrevive
será en cajón de sastre como remiendo
de otros vestuarios.
O lo enviarán al molino
en que de trapos viejos, cartones sucios
se hace el papel en blanco.

LOS VIGESÍMICOS*

I

Porque en el siglo sexto alguien hizo sus cuentas
y llamó año primero
a la fecha impensable en que nació Cristo,
ahora para nosotros el terror del milenio,
los tormentos del fin de siglo.

Tristes de quienes saben
que caminan sin pausa hacia el abismo.
Tal vez hay esperanza
para la humanidad.
Para nosotros en cambio
no hay sino la certeza de que mañana
seremos condenados
—*el estúpido siglo veinte,*
primitivos, salvajes vigesímicos—
con el mismo fervor con que abolimos
a los *decimonónicos,* autores
—con sus ideas, sus actos e invenciones—

* El término fue acuñado por Francisco Montes de Oca.

del siglo veinte, el siglo que no existe
sino en la imaginación de quienes miran
crecer la noche en este campo de sangre,
este planeta de alambradas, este
matadero sin fin que está muriendo
bajo el peso de todas sus victorias.

2

Red de agujeros nuestra herencia a ustedes
los pasajeros del veintiuno. El barco
se hunde en la asfixia,
ya no hay bosques, brilla
el desierto en el mar de la codicia.

Llenamos de basura el mundo entero,
envenenamos todo el aire, hicimos
triunfar en el planeta la miseria.

Sobre todo matamos.
Nuestro siglo fue
el siglo de la muerte.
Cuánta muerte,
cuántos muertos en todos los países.
Cuánta sangre
la derramada en esta tierra.
Y todos
dijeron que mataban por el mañana:
el porvenir de azogue, la esperanza
que fluyó como arena entre los dedos.

Bajo el nombre
del Bien
el Mal se impuso.

Sin duda hubo otras cosas.
Para ustedes
queda el reconocerlas.

Por lo pronto
se acabó el siglo veinte.
Nos encierra
como el ámbar prehistórico a la mosca,
dice Milosz.
Pidamos con Neruda
piedad para este siglo
y sus sobrevivientes.

Porque al fin y al cabo
creó este presente el porvenir que choca
contra el pasado.

Fue un instante el siglo,
un segundo su fin.

Nos despedimos
para dormir en la prisión del ámbar.

[1987]

CERTEZA

Si vuelvo alguna vez por el camino andado
no quiero hallar ni ruinas ni nostalgia.

Lo mejor es creer que pasó todo
como debía.
Y al final me queda
una sola certeza:
haber vivido.

PAREJAS

Los insectos se acoplan sobre el agua
con una agilidad que Nijinsky hubiera envidiado.
Coreografía ensayada millones de años.

Se juntan sin hundirse, toman su fuerza
de la corriente y el abismo, logran
la pareja perfecta, el amor total.
Cumplen con creces lo esperado de ellos.

Tratamos de imitarlos y no es lo mismo.

LA MAGIA DE LA CRÍTICA

Para mí y para muchos es lo mejor del mundo.
No cesaremos nunca de alabarlo.
Jamás terminará la gratitud
por su música incomparable.

∞

En cambio para Strindberg todo Mozart
es «una cacofonía de gorjeos cursis».

La variedad del gusto,
la magia de la crítica.

LA CENIZA

La ceniza no pide excusas a nadie.
Se limita a fundirse en el no ser,
a dispersarse en concentrada grisura.

La ceniza es el humo que se deja tocar,
el fuego ya de luto por sí mismo.

Aire nuestro que se hizo llama y ahora
no volverá a encenderse.

ÁNGULO DEL AJUSCO

De repente es azul este verdor pulido por la lluvia,
musgo en la piedra inmensa que cierra el paso
y protege
a la ciudad que sube a destruirlo.

Pero no lo hará nunca:
aunque tale los árboles,
nada podrá contra la roca viva
que es de una pieza y descendió completa
de otra era geológica, otra estrella,
un planeta hecho todo de montañas.

EL JARDÍN EN LA ISLA

El jardín en la isla:
aquí las rosas,
no florecen: llamean.
Sostienen como nubes entre el verdor
la materia del aire.

¿Qué hemos hecho
para ser dignos de esta gloria?
Mañana
ya no habrá rosas
pero en la memoria
continuará su incendio.

LLUVIA DE SOL

La muchacha desnuda toma el sol,
se vuelve su fuego.
Y a mediodía, bajo el rumor de las frondas,
se hace toda de luz la amarga Tierra.

EL SAUCE

Se dobla el sauce sin quebrarse, toma
la forma impuesta por el viento que huye.

Música del adiós, tiempo flotante
a la velocidad de vida y muerte.

Resuenan en la hondura de la tarde
las desprendidas hojas sin retorno.

Amarga es la canción del árbol; mudo,
el otoño al hundirse en el crepúsculo.

GRANIZADA

Se oscurece la hora.
La luz muere
y se arrojan feroces contra el mundo
avalanchas de piedra que no duran.

Se congela la lluvia inaprehensible.
Caen guijarros, esferas iracundas,
kamikazes de hielo contra todo.

Cometas de agua y nada:
en un instante
cuajan el tiempo y se deshacen.

Luego,
si algo hubo aquí,
ya todo ha terminado.

TODOS NUESTROS AYERES

Escribo en la arena errante
la palabra del no volver.

La otra palabra que grabé en la piedra
se ha llenado de musgo. La intemperie
la recubrió de tiempo.
Y hoy ignoro
qué voy a hacer cuando por fin la lea.

LOS CONDENADOS DE LA TIERRA

París. En el hotel para inmigrantes
descubro un raro insecto que jamás había visto.
No es una cucaracha ni es una pulga.
La aplasto y brota sangre, mi propia sangre.

Al fin me encuentro contigo,
oh chinche universal de la miseria,
enemiga del pobre, diminuto
horror de infierno en vida,
espejo de la usura.

Y pese a todo
te compadezco, hermana de sangre.
No escogiste ser chinche ni venir a inmolarte
entre los condenados de la tierra.

PARA TI

Más que botella al mar o vuelo del vampiro,
simple papel que va hacia ti en la calle, el poema.
O lo levantas o lo dejas pasar.
Lo lees o lo arrojas a la basura.

El viento sopla donde quiere.
Lo lleva a ti o lo conduce a la nada.
Es un milagro que tus ojos se posen
en un papel de la calle.
Haz con él lo que quieras.

ADIÓS A LAS ARMAS

Una tarde llegaron de una ciudad del norte,
o acaso era del centro.
No puedo precisarlo
entre tantas mentiras de los años, la ficción
que llamamos memoria y es olvido que inventa.

María Elvira, Ana, Amalia; nombres del tiempo,
hermanas casi idénticas,
las tres bellísimas,
las tres el sueño
erótico y romántico de quienes
no éramos siquiera adolescentes.

Altivas por hermosas, quizá tímidas
por ser recién llegadas, no nos miraron.
Luchamos por llamarles la atención:
acrobacias en bicicleta, escalamientos y equilibrios
en barandales y cornisas,
juegos de mano, juegos de pelota, peleas de box:
todo inútil.

Perdida la esperanza, Marco Vargas
obtuvo no sé cómo su amistad.
Y una noche la madre de las hermanas Armas

nos invitó a su casa.
Sándwiches de paté, Sidral Mundet,
dos horas conversando en plena sala.

Marco y yo
salimos como nunca enamorados de Ana,
María Elvira y Amalia.

Pero al día siguiente
las tres volvieron al lugar de origen:
su padre mató a alguien
o fue ascendido a un gran puesto.

Nunca más volvimos a verlas.
Aquella última noche fue el adiós a las Armas.

DOMINGO

Luz de domingo. Quietud
bajo la luz amarilla.
Se hace de noche en los fresnos.
Baja del aire una paz
provisional que agradezco.

DECIR ADIÓS

Acércate y al oído te diré adiós.
Gracias porque te conocí, porque acompañaste
un inmenso minuto de la existencia.
Todo se olvidará en poco tiempo.

Nunca hubo nada y lo que fue nada
tiene por tumba
el espacio infinito de la nada.
Pero no todo es nada,
siempre queda algo.
Quedarán unas horas, una ciudad,
el brillo cada vez más lejano de este maltiempo.

Acércate y al oído te diré adiós. Me voy
pero me llevo estas horas.

BÉCQUER Y RILKE SE ENCUENTRAN EN SEVILLA*

Oscura golondrina, has regresado
—pero no a sus balcones.

Para nosotros, los más efímeros de todos,
una vez cada cosa.
Nada más. Nunca más.
Y nosotros también nunca de nuevo.

Hagamos lo que hagamos, siempre estaremos
en la actitud del que se marcha.

Así vivimos siempre: despidiéndonos.

* Gustavo Adolfo Bécquer, rima LIII (núm. 38 en *El libro de los gorriones*). Rainer Maria Rilke, *Elegías de Duino* VIII y IX.

CERÁMICA DE COLIMA

La colección incluye algunas piezas
de las que ocultan los museos.
En varias de ellas hombre y mujer
forman un solo bloque enlazado.

No son estatuas funerarias sino tal vez
vasijas que contuvieron agua y saciaron la sed.
O son la pornotopia precolombina, el edén sexual
de los antiguos mexicanos. Sólo el placer
sin justificación reproductora.

Los amantes
llevan más de mil años en el abrazo.
Desde el punto de vista de la edad clásica
no son hermosos.
Pero ellos a su vez encontrarían
poco deseable la estatuaria griega.

Para las dos figuras de barro
sólo importa el placer,
su placer tan suyo.
Siguen ligados,
por los siglos amándose
en piedra que fue lodo original,
limo, magma,
principio y fin de toda vida en la tierra.

Cuando después de tanto amor se produzca al fin
el orgasmo que se inició cuando Batu Kan
amenazaba al mundo blanco que nos desprecia,
estallará el planeta.

Pero entretanto
ellos siguen gozando la libertad
de las bestias que se hacen dioses.

LOS INDEFENSOS

Tú nunca has resistido operaciones
ni en cine ni en tv.
Y ahora serás montón de carne sangrante,
acaso un muerto más entre los muertos.

Qué humilde te ha tornado el poderío
de la anestesia al adentrarse en tu cuerpo.
En el segundo lúcido que precede a la sombra
entiendes
por qué hacemos el mal, por qué buscamos
la sensación de omnipotencia, fuente del odio.

Somos los indefensos que se hunden
en la noche que no pidieron.

LOS MARES DEL SUR

Felicidad de estar aquí en esta playa
aún sin Hilton ni Sheraton.
Arena como al principio de la creación, victoria
de la existencia. Mira cómo salen
del cascarón las tortuguitas.

Observa cómo avanzan sobre la playa ardiente
hacia el mar que es la vida y nos dio la vida.
Prueba esta agua fresquísima del pozo.
No comeremos ni siquiera almejas
por no pensar en nada que recuerde la muerte.

Los paraísos duran un instante.

Llegan las aves, bajan en picada
y hacen vuelos rasantes y se elevan
con la presa en el pico: las tortugas
recién nacidas. Ya no son gaviotas:
es la Luftwaffe sobre Varsovia.

Con qué angustia se arrastran hacia la orilla,
víctimas sin más culpa que haber nacido.
Diez entre mil alcanzarán la orilla.
Las demás serán devoradas.

Que otros llamen a esto selección natural,
equilibrio de las especies.

Para mí es el horror del mundo.

EL ENEMIGO

Allá entre cada una de mis acciones
encuentro siempre al enemigo: el Yo,
el fascista de adentro,
el dragón o el erizo cuya boca insaciable
sólo pronuncia verbos:
quiero, devoro, dame, quítate, reverénciame.

Para su inmensa desgracia
el monstruo no está solo:
habita una mazmorra o una gota de agua
en donde otros feroces devastan todo,
corrompen todo,
al son de sus propios himnos individuales:
quiero, devoro, dame, quítate, reverénciame.

Como no les dan gusto se erizan, luchan.
En lanzas y misiles se transforman sus púas.
Y luego inventan las mejores causas,
los nombres más sonoros, las coartadas perfectas.

Y por eso la bestia nunca se sacia
y en todas partes sigue la matanza.

AVES DE PASO

El tiempo no pasó:
aquí está.
Pasamos nosotros.
Sólo nosotros somos el pasado.
Aves de paso que pasaron
y ahora,
poco a poco,
se mueren.

CUCHILLO

Dejo a un lado el periódico o apago
el sombrío televisor.
Pero el cuchillo sigue aquí,
instrumento de las matanzas.
Tinto en sangre el siglo que acaba.

Somos
víctimas del verdugo,
verdugos de la víctima.
El mundo
toma la forma del cuchillo.
Morimos
con el siglo que se desangra.

LIVE BAIT

I

¿Cuántos minutos faltan todavía
para que descomience lo empezado?

Live bait: letras de neón en la noche.
Rumor de arroyo y cascada.
Olor a comida.
Sólo este idioma
distingue cruel entre un *pez* y un *pescado*.

Live bait:
grandes campos de fango y entre el lodo

se multiplican las lombrices.
Cavan (y no lo saben) para airear la tierra.
Viven (y no lo saben) para servir de carnada.

Aquí venden lombrices por docena.
Jack Köning da un trago a su licor (mortal)
y fuma su tabaco (mortífero).

Live bait: las letras que se encienden y apagan,
ocultan y descubren nuestra efímera cara.

2

«Pago lo que me como y la pocilga en que vivo
recogiendo lombrices», dice Jack Köning.
«Mil por hora, hasta diez mil algunos días.
Pobres agusanadas color carne.
Mejor no hablar de lo que me recuerdan
cuando se agitan
en las bolsas que cubro
de aserrín para absorber lo viscoso
de mis amigas, mis servidoras, mis víctimas.
Soy como ellas: el patrón me deja
tan sólo diez centavos de la docena
que él vende a tres veinticinco.»

Live bait: carnada viviente.

Prosigue Jack: «Hay dos clases:
Bloodworms, que no valen mucho
por su abundancia, y *Nightcrawlers*.
la aristocracia en su género.»

(*Bloodworms:* gusanos de sangre.
Nightcrawlers: los que reptan de noche.)

3

El doctor Job y el doctor Freud
desde la tumba aplauden a este maestro de vida.
Köning resume
sus enseñanzas y experiencias
al llamarnos así: gusanos de sangre
que se afanan y reptan por la noche.

Y eso que las lombrices no hacen la guerra,
no hablan de amor
ni destruyen el mundo para ser ricas y fuertes.

Los peces no torturan.
No cobran nunca
intereses sus bancos.
Como son mudos
nunca aprendieron a mentir y engañar.

Y las lombrices no traicionan a nadie
ni se creen nada.
No se sabe que opriman a otras lombrices.

Clavados
en el anzuelo y también agitándonos,
todos nosotros esperamos, *live bait*,
que muerda el pez y moriremos unidos.

El enemigoaliado, verdugovíctima.
Qué solidaria es la derrota.

Qué mutualismo engendra la catástrofe.
Qué ocupación tan minuciosa
la del odiado en el odiante.

Alguien se beneficia con todo esto
y él a su vez será pescado por otro
—y tampoco lo sabe.

4

«Cavan el suelo en busca de frescura.
Sólo quieren vivir tranquilas.
Después de la lluvia
salen a respirar y encuentran mi lámpara
y la cubeta que lleva
a su prisión y exterminio
las lombrices incautas como las truchas.»

Incautas no nada más las lombrices y truchas.
Desde el punto de vista de otras galaxias
somos tal vez
peces en el mar de aire, el *maraire;* lombrices
que perforan la tierra, el planeta Tierra.

5

Nadie se burle de los primitivos
pues no se dejan retratar para que no les roben el alma.
Los primitivos de esta era juzgamos dioses
a los gigantes invisibles (destino, historia)
que se divierten pescándonos.

∞

Yo (que soy tú si te engancharon mis líneas)
salgo de entre mi lodo o muerdo el anzuelo
que prometía placer o poder o consuelo o dicha
—o simplemente paz, olvido, nirvana—
y estoy aquí debatiéndome.

Cómo me han engañado. Qué tonto fui
al suponerme distinto
de mis hermanas las lombrices
o de mi hermano el pez (el odiante:
lo que respiro a él lo asfixia).

Live bait, live bait: todos hijos
de nuestra inmisericorde Madre la Vida
que se alimenta de Muerte.
O de la Madre Muerte que se alimenta de Vida.
Una de dos o las dos son la misma.

Live bait nosotros también,
los encarnados para ser carnada,
lombrices pensantes
a quienes programaron con lenguaje y conciencia
para reflexionar en su desdicha.

Y a pesar de todo esto aún creo en ti,
enigma de lo que existe:
horrible, absurda, gloriosa vida
que no cambiamos (ni en el anzuelo) por nada.

X

EL SILENCIO DE LA LUNA

[1985-1996]

A la memoria de
Carmen Berny Abreu,
mi madre

De quien te dice: tengo miedo,
no dudes.
De quien te dice que no duda,
ten miedo.

Erich Fried

Lo que nos dejan los poetas
está siempre manchado por el tiempo,
el pecado, el exilio.
El más sincero de ellos,
el más incógnito, sereno, enamorado,
no nos impone nada:
ni verdad ni consuelo ni desprecio.
Presente, ya está ausente; y Picasso,
al hacer un muñeco de nieve, entendió bien
que la inmortalidad del arte
se halla en el tiempo, el pecado, el exilio,
y el sol tiene la obligación de rescatar
las lágrimas, las fuentes, los ríos y los mares:
todo en vano.

Vladimir Holan

I. LEY DE EXTRANJERÍA

A la memoria de Jaime Sabines

PREHISTORIA

I

En las paredes de esta cueva
pinto el venado
para adueñarme de su carne,
para ser él,
para que su fuerza y su ligereza sean mías
y me vuelva el primero
entre los cazadores de la tribu.

En este santuario
divinizo las fuerzas que no comprendo.
Invento a Dios,
a semejanza del Gran Padre que anhelo ser
con poder absoluto sobre la tribu.

En este ladrillo
trazo las letras iniciales,
el alfabeto con que me apropio del mundo al simbolizarlo.
La T es la torre y desde allí gobierno y vigilo.
La M es el mar desconocido y temible.

Gracias a ti, alfabeto hecho por mi mano,
habrá un solo Dios: el mío.
Y no tolerará otras deidades.
Una sola verdad: la mía.
Y quien se oponga a ella recibirá su castigo.

∞

Habrá jerarquías, memoria, ley:
mi ley: la ley del más fuerte
para que dure siempre mi poder sobre el mundo.

2

Al contemplar por vez primera la noche
me pregunté: ¿será eterna?
Quise indagar la razón del sol, la inconstante
movilidad de la luna,
la misteriosa armada de estrellas
que navegan sin desplomarse.

Enseguida pensé que Dios es dos:
la luna y el sol, la tierra y el mar, el aire y el fuego.
O es dos en uno:
la lluvia / la planta, el relámpago / el trueno.

¿De dónde viene la lumbre del cielo?
¿La produce el estruendo? ¿O es la llama
la que resuena al desgarrar el espacio?
(como la grieta al muro antes de caer
por los espasmos del planeta siempre en trance de hacerse).

¿Dios es el bien porque regala la lluvia?
¿Dios es el mal por ser la piedra que mata?
¿Dios es el agua que cuando falta aniquila
y cuando crece nos arrastra y ahoga?

A la parte de mí que me da miedo
la llamaré Demonio.
¿O es el doble de Dios, su inmensa sombra?

Porque sin el dolor y sin el mal
no existirían el bien ni el placer,
del mismo modo que para la luz
son necesarias las tinieblas.

Nunca jamás encontraré la respuesta.
No tengo tiempo. Me perdí en el tiempo.
Se acabó el que me dieron.

3

Ustedes, los que escudriñen nuestra basura
y desentierren puntas
de pedernal, collares de barro
o lajas afiladas para crear muerte;
figuras de mujeres en que intentamos
celebrar el misterio del placer
y la fertilidad que nos permite seguir aquí contra todo
—enigma absoluto
para nuestro cerebro si apenas está urdiendo el lenguaje—,
lo llamarán *mamut*.
Pero nosotros en cambio
jamás decimos su nombre:
tan venerado es por la horda que somos.

El lobo nos enseñó a cazar en manada.
Nos dividimos el trabajo, aprendimos:
la carne se come, la sangre fresca se bebe,
como fermento de uva.
Con su piel nos cubrimos.
Sus filosos colmillos se hacen lanzas
para triunfar en la guerra.

Con los huesos forjamos
insignias que señalan nuestro alto rango.

Así pues, hemos vencido al coloso.
Escuchen cómo suena nuestro grito de triunfo.

Qué lastima.
Ya se acabaron los gigantes.
Nunca habrá otro mamut sobre la tierra.

4

Mujer, no eres como yo
pero me haces falta.

Sin ti sería una cabeza sin tronco
o un tronco sin cabeza. No un árbol
sino una piedra rodante.

Y como representas la mitad que no tengo
y te envidio el poder de construir la vida en tu cuerpo,
diré: nació de mí, fue un desprendimiento:
debe quedar atada por un cordón umbilical invisible.

Tu fuerza me da miedo.
Debo someterte
como a las fieras tan temidas de ayer.
Hoy, gracias a mi crueldad y a mi astucia,
labran los campos, me transportan, me cuidan,
me dan su leche y hasta su piel y su carne.

Si no aceptas el yugo,
si queda aún como rescoldo una chispa

de aquellos tiempos en que eras reina de todo,
voy a situarte entre los demonios que he creado
para definir como El Mal cuanto se interponga
en mi camino hacia el poder absoluto.

Eva o Lilit:
escoge pues entre la tarde y la noche.

Eva es la tarde y el cuidado del fuego.
Reposo en ella, multiplica mi especie
y la defiende contra la gran tormenta del mundo.

Lilit, en cambio, es el nocturno placer,
el imán, el abismo, la hoguera en que ardo.
Y por tanto la culpo de mi deseo.
Le doy la piedra, la ignominia, el cadalso.

Eva o Lilit: no lamentes mi triunfo.
Al vencerte me he derrotado.

«ADÁN AL REVÉS ES NADA» (UNAMUNO)

La palabra *greed* gruñe.
La palabra *codicia* tiene garras, tentáculos.
La palabra *ambición*
va suelta por el mundo con las fauces abiertas.

La palabra *deseo* está desnuda.
Pero cuando avanzamos para tocarla
ella nos da la espalda y se pierde en la sombra.

No hay nada tan redondo y circular
como el término *nada*.
En él *Adán*
se dobla fetalmente, se da la vuelta
como una rueda o un ovillo o un óvulo;

termina su función:
entra en la nada.

EN LA REPÚBLICA DE LOS LOBOS

En la República de los Lobos
nos enseñaron a aullar.

Pero nadie sabe
si nuestro aullido es amenaza, queja,
una forma de música incomprensible
para quien no sea lobo;
un desafío, una oración, un discurso,

o un monólogo solipsista.

LEY DE EXTRANJERÍA

La tierra es plana y la sostienen
cuatro elefantes gigantescos.
Los mares se derraman en las tinieblas
y de las olas brotan las estrellas.

∞

He estado en Creta, Nubia, Tarsis, Egipto.
En todas partes fui extranjero porque no hablaba el idioma
ni me vestía como ellos.

También nosotros, ciudadanos de Ur,
despreciamos al que es distinto.
Por algo hicimos lenguas diferentes:
para que los demás nada entiendan.

En Ur soy como todos. Hablo mi idioma
sin traza alguna del acento bárbaro.
Como lo que comemos los de Ur.
Huelo a nuestras especias y licores.

Y sin embargo en Ur me detestan
como jamás fui odiado en Tarsis ni en Nubia.

En Ur y en todas partes soy extranjero.

TABLILLA ASIRIA

Poco filo mi resta, ma spero che avrò modo
di dedicare al prossimo tiranno
i miei poveri carmi...

EUGENIO MONTALE,
Quaderno di quattro anni

Antes de irme adoraré a otro tirano.
Qué gratitud
hacia quien da respuestas a todo.
Qué alivio
sentirse parte del rebaño,

matar a cambio del cielo
y ser premiado por crímenes.

Príncipe, escucha mi alabanza
y no te olvides de tu siervo.

FRISO DE LA BATALLA

Me doy, grita el vencido.
Es decir: te pertenezco, renuncio
a mi identidad y a mi dignidad,
a mi condición humana. Desciendo
a *res* (en español y latín): bestia, cosa,
animal que puedes uncir al yugo
o bien sacrificarlo en el altar de tu triunfo.

El vencedor, en la ebriedad de sí mismo,
no alcanza a ver la sombra que proyecta su víctima:
la espada
de la venganza, el espectro
del guerrero que se dispone
para ser otra vez verdugo
de quien creyó eterno su poderío
y sin embargo muy pronto
dirá también: *me doy*
y bajará la cabeza,
humildemente como el lobo vencido.

RETORNO A SÍSIFO

Rodó la piedra y otra vez como antes
la empujaré, la empujaré cuestarriba
para verla rodar de nuevo.

Comienza la batalla que he librado mil veces
contra la piedra y Sísifo y mí mismo.

Piedra que nunca te detendrás en la cima:
te doy las gracias por rodar cuestabajo.
Sin este drama inútil sería inútil la vida.

NAVEGANTES

Combatimos en Troya. Regresamos
con Ulises por islas amenazantes.
Nos derrotaron monstruos y sirenas.
La tormenta averió la nave.
Envejecimos entre el agua de sal.
Y ahora nuestra sed es llegar a un puerto
donde esté la mujer que en la piedad de su abrazo
nos reciba y nos adormezca.
Así dolerá menos el descenso al sepulcro.

OSCURA ENTRE LAS SOMBRAS

per umbras, oscuram...
Eneida VI, 452

Oscura entre las sombras, vio aparecer a Eurídice.
Intentó acercarse.
La muchacha sonrió y se perdió entre la gente.

El rock se amplificaba, la danza parecía
más una ceremonia de otro mundo
que un simple carnaval cuando ya está a punto
de comenzar el miércoles de ceniza.

Y todos eran jóvenes excepto él.
Los muertos no envejecen.
Continuaban intactos al ritmo y a la moda de mil novecientos
setenta.

Han pasado veinte años. Sin embargo,
debe seguir escribiendo,
una forma humilde pero contundente
de invocación.

No tiene otra a su alcance
para hacer que regrese de lo más hondo
por un instante
Eurídice, su amor, la joven muerta.

EL REY DAVID

El rey David era ya viejo y estaba lastimado por los años. Lo cubrían con mantas y no entraba en calor. Entonces dijeron sus siervos: «Traigan a mi señor el rey una muchacha virgen que lo atienda y lo abrigue y duerma a su lado y le dé calor.» Tras buscar por todo Israel a la más hermosa, hallaron a Abisag, la Sunamita. Abisag fue llevada ante David. Y la joven era muy bella y le daba al rey el calor de su juventud. Pero David ya no fue capaz de entrar en su cuerpo.

Libro Primero de los Reyes 1, 1-4

Estas piernas no logran ya sostenerme,
tan frágiles.
tan quebradizos se volvieron mis huesos.

Esta mano ya es incapaz de ser puño.
Nunca jamás volverá a alzar la espada
ni a disparar la honda contra el gigante.

Mi boca ya no muerde.
La abandonaron los dientes.
Todo mi cuerpo es descenso,
huida, caída
hacia la tumba que me está acechando.

Soy el pellejo colgado
de un animal
que cazaron hace mil años.

En cambio qué tersura
la de tu piel, Abisag.

Qué esbeltez de tu talle
y qué firmeza tus senos.

Todo mi ser es como campo en invierno.
Tu juventud no me basta
para incendiar este frío.

Cómo es posible, mi niña,
que no te diga nada la palabra *Goliat*
y no sepas de mis hazañas.

Desde antes que nacieras fui el viejo rey,
no el adolescente
elegido por Dios para salvar a su pueblo.

¿Puedes creer que era como tú
y llegó a odiarme Saúl
porque mi joven gloria amenazaba su reino?

De mi triunfo en la guerra quedó la hierba
que alimentan los muertos de la batalla.
Se han olvidado mis salmos
y mi salterio está cubierto de polvo.

Es mejor que te vayas, Abisag.
Déjame a solas con la muerte.

THE BUBBLE LADY

Berkeley es la victoriosa capital de la contracultura, la rebelión que sacude todo lo establecido. Un personaje típico de Berkeley, Julia Vinograd, *The Bubble Lady,* vende por la calle Telegraph sus libros de versos y no deja un solo momento de arrojar al aire sus pompas de jabón que la han hecho famosa en todo el mundo.

Excélsior, 1970

Ya que escribir la historia es el consuelo
del derrotado, Salustio,
varios siglos después de todo aquello,
regresó a Berkeley
para contar entre los eucaliptos
La guerra de Yugurta.

De lo que fue aquella época
quedó tan sólo un testimonio viviente:
The Bubble Lady.

Aún vende por la calle libros de versos.
Aún arroja al viento voraz de la historia que no perdona
sus pompas de jabón desde ese otro mundo.

TEBAIDA

> En el desierto cuán a menudo me imaginé
> rodeado por los placeres de Roma.
>
> San Jerónimo, *Patrología latina*

Lo envuelve el asco al terminar la orgía.
Se va como ermitaño a la Tebaida.
Y allí qué tentación, qué celestiales
parecen los placeres. Y su cuerpo
reclama al otro cuerpo. (Su simiente
es devorada por la arena yerma.)

UN REO BENDICE A TORQUEMADA

Quien me da de beber asfixia
quiere salvarme.
El que enciende los leños de la hoguera
lo hace por mi alma eterna.
Los que calman mi hambre con la cicuta
son agentes del bien.

Gracias, hermanos.
Dios premiará la suma de bondades.

ÚLTIMO AMOR DE DON JUAN

Después de amar como el rey David a la Venus de Botticelli,
vivir entre cuchillos con la Maja Desnuda,

cegar al Minotauro para llevarse a Ariadna,
su último amor es la mujer de Lot.

Y entre ruinas llameantes de las ciudades,
concentra su pasión en una inocente
perversidad de niño o toro de lidia:
lamer la sal que encona sus heridas.

EL GRAN INQUISIDOR

Señor, guarde silencio o le cerramos la boca
de un latigazo.
Se la inutilizaremos bajo el hierro candente.
Con las tenazas de la Ley retorceremos su lengua.

No nos haga llegar a los extremos.
Guarde silencio. Cállese. No hable.
Al Juez no se le juzga.
Él imparte Justicia, decide todo.
Es la Mente que piensa por nosotros.

En cambio usted no es nadie, no sabe nada.
Se llama simplemente *el acusado.*
Qué soberbia aspirar a defenderse.

¿Supone que en el valle de Josafat
se atrevería a increpar a Dios Padre
por la forma tan justa en que creó este mundo?

¿Se da usted cuenta? Es el culpable de un crimen.
No sabrá cuál, no sabrá cuál,
morirá sin saberlo.
Debe pagar por ello. Y de qué manera.

No, no: no abra la boca. No interrumpa.
Respete al Juez y su Alta Investidura.
Es la Ley y está aquí para juzgarlo.
Corre peligro de volverse reo
de Lesa Majestad. Acepte y calle.

¿Desea, señor, que pierda la paciencia?
No me obligue a salir de mis cabales.
Añadiré a su cuenta de pecados
el delito nefando de blasfemia.

No me venga con cuentos de derechos humanos.
Usted ya no es humano: es el enemigo.
Vea en esta faramalla sólo un pretexto formal
que disimula y cubre el expediente.

Dentro de unos instantes ofrendaremos su cuerpo
en el altar del Bien, la Bondad y el Orden Fraterno.

JUAN CARLOS ONETTI EN SANTA ELENA

«Sin excepción nacemos
para el fracaso.
La derrota
es el destino único de todos.
Nadie se salva»,

dice el viejo escritor triunfante
que ya no se levanta de la cama.
Le da un sorbo a su whisky, añade:

«¿Quién ha tenido el éxito
de Napoleón?:
la Campaña de Italia,
la Batalla de las Pirámides,
el Consulado, el Imperio,
Jena, Austerlitz
y todo lo que gusten.
Gran victoria
si cortamos aquí el relato.

»Pero al final Napoleón
es Waterloo y Santa Elena.

»Todos vamos sin pausa hacia el desastre.
Toda vida termina en el fracaso.»

TITÁNIC

Nuestro barco ha encallado tantas veces
que no tenemos miedo de ir hasta el fondo.
Nos deja indiferentes la palabra catástrofe.
Reímos de quien presagia males mayores.
Navegantes fantasmas, continuamos
hacia el puerto espectral que retrocede.
El punto de partida ya se esfumó.
Sabemos hace mucho que no hay retorno posible.

Y si anclamos enmedio de la nada
seremos devorados por los sargazos.
El único destino es seguir navegando
en paz y en calma hacia el siguiente naufragio.

ARMISTICIO

Durante mucho tiempo combatimos sin vernos las caras. Ellos eran los otros, los enemigos. Los veíamos caer o volar en pedazos. Sus proyectiles nos daban muerte o nos mutilaban. Nuestras relaciones sólo tenían tres nombres: miedo, odio, desprecio.

Hoy se ha firmado la paz. Arrojamos las armas, avanzamos por lo que fue la tierra de nadie. Vemos las líneas de trincheras, los escombros, las fortificaciones, los despojos. Los otros salen a nuestro encuentro con la mano extendida para mostrar que no ocultan armas.

Alegría, asombro, reconocimiento. El enemigo no es un monstruo. Posee como nosotros una cara, un nombre, una historia que no existió antes ni se repetirá. Tiene padres, mujer, hijos, amigos, un pasado, un porvenir, un dolor, una vergüenza y cuando menos un recuerdo de dicha.

Trágico error la guerra. Somos hermanos. Con ser tan distintos nos parecemos tanto. Brindamos con aguardientes miserables. Intercambiamos raciones agusanadas. La fraternidad les da sabor de ambrosía. Nunca más, nunca más volveremos a entrematarnos.

De vuelta a casa, quienes nos esperaron y nos enviaban al frente regalos y cartas alentadoras, se nos muestran hostiles. Sentimos que nos reprochan haber sobrevivido y nos preferirían muertos y heroicos.

Todo nos separa. Ya no tenemos de qué hablar. Donde hubo afecto hay resentimiento, rabia donde existió la gratitud. Los mismos a quienes creímos conocer de toda la vida se han vuelto extraños. Qué desprecio en sus ojos y cuánto odio en sus caras. Los nuestros son los otros ahora. Cambia de nombre el enemigo. El campo de batalla se traslada.

EL CAPITÁN

El viejo capitán sale a cubierta
y dice adiós.
Es la última tormenta.
Se hundirá con su barco.

OBEDIENCIA DEBIDA

Dispare, me dijeron. Obedecí.
Siempre he sido obediente. Por obediencia
conquisté un alto rango.

Es una inmensa dicha hacer fuego.
Desde luego lo siento por los caídos.

No soy un hombre bueno ni un hombre malo.
Me limito a cumplir las órdenes.
Pienso que es por el bien de todos.

EL PADRE DE LOS PUEBLOS

Por favor no me malentiendan.
Mediten antes de juzgarme.

No soy el lobo feroz
sino el padre prudente y sabio
que por el bien del rebaño
ha de tener mano dura.

El orden se mantiene con el terror.
Si los dejo sueltos
acabarán devorándose.

Me deben hasta el aire que malrespiran.
En vez de arrojarme piedras
o hablar de una «libertad» que es el mirlo blanco
(nadie lo ha visto),
denme las gracias

y canten mi alabanza a la hora del ángelus.

LA DERROTA

El que piensa por todos prohibió pensar.
Su palabra es la única palabra.
Él dice todo sobre todas las cosas.

Sólo existe algo que no puede prohibir:
los sueños.

Noche tras noche
la gente sueña en acabar con el que piensa por todos.

FISURA

En la fisura del monumento
el nopal arisco. Victoria
del suelo incorruptible y el tiempo justo
contra quienes pretenden
negar nuestra condición
de lodo quebradizo
y ser como dioses.

LOS DESAIRADOS

Los desairados bajo el desamor,
los que nadie quiere
por su gordura, rabia acumulada.
o por su escualidez rencorosa;
los siempre desdeñados por feos o tontos o viejos,
llega un día en que se arman de valor,
gastan lo que no tienen en comprarse una Uzi
y antes de despedirse con un tiro en la sien,

ametrallan al mundo entero.

DE PASO

Tan misterioso como el pasado o como pensar en qué habrá ocurrido dentro de un año, es verse a solas en una casa ajena en el desierto de la ciudad extranjera.

La gratitud obliga a no tocar nada, no abrir ningún cajón, ni siquiera mirar por mucho tiempo las fotos familiares.

He entrado en vidas que permanecerán inescrutables. Me iré mañana para no volver nunca. La casa que estaba en pie antes de mi nacimiento seguirá envejeciendo después de mi muerte.

Sin embargo esta noche me encuentro en ella. Las cosas para mí serán distintas por el simple hecho de haber pasado un momento entre muros que han resistido ya dos guerras mundiales y atestiguarán el desenlace de cuanto hoy se gesta en Europa.

La figura del huésped solitario en la ciudad hostil resume el paso por la vida.

UN JARDÍN EN BERLÍN

Huele a olvido la niebla mientras su aroma
afila el aire del momento sin luz
que penetra como un tatuaje.

En la desnuda arboleda
la *Y* griega de a*y*er *y* ho*y*.

El árbol de la vida que abre los brazos
al tiempo, al viento, a lo que nunca veré

porque ya nos vamos.

EL CERO Y EL INFINITO

[Ante las ruinas del muro de Berlín y la
cancillería del Reich]

En la circunferencia no hay azar.
Siempre llega a su meta
esa línea que anhela redondearse,
juntar sus fuerzas con quien le tiende los brazos.

Dos semicírculos
se unen en la igualdad sin tacha,
se funden
en un todo que las trasciende.

Felices en su abrazo van dando vueltas,
rueda que rueda hasta el gran cero absoluto.

LOS EMIGRANTES

Me llamo *Ploy*. Soy un *decoy,* un señuelo, una añagaza. Tengo cara de pato y colores de pato. Hago cuacuá en tonos que para ustedes suenan iguales pero significan matices distintos: reconocimiento, llamado de amor, seguridad de que está libre el paso.

Los patos no se dan cuenta del engaño. Los convoco a la red mortal, a la nube de perdigones, a las fauces que los recogen cuando agonizan. Me dan lástima los emigrantes: hacen el largo viaje para escapar del infierno y no saben que vienen a cumplir la cita con el abismo.

En cambio, nadie dispara contra mí. Los perros no me tocan: les rompería los colmillos la materia de que estoy hecho. Soy *Ploy*, soy un *decoy*, voy adonde me llevan. No tengo alas. Desconozco la libertad y el vuelo. Floto como una barca fúnebre. Cumplo mi destino. Represento mi papel: cebo, carnada, señuelo que confunde, añagaza que atrae a la destrucción.

No se hizo para mí la compañía. No volaré en bandada a ninguna tierra. Mi eternidad es el agua sucia de sangre; mi alimento, los juncos deshechos por las balas. Descúbranse ante mí, no me pasen por alto: soy el secretario general de la muerte.

EL COBRADOR

Viene a cobrarme no sé qué.
Lo hago pasar a la sala.
Le muestro mis papeles.
Se hallan en orden.
Pero él insiste y amenaza y reclama.
Sólo saldrá de aquí cuando me muera.

Mientras tanto seguirá furibundo,
echándome la culpa del desastre mundial,
la contaminación, el desempleo, la miseria, el fracaso
del socialismo real, el capitalismo salvaje,
la deuda externa, el efecto de invernadero, la droga,
la violencia, el esmog, el nuevo racismo, el cáncer, el sida,
o la promiscuidad o la explosión demográfica
o cualquier otra cosa —con objeto
de cobrarme su pena de estar vivo.

LA SOMBRA

De lo perdido ¿qué aparece?
La sombra
en la imaginación que desfigura el recuerdo.

Sólo tenemos este ahora...

Ya no está aquí:
se hundió en la boca del insaciable pasado.

TRUENO

No el fin del mundo,
sí de este mundo,
el trueno que en la sombra se escucha hondo.

Ahora estamos a la intemperie.
Somos los dueños del vacío.

FIN DE LA HISTORIA

Puerta de luz el bosque entre la neblina,
a la orilla del río que se ha llevado la historia.

Este muro ruinoso sigue viviendo
y de nuestra esperanza no queda nada.

Sollozo de la marea al terminar una época.
El río gris
vive de hendir el mar que lo devora.

MONTAÑA

Montaña, imposible altar, obstáculo agrio
para el tiempo que se desliza.

Rota altivez en la desolación, monumento
a la más viva vida de la muerte. Pirámide
donde se entierra anticipadamente el planeta.

Montaña asesinada para abrirnos camino
y abolir sus entrañas. Doble tajo
que cruzamos sin verlo.

Voló en un segundo
lo edificado por millones de años.

Montaña desgarrada que espera en vilo el final de todo.

Y mientras tanto permanece.

LA RUEDA

Sólo es eterno el fuego que nos mira vivir.
Sólo perdura la ceniza.
Funda y fecunda la transformación,
el incesante cambio que manda en todo.

Sólo el cambio no cambia y su permanencia
es nuestra finitud.

Hay que aceptarla y asumirla: ser
del instante,
material dispuesto
a seguir en la rueda del hoy aquí

y mañana en ninguna parte.

NUEVO ORDEN

Lo acumulado se rebela en caos,
secuestro bajo la muchedumbre ingobernable
de papeles y objetos.

No hay que rendirse al pasado
sino echar por la borda el lastre.

Lo que fue hecho para frenar el instante
se transforma en cadáver de aquel instante.

Vivir ligeros, sin *souvenirs,* sin archivos.
Lo que ha sido se ha ido.
Ya se fue.

El mañana
vendrá como quiera y sin miramientos.

Sobre todo sin miramientos.

ALBA

Aún no rompe el día y el canto de los pájaros ya ha comenzado. Nunca sabremos lo que dicen pero es evidente el intercambio: preguntas y respuestas indescifrables para nuestros oídos, jeroglíficos de aire, enigma del que jamás encontraremos la clave.

Sus picos desgarran las tinieblas. La luz llega en sus alas. Vuelo de claridad, señal de vida, anuncio de que tampoco será eterna esta noche.

Al despertar el sol nace la tierra. Y de su lumbre se alza otro día nuestro.

II. A LARGO PLAZO

A Luis Antonio de Villena

HOMENAJE A LA COMPAÑÍA TEATRAL ESPAÑOLA DE ENRIQUE RAMBAL, PADRE E HIJO

A Pilar Guerrero

La realidad es ficción. Mentimos siempre
para sobrevivir, para evitar la guerra,
obtener la amnistía que nos absuelva del crimen
sin atenuantes ni remedio: estar vivos.

Representamos papeles, inventamos novelas de un instante,
dramas utilitarios, farsas, comedias.
Y somos los bufones a quienes se arrojan monedas,
se deja hablar o se perdona la vida.

Por tanto es necesaria la otra ficción:
para hallar las verdades que no intentamos decir
porque se dicen por sí solas.

La realidad no es la escuela, el deber, el temor,
levantarse a las seis en punto, adquirir el derecho a entrar,
mediante astucia y sumisión, en el orbe de los adultos,
perpetuar su consciente irrealidad, «triunfar en la vida»,
llevarse en el camino a los demás, reunir bastante dinero
para hacerse una tumba que a otros mate de envidia.
Pero aún falta mucho cuando se tienen once años.

Entonces una noche diferente a otras noches
la realidad es el mar de trapo y cartón

en que navega Edmundo Dantés para volverse el Conde de
Montecristo;
el instante en que a Miguel Strogoff le queman los ojos,
pero al ver a su madre entre la multitud el Correo del Zar llora
y sus lágrimas fluyen y neutralizan el hierro.

La realidad es sobre todo el arte supremo
del novelista griego que firmó como «San Juan» su Evangelio.
Cien veces he leído las mismas páginas.
Sé de memoria lo que va a pasar.
Y sin embargo al ver la puesta en escena
me asalta la esperanza de que esta vez
El Redentor no morirá en el Calvario.
La Sangre de mentira es la verdad.
La Corona de Espinas se hunde en mi frente.
Una lanza se clava en mi costado.
Siento en las manos y en los pies los clavos.

En esa noche la realidad es Cristo que muere
y resucita a los tres días.
Y no me importa que al caer el telón
también el joven Rambal
se levante de entre los muertos y agradezca el aplauso
tomado de la mano con la Virgen María
y el traidor necesario Judas.

Pobre definición «la magia del teatro»
para describir lo que a los ojos del niño
fue el sueño voluntario de la puesta en escena,
el fingir, el representar, el hacer creer,
por la Compañía Teatral Española de Enrique Rambal, Padre e Hijo,
en el antiguo teatro Arbeu (¿o fue el Iris?).

∞

Ni en el Old Vic, el Bolshoi, la Comédie Française,
ni en el cine ni en ningún lado
encontrará nada igual el niño de entonces.
Ni tampoco en ninguna parte
dejará su veneración por el teatro, el drama, la comedia, la escena,
la presencia viva
de la actriz y el actor
bajo las luces, entre las telas, el plástico, la madera, el cartón,
brillando como nadie puede brillar en la opaca vida.

El folletín, el melodrama, la novela ilustrada escénica,
como ustedes quieran llamarla,
es más real que la realidad porque se sabe mentira,
invulnerable a la detracción, el arrepentimiento, la crítica.

Nada quedó de la Compañía Teatral Española de Enrique Rambal,
Padre e Hijo.
Quizá tan sólo admiraciones infantiles de ayer,
como esta insignificante memoria imborrable.
Porque sólo una vez se descubre el teatro
cuando se tienen once años.

LAS SIETE PALABRAS

Antes de la Primera Comunión
en la Doctrina nos indoctrinaron
con tal destreza que nadie
nos quitará jamás el golpe de pecho.
Hagamos lo que hagamos resonarán en la noche
las siete palabras
de la autoflagelación:
Por mi culpa,
por mi grandísima culpa.

BAJO EL TRANVÍA «PRIMAVERA»

Bajo el tranvía «Primavera»
aplastábamos las monedas.

Quedaban planas como hostias,
simples objetos de goce,
caricia al tacto, aire puro.

Ruedas y rieles volvían
cosa de nada el dinero.

CIRIOS

Cirios: son nuestras vidas consumiéndose,
le dijeron al niño en la profunda
catedral de penumbra silenciosa.

La visión permanece nítida:
las llamas palpitantes en la zona intermedia
entre la oscuridad y la luz enrarecida
por los vitrales
y las fugaces mechas que al arder
devastaban la cera o la parafina.

Llama es la vida
y cirios nuestros cuerpos que se desgastan.
Pero su fin no es previsible:
puede seguir el curso natural
o acabar por un soplo o una racha de viento.

EL USO DE LAS PALABRAS

> Semántica: Estudio del uso de las palabras
> MARÍA MOLINER,
> *Diccionario de uso del español*

En los feroces días de mi adolescencia tristísima
la expresión «hacer el amor» significaba «cortejo».
«Te hacía el amor» enviándote flores
o escribiendo versitos y nada más.

En algún momento,
entre mis diecinueve y mis veinticuatro,
«hacer el amor»
llenó el lugar que ocupaban
obscenidades, vocablos técnicos
o impregnados de incienso y confesionario.

Nuestros mejores años para «hacer el amor»
se disiparon en la frustración
—por engaño y por culpa de la semántica.

MINUTO CULTURAL EN LA TELEVISIÓN PARA HABLAR DEL PORVENIR DE LA POESÍA

(Se ilustra con dibujos animados)

Reloj de arena: encarnación del tiempo
que se va a cada instante.
Se vacía de nosotros.
Está pasando siempre y no vuelve.

Oiga, no continúe. Bien lo sabemos.

Hoy el reloj de arena ya no es la imagen del tiempo:
figura en todas partes el reloj digital
en donde sólo da la cara el instante.
A semejanza del reloj de arena,
durante muchos siglos la poesía...

Basta: salte ese pasaje
o cambiaré de canal
para cerrarle la boca.

Está bien, está bien. Disculpe
que yo abuse de su impaciencia.
Terminaré en un segundo.

Ese reloj poético de arena,
esa filosofía de bulto que hizo tangible el paso del tiempo,
ahora está reducido a la cocina
para medir los tres minutos justos
en que el agua y el fuego hacen un pacto
y juntos reconvierten los embriones de pollo
en un plato llamado huevos tibios.

HABLA EMILIO URANGA EN EL BAR MONTENEGRO (1971)

«Nuestra generación se malogró. Como todas.
Ahora supones que te salvarás,
que para ti no existe el fracaso.
Adelante.

»Te espero a los cincuenta años.»

LOLITA

La señora de edad fue a visitarme y dijo:
«Le pago
por escribir la historia de mi vida.
Yo soy, yo fui Lolita. Usted sabe:
Lolita, la de Nabokov, Vladimir Nabokov,
el novelista ruso, *Lolita.*
Voy a contar lo que él no dijo. Prometo
revelaciones increíbles. Habrá
sexo y más sexo en mi libro.»

Me disculpé. Nos despedimos.
En todos estos años he vuelto a verla
tratando de robar en supermercados
o acercándose a alguien en un café
para decirle
que ella es *Lolita* y debe reclamar
«la merecida gloria, robada
por Nabokov, un canalla
como todos los escritores».

Sí, he vuelto a verla de vez en cuando con gran tristeza.
Me duele
pensar en ella.
Ignoro si fue *Lolita* hace medio siglo.

Hasta ahora hay dos cosas ciertas:
vive muy pobremente en Tlatelolco
—y jamás ha leído la novela.

OVNIVIDENTE

A Linda Scheer

En la noche de agosto en Brooklyn Heights
bajó del cielo volando algo.
Más que un ovni me pareció un zeppelin
o una perinola de gran tamaño
y verde y blanca y roja, a la mexicana. Qué absurdo.

Lo vimos dos mil personas o más.
Se hundió en el agua sin explosión
y sin dejar ni rastro ni espuma.
El *New York Times*
dijo que no era un globo sonda
ni nada semejante. Ninguna agencia
oficial lo reclamó como suyo.
Y aunque en Brooklyn abundan los creyentes
no hubo ninguno que le atribuyera
un origen extraterrestre.

De la nada salió. Volvió a la nada.
Fue un juego de la nada esa perinola.
¿O fue el *Hindenburg* que explotó de nuevo y descendió de otro mundo?
¿Por un instante
mil novecientos treinta y siete irrumpió en aquel año,
ahora también inabordable y remoto?

Algo se hizo presente en Brooklyn Heights,
donde noche tras noche sin fallar nunca
suceden cosas muy extrañas.

OCASO DE SIRENAS

Homenaje y despedida a José Durand

José Durand desconfía
de quien emplea el adjetivo «libresco»
para oponerlo ¿a qué?: ¿a la ignorancia?

Todos somos cautivos de la ignorancia.
No tiene objeto fomentarla. Por otra parte,
la realidad está en los libros,
los atraviesa y los funda.

Así los conquistadores,
al llegar devorados por las novelas,
creyeron ver sirenas en donde sólo
retozaban los manatíes.

Bajo la inmensa noche Durand y yo
navegamos en busca de manatíes.
Y no encontramos ya ninguno con vida.

Hoy no existen sirenas ni manatíes.
Ha perdido el planeta dos fantasías.

LA DESCONSTRUCCIÓN
DE SOR JUANA INÉS DE LA CRUZ

> Desconstrucción: Movimiento filosófico y crítico que comienza en los sesenta y se aplica especialmente al estudio literario. Impugna todas las suposiciones tradicionales sobre la habilidad del lenguaje para representar la realidad y subraya que un texto no tiene referencias ni identificaciones estables, ya que esencialmente las palabras se refieren tan sólo a otras palabras y por tanto el lector debe aproximarse al texto eliminando todo concepto metafísico o etnocéntrico y sólo mediante el papel activo de definir el sentido, basándose a veces en nuevas construcciones, etimologías y juegos de palabras.
>
> *The Random House Dictionary*

El semestre se fue en desconstruir
insondables sonetos de Sor Juana.

Omitieron la historia (es triste siempre)
y las hipótesis biográficas. El texto
quedó aislado del mundo, sin relación
más que consigo mismo, eco y espejo.

Con tal vehemencia los desconstruyeron
que todo fue de nuevo página en blanco;
Lisis y él, dos juegos de palabras,
signos flotantes,
sin realidad, memoria ni deseos.

Y los sonetos se vengaron y al fin
desconstruyeron hasta el seminario.

Cuando lo dejó ingrata, la buscó amante.
Cuando lo siguió amante, la dejó ingrato.

Y llegaron al término preciso.*

GATIDAD

La gata entra en la sala en donde estamos reunidos.

No es de Angora, no es persa
ni de ninguna marca prestigiosa.
Más bien exhibe en su gastada pelambre
toda clase de cruces y bastardías.

Pero tiene conciencia de ser gata.
Por tanto
pasa revista a los presentes,
nos echa en cara un juicio desdeñoso
y se larga.

No con la cola entre las patas: erguida
como penacho o estandarte de guerra.

Altivez, gatidad,
ni el menor deseo
de congraciarse con nadie.

Duró medio minuto el escrutinio.

Dice la gata a quien entienda su lengua:
Nunca dejes que nadie te desprecie.

* Fuentes: El soneto que comienza: «Al que ingrato me deja, busco amante; / al que amante me sigue, dejo ingrata». Y el que concluye: «Pues no te engañó amor, Alcino mío, / sino llegó al término preciso».

RAGTIME

> Hermosa es la pareja que se abraza...
>
> Julio Ortega

Me quedé solo en la terraza frente al mar,
allá abajo, muy hondo, lejos
del sol poniente y la luna que apenas se dibujaba
sobre su eternidad que nunca es la misma.
Soplaba un viento de Asia tal vez
entre el calor de ofensa y ultraje.

De la sala brotó un *ragtime* no menos eterno.

Ragtime, y casi vino la noche.
Pero una noche todavía un poco roja y dorada.
A contraluz, en la orilla
del malecón abierto sobre el Océano Pacífico,
una pareja se besaba.
La primera del mundo y también la última.
Todo el amor
en un instante que jamás volvería.

Me resistí a profanar
lo que era de ellos tan sólo.
Volví a la casa.
En ese instante llegó
la marejada de la noche.

Entré en el *ragtime*.
Me pareció de pronto que volvía a verte
bajo otro tiempo, junto a otro mar, a mi lado.

TIERRA DE NADIE

En la ignorancia a medias de un idioma,
ya que el dominio es imposible,
las palabras demuestran estar hechas
de la esencia del mundo y la poesía.

Pienso en *dirt*, por ejemplo:
«barro, lodo, tierra,
polvo, suelo, mugre,
suciedad, obscenidad,
bajeza, vileza.»

Suciedad de la tierra, tumba y matriz.
Basura sagrada
que amasaron plantas y huesos.
Putrefacción en que nos da la vida la muerte.

Extraño llamar «Tierra» al planeta errante
en donde navegamos siempre en tinieblas
y a la materia de la que sale todo
y todo regresa.

La tierra baldía, la tierra prometida,
la tierra de nadie.

LA NOCHE EN BLANCO

Viene la noche con su gran manto de espinas
a dormir en la cama de los insomnes.
Y a falta de esa muerte provisional,
de esa honda ausencia en donde flota el cuerpo,

esa novela que urde en blanco el silencio,
deja en la mente la conciencia trágica,
el archivo salvaje, la foto ilesa,
la vuelta intolerable de todo aquello
de lo que no quisieran ni acordarse.

PARTIR

Partir, extraño verbo con dos puntas hirientes,
lanzas que afilan la separación, la desesperada
tarea de desunir el desenlace.

Partir: deshacer un todo en partes iguales o desiguales.
Marcharse, irse, decir adiós, empezar de nuevo,
otra vez como náufrago,
como lombriz en pedazos.

LA DIOSA BLANCA

Porque sabe cuánto la quiero y cómo hablo de ella en su ausencia,
la nieve vino a despedirme.
Pintó de Brueghel los árboles.
Hizo dibujo de Hokusai el campo sombrío.

Imposible dar gusto a todos.
La nieve que para mí es la diosa, la novia,
Astarté, Diana, la eterna muchacha,
para otros es la enemiga, la bruja, la condenable a la hoguera.
Estorba sus labores y sus ganancias.

La odian por verla tanto y haber crecido con ella.
La relacionan con el sudario y la muerte.

A mis ojos en cambio es la joven vida, la Diosa Blanca
que abre los brazos y nos envuelve por un segundo y se marcha.
Le digo adiós, hasta luego, espero volver a verte algún día.
Adiós, espuma del aire, isla que dura un instante.

A LARGO PLAZO

Valiente en la medida de su maldad,
la gota se arriesga
a perforar la montaña
en los próximos cien mil años.

EL CARDO

El cardo es pura hostilidad.
Inmóvil escorpión, acecha y sabe
que alguien irá a clavarse en sus púas.

Planeta de odio, error de la tierra.

El cardo sólo sirve para herir,
sólo tiene lenguas
para la injuria.

Quiere vengarse de ser cardo.

Es la ofensa a todo.
el erizo que se difunde
para clavar su pica de rabia.

Y al cumplir su función morirse.

«S»

En la reunión no la menciones por nombre.
Si lo oyeran se asustarían.
Cómo aborrecen su deslizamiento sinuoso,
su dominio enigmático
de las entrañas de la tierra;
su habilidad
para dejar atrás lo que fue,
para desprenderse
de lo que ya sirvió y se gastó

y no temer nunca al cambio.

DESECHABLE

«Nuestro mundo se ha vuelto desechable»,
dijo con amargura.
«Así, lo más notable
en el planeta entero
es que los hacedores de basura
somos pasto sin fin del basurero.»

LA GOTA

La gota es un modelo de concisión:
todo el universo
encerrado en un punto de agua.

La gota representa el diluvio y la sed.
Es el vasto Amazonas y el gran Océano.

La gota estuvo allí en el principio del mundo.
Es el espejo, el abismo,
la casa de la vida y la fluidez de la muerte.

Para abreviar, la gota está poblada de seres
que se combaten, se exterminan, se acoplan.
No pueden salir de ella,
gritan en vano.

Preguntan como todos:
¿de qué se trata,
hasta cuándo,
qué mal hicimos
para estar prisioneros de nuestra gota?

Y nadie escucha.
Sombra y silencio en torno de la gota,
brizna de luz entre la noche cósmica
en donde no hay respuesta.

LA BOLA DE HIERRO

[Al ser demolido en Washington un
edificio del otro fin de siglo]

Tengo el poder de la masividad,
de la rotunda fuerza, el peso, el impulso
ante el que nada resiste.

Soy un arma sin alma. La obediente
y también la implacable.

Como un rayo redondo
o un perdigón de Dios acabo con todo.

Es siempre impersonal la ferocidad de mi triste encono.
Admito el placer,
la sensación de incontrastable fuerza
que me produce el derribar, el destruir al instante
lo construido en muchos años.

Adonde ardió la vida llevo la muerte.
Ante mi poderío imbatible
se vuelve escombro
la intimidad de otro tiempo.

Nada me cuesta aceptarlo:
para pulverizar los edificios más altos
no soy tan hábil como la dinamita.

A mí, la deshabitadora que muele el tiempo
y tritura las épocas y desarraiga el recuerdo,
nadie puede habitarme.

No sirvo
para vivir.
Ya muy pronto
me desmantelarán para fundirme.

AGOSTO

El año hace su agosto entre las mieses del sol.
Todo el campo es de fuego y quema
al verano que avanza hacia la concreción del otoño
lacónico, desnudo de palabras.

ORQUÍDEAS

¿Qué hacen aquí
estas orquídeas demasiado sexuales?
Son lo salvaje, lo vivo,
lo perdurable por efímero.
Todavía huelen a selva,
a liana, a gruta, a humedad.
Su blancura veteada de violeta
impugna
esta sala elegante que las condena
a ser ornamento.

No saben lo que valen estas orquídeas bárbaras,
muriéndose
ante el televisor de pantalla inmensa,
la videocasetera de lujo,
el celular y los discos ópticos,

el *kitsch* irredento
en las altivas fotos familiares
de quienes conquistaron este mundo
destruyendo con su ganado y con su ganancia
la misma selva condenada a morir
que hizo posibles las orquídeas.

TENEDOR

Hermano de la garra, hijo bastardo
del azadón y de la pala,
hecho de cuatro lanzas que se encorvan
para embestir;
flecha dentada, escuadrón,
dócil a la orden de combate.

Qué perfecto en su mansa ferocidad.
Cómo ataca en silencio.
Cómo se clava, halcón de metal,
y se levanta con su presa,
ya reducida a escombros
por su hermano hiriente, el cuchillo.

No hay ningún arma capaz de penetrar como él,
tridente de gladiador con una punta más
y al alcance de toda mano.
Ningún lazo
ata con tanta fuerza a su víctima inerte.

Sin embargo su triunfo dura un instante.
Cancelamos las huellas que le imprimió la ceremonia salvaje
y vuelve sin que le demos las gracias

a su bruto confinamiento, soledad en compañía,
encerrado en sí mismo
bajo las cuatro puntas brutales.

Por intermedio suyo nos comemos el mundo.
Empalados por nuestro esclavo los alimentos terrestres
nos dan la vida que acabará devorándonos.

FAX

El fax vino en tinieblas desde el mundo de ayer.

Algo giró en el aire y se imprimió en el espacio.
El impulso eléctrico
envió señales al termopapel,
engendró calor que se volvió letra y fantasma.

Leí con miedo en el fax
una carta de hace veinte años.

INSTANTE

La mano se demora sobre la perfección de la espalda,
valle de todo excepto de lágrimas. Milagro
de la carne que rompe su finitud
y por un instante
se vuelve tierra sagrada.

EL AVE FÉNIX

A la memoria de Eliseo Diego

Arde en la hoguera de su propio vuelo.

Bajo el cuerpo de lumbre ella es el sol.
Su resplandor la atrae y la convierte en ceniza.

Viaja a su íntima noche, se asimila
al leve polvo errante de los muertos.

Pero entre lo deshecho se rehace.
Toma fuerzas del caos, se teje en luz

y amanece en la llama indestructible.

VALENCIA

En la noche verbal esa fuente habla
un idioma que no comprendo.

Pero me basta su música.

LAS OSTRAS

Pasamos por el mundo sin darnos cuenta,
sin verlo,
como si no estuviera allí o no fuéramos parte
infinitesimal de todo esto.

∞

No sabemos los nombres de las flores,
ignoramos los puntos cardinales
y las constelaciones que allá arriba
ven con pena o con burla lo que nos pasa.

Por esa misma causa nos reímos del arte
que no es a fin de cuentas sino atención enfocada.
No deseo ver el mundo, le contestamos.
Quiero gozar la vida sin enterarme,
pasarla bien como la pasan las ostras,
antes de que las guarden en su sepulcro de hielo.

HELECHO

Viejo como la tierra duele el muro
que ya no tiene forma ni futuro.

Le ha dado muerte el aire irrespirable
El tiempo lo condena aunque no hable.

Nuevo, contrasta el primigenio ser
del planeta de nunca más volver:

El helecho prehistórico y flamante
como el verdor perfecto de este instante.

CHAPULTEPEC: LA CALZADA DE LOS POETAS

> En el Bosque de Chapultepec y cerca del lago hay una calzada en que se levantan monumentos de bronce a los poetas mexicanos.
>
> *Guía de la Ciudad de México*

Acaso más durable que sus versos el bronce
y nadie alza los ojos para mirarlos.
Aquí en el bosque sagrado,
cerca del lago y la fuente,
enmedio de los árboles que se mueren de sed,
por fin se encuentran en paz.

La hojarasca de otoño les devuelve en la tarde
palabras que dejaron sin saber para quién ni cuándo.

Y perduran en bronce porque escribieron.
(No para estar en bronce escribieron.)

Extraña sensación esta vida inmóvil
que sólo se reanima cuando alguien los lee.

¿Qué leemos
cuando leemos?
¿Qué invocamos
al decirnos por dentro lo que está escrito por ellos
en otro tiempo, incapaz
de imaginar el mundo como es ahora?

Algo muy diferente sin duda alguna.
Se gastan las palabras, cambia el sentido.

Aquí bajo el sol, la lluvia, el polvo, el esmog, la noche
yacen los prisioneros de las palabras.

AMADO NERVO AGRADECE A RAFAEL ALBERTI EL RECORDARLO

Escribí un solo libro
con demasiadas hojas.

Qué voy a hacer.
En esto y lo demás fui como todos.

Si crees que vale la pena,
te corresponde ser generoso conmigo:

barrer la hojarasca
y de todo aquello
dejar en pie
(cuando mucho)
lo más
que uno puede lograr:

cuatro o cinco páginas.

MERCADO LIBRE

Siempre que lo equiparan al sultán en su harén,
cuando envidian
su ilimitada cópula diversa,
en la que nunca ha habido *post coitum triste*,
y la mano de hierro con que mantiene el terror
en el fugaz gallinero —estación de paso,
como la tierra misma en que se encuentra alojado—,
el gallo piensa en nuestra hirsuta arrogancia:

creer que él no lo sabe, no está consciente
de su lugar de peón en el siniestro ajedrez,
simple engranaje en la cadena infinita
que proporciona huevos para el desayuno

y Kentucky Fried Chicken.

ADOLESENESCENCIA: MATTHEW ARNOLD SE DESPIDE EN LA PLAYA DE DOVER

... mientras las tropas ciegas se acometen de noche.
ARNOLD, *Dover Beach*

Niña que vienes de Roma por el camino de Madrid,
en tu Finisterre
se acaba el mar del milenio,
naufraga el siglo último y único
que me tocó.
Mi historia muere. Comienza
otro mundo implacable.
En él no hay lugar
para los emigrantes del pasado.
Recibe el homenaje y la gratitud
de quien al fin te halló en este fin
y pudo verte un instante.
Me voy. Adiós. Me dirijo
a zozobrar en mi adolesenescencia.

El ciclón

El ciclón:
odio inmenso,
espada que llamea en el incendio del aire.

Después de la nevada

La sal sobre la nieve
hecha de lodo
que volverá a ser tierra.

Anuncio

Llueve el viento en las frondas.
No cae el agua:
vibra su eco en la sombra.

Río San Lorenzo (Montreal)

Caudal de hielo:
se detuvo el río
pero no el tiempo: fluye.

Retratos

Nada fija el instante:
en el retrato
se mueren más los muertos.

Parque México

Lumbre del sol
flotando en el estanque:
el universo es agua.

Limpieza étnica

Dijimos: *nunca más.*
Y ahora, monstruosa,
se repite la historia.

Oscuridad

El centro de la noche no es la luna
sino la oscuridad
que manda en todo.

Escritura

Consuelo de la letra:
la hosca vida
encerrada en algunos signos.

Colibrí

El colibrí es el sol,
la flor del aire
entre las dos tinieblas.

Relámpago

A la luz del relámpago aparece
indefensa
la tierra.

Dragones

El que derrota al monstruo
y ocupa su lugar
se vuelve el monstruo.

Silver Spring

En el bosque otoñal
ramas desnudas
esperando la nieve.

Civilización

La mente dice: quiero;
el cuerpo: dame.
(La conciencia aparta la vista.)

Esperanza

El futuro nunca lo vi:
se convirtió en ayer
cuando intentaba alcanzarlo.

Posmodernidad

La supercarretera hacia la nada.
A la orilla
el cementerio de automóviles.

Playa

Estalla el mar
contra la arena errante.
Y no vuelven a verse.

Berwyn House

En el silencio cae la nieve.
Arde la luz.
Vuelve a ser paraíso el mundo.

Paisaje mexicano

Piedra en el polvo:
donde estuvo el río
queda su lecho seco.

III. SOBRE LAS OLAS

A George McWhirter

SOBRE LAS OLAS

Homenaje a Juventino Rosas

Nadie podrá domarlo: es el salvaje.
He visto el fuego propagarse en el bosque,
asimilar lo que devora y transformarlo en hoguera.
Y es más temible el agua elemental que hizo el mundo
y lo tiene en sus manos.

*

Tierra: fondo del mar, fardo del mar, lastre del mar,
esclavizada por el enorme peso del agua.
El mar, la mar, el agua madre que es el padre de todo
y destruye todo.

*

Tan sereno un momento en su horizontalidad,
espejismo de paz inalcanzable en este rompeolas que nos legó al
retirarse
para dejarnos náufragos en la soberbia de creerlo vencido.
Y él se ríe de nosotros y vendrá por nosotros.

*

El mar se muere de odio. Lo entendí
cuando tomó la playa por asalto.
Ardía, espuma de cólera, su rabia.

Las olas eran látigos y lanzas.
Sus alas azotaban la oscuridad.
La sal colonizaba el agua dulce.
Todo se arrodillaba ante su carga.
Como astillas volaban los grandes árboles:
guerra sin esperanza de armisticio.

*

De repente el estruendo cedió lugar a un silencio trágico.

Dijeron: retrocede para embestir
y nada quedará en pie cuando retorne.
Los peces han de vengar su asfixia con nuestro ahogo.

*

Y sin embargo el mar hasta el momento no ha vuelto.
Nos concede una nueva prórroga.
Desde el fondo de la prisión
nos observan sus ojos de pantera.

ALABANZA

En silencio la rosa habla de ti.

ANVERSIDAD

Toda moneda tiene anverso y reverso: anversidad
es la situación en que están respecto una de otra
las figuras de sus dos caras,
unidas para siempre en el mismo sitio, ligadas
por la materia que les da existencia; dos planos
del mismo objeto, en lazo indisoluble,
en cercanía tan íntima, tan próximas
que si alguna de las dos no existiera
la moneda perdería razón de ser:
las necesita a ambas, no puede
partirse en dos sin aniquilarse:
la moneda es moneda porque tiene anverso y reverso;
y a pesar de esto, o por todo esto, las dos figuras,
sentenciadas a coexistir mientras su espacio de metal no muera,
no se verán jamás ni se unirán nunca.

AUSENCIA DE FRIDA KAHLO (1954)

A la memoria de Alejandro Gómez Arias

El sol vacío entra en el cuarto abandonado.
La busca.
Y sólo encuentra huellas de que se ha ido.

El árbol crece.
El día cae.
Se abisma
en otra vida que hoy comienza
sin verla.

> ¿Veis a la mosca horrenda? Alabadla. Antes de ser mosca fue el gusano que alimentó a un cadáver. Sin ella, sin su labor que roe todas las vanidades, la tierra sería un inmenso pudridero, agobiado por la carroña de quienes nos han precedido.
>
> Padre ANTONIO OLIVERA, sermón del 2 de noviembre de 1691 en la Ciudad de México

Es la mosca que acaba de nacer.
El huevecillo de donde salió
tiene historia y estirpe.
Lo abandonó su madre en la cripta imperial.
Antes de convertirse en mosca anónima
fue el gusano
que devoró los párpados del rey
y el sexo inaccesible de la joven princesa.

Así pues, en la cuna bebió la tradición.
Su cuerpo está forjado por esa herencia impecable.
Tiene venticuatro horas para vivir su existencia entera.

Siente el poder inmenso de volar.
Deja la sombra, su dominio es el aire.
Lucha con otras moscas por su trocito de mierda.
Obtiene la victoria. Saborea su alimento.
Busca a la hembra más bella de su enjambre fugaz.
La sigue y la corteja con el vibrar de sus alas.
Qué hondo placer
la unión de sus dos cuerpos en la letrina sagrada.

Ella parte al encuentro de algún cadáver.
Han cumplido con el deber
de perpetuar la existencia absurda.

Y ahora él se enfrenta a la profusión de venenos,
el matamoscas y la cinta engomada,
los infiernos humanos de su especie.

Se ha salvado y no importa porque se acerca su plazo.
Y va a morir. Está muriéndose. Cae
en el río de la muerte que se lleva consigo
a las generaciones de las moscas.

Veinticuatro horas. Una guerra. Un amor.
Miles de huevecillos que serán moscas,
efímeras y eternas como sus padres.

Y él se pregunta al terminar su siglo y su ciclo:
—De verdad ¿eso fue todo?

TRES DEL MAR

I. *Veracruz: playa norte*

A mares llueve sobre el mar.
La lluvia
es otro mar
y vertical inunda
el oleaje que llueve sobre la playa.

2. *Acapulco*

En el agua color de ayer
el sol se funde y por un instante es más fuego.

El mar se vuelve noche.

Allá abajo,
en las rocas de espuma,
comienza el tiempo.

3. *A la orilla*

La arena que estuvo aquí hace un instante
ya no es la misma de ahora.
Y todas sus galaxias se conmocionan
cuando llega y se aleja la marea.

EL ERIZO

A Vicente Quirarte

El erizo tiene miedo de todo y quiere dar miedo
en el fondo del agua o entre las piedras.
Es una flor armada de indefensión,
una estrella color de sangre,
derruida en su fuego muerto.

Zarza ardiente en el mar, perpetua llaga
resiste la tormenta en su lecho de espinas.

El erizo no huye: se presenta
en guerra pero inerme ante nuestros ojos.

Al fondo de su cuerpo la boca, herida abierta, discrepa
de su alambre de púas, su carcaj
de flechas dirigidas a ningún blanco.

Testigo vano de su hiriente agonía,
el erizo no cree en sí mismo ni en nada.
Es una esfera
cuya circunferencia está en el vacío.
Es una isla
asediada de lanzas por todas partes.

Soledad del erizo, martirio eterno
de este San Sebastián que nació acribillado.
El erizo nunca se ha visto.
No se conoce a sí mismo.
Tan sólo puede imaginarse a partir
de los otros erizos,
su áspero prójimo,
su semejante rechazante.

Bajo el mar que no vuelve avanza el erizo
con temerosos pies invisibles.
Se dirige sin pausa hacia la arena
en donde está la fuente del silencio.

HOJAS

¿Qué significan esas hojas muertas,
bronce fundido en la lluvia que arrastra el año
por el río del otoño?

No significan: son.
Les basta ser y acabarse.

CALENDARIO

Veloz la marejada del año que cae hacia el nunca.
Vamos a ver allá en tus ojos, tiempo,
lo nunca visto. Pero estamos ciegos
ante lo que pasó.

INDIAN CREEK

Misteriosa abundancia de esta luz:
desciende entre los árboles y prende
el aire ya dispuesto para el invierno.
Nunca más otro otoño
como el que se disuelve bajo la hora incendiada.

KAISER VON MEXIKO

[Cripta de los Capuchinos, Viena]

Veo la casaca agujereada, el resplandor
del príncipe en una mancha de sangre seca,
muerta como la hoja de plenitud que me diste
y guardo en algún libro (ya no sé cuál).
Destino solemne
del otro desdichado que yace
incorruptible y encogido en su ataúd de metal
en la cripta de Viena con toda su desastrosa familia.

ENIGMA

Al peinarme cayó en la sábana
una hormiga extraviada,
tal vez herida
por la violencia ciega del peine.

¿Qué hacer con ella? ¿Matarla
por compasión?
(No volverá al hormiguero,
quizá le faltan patas y sufre.)
O bien ¿dejarla allí librada a su suerte?
Un segundo después
la hormiga resuelve todo: se muere.
Y me pregunto cómo se subió,
de dónde vino, adónde iba.

Sin duda antes de morir
se interrogó lo mismo acerca de quien

no sabe qué es este mundo
ni cuándo y cómo caerá en el misterio
de irse de aquí por la selva ignota
hasta el final en la sábana.

EL DESPERTAR DE PAOLA ACCARDO

La despierta la sombra de los olmos.
Takoma Park
se ha hundido esta mañana de verano
en las frondas de Sligo Creek.
El mundo entero se diría en su gloria
árbol de luz en donde el viento canta,
borra la muerte y el dolor, restaura
el paraíso
en la mirada de Paola Accardo.
Sin embargo no hay tregua que perdure.
De repente llegan a verla
los indocumentados perseguidos.
Traen en la cara
sus historias de guerra,
la aldea arrasada,
la matanza que dura cuarenta años.
Y Pedro de Alvarado se aparece irredento
bajo el verdor, entre la dicha trunca.
Le recuerda a Paola Accardo
que muy lejos de aquí
hay otros árboles.
Se llaman ceibas y están manchadas de sangre.

CARMEN VUELVE A SEVILLA

¿Fue la luna o fue Ishtar,
Astarté, Afrodita,
la mujer que por un instante
entreabrió las tinieblas
e iluminó nuestra noche
con su enemiga belleza?

ISLA EN EL RÍO

Un pedazo de bosque se echó a andar
y quedó a la mitad del río.

Mansas fluyen las aguas junto a los árboles.
El mediodía se va con el viento,
llena de lumbre el año que nos dejó sin recuerdos.

PONT D'AUSTERLITZ

A la memoria de José Carlos Becerra
y Paul Celan, muertos en mayo de 1970

Hay legiones de estrellas sobre París esta noche.
El Sena las recoge y las disuelve en el tiempo
que es el fluir. Y como su brillo
desciende a la velocidad de la luz pero desde impensables distancias,
dos cuando menos
emiten como nunca su resplandor sobre el río
desde la noche aquella de hace veinte años.

LAS VOCALES

A NOIR, E BLANC, I ROUGE, U VERT, O BLEU: VOYELLES

Homenaje a Arthur Rimbaud

Un hecho extraño ha sucedido en la máquina:
se rebelaron las vocales.
Al encender la pantalla,
blancas en fondo negro aparecieron,
hirientes, mudas,
las consonantes sin sonido, las ruinas
de un alfabeto semítico.
Quizá una runa, un ladrillo asirio,
una estela maya,
la nueva Piedra de Roseta esperando
a su descifrador en el sepulcro electrónico.

¿Adónde fueron, en donde están, qué pretenden,
por qué me hacen esto, me dejan plantado
como árbol muerto
en la tierra sin habla del principio del mundo?

Los cinco signos de improviso tomaron conciencia
de su importancia decisiva.
Porque sin ellos
somos polvo y mudez crustácea, guijarros
que rezongan incomprensibles
al desplomarse en el abismo sin tiempo.

Devuélvanme mi lengua.
Quiero tomar la palabra,
anguila fugitiva entre las manos,
arena que se escapa sin las vocales.

Pido clemencia a las ausentes.
He sido injusto con ellas,
pues suenan tan distintas en los variados idiomas
y aun en el mío
que cinco signos no bastan
para representar la multitud de vocales,
su democracia tiránica,
su indispensable dictadura insolente.

El ideograma de Babel centellea
—rescoldo de una hoguera que ardió mil años,
charco en donde hubo un río—
en la noche de la pantalla:
campo de nieve, triunfo del silencio
en el planeta de los signos.

Pero algo ocurre: como un río en el deshielo
brotan flores del agua entre los témpanos.
Sus raíces perforan
los bloques de basalto de las pirámides.

Vuelven de entre los muertos las vocales.
Y renovadas por el descenso a ultratumba
se alzan entre su servidumbre de consonantes.

Y por fin me devuelven la palabra.

LA DESNUDEZ

[A orillas de una alberca en Cuernavaca
José Luis Cuevas hace un dibujo para
su Sala Erótica]

Bajo el precario engaño de la piel
el cuerpo todo es músculos rojizos,
huesos de escalofrío para asustar a los niños
(que envejecen sin salir nunca de su prisión
donde a pesar de todo no hay cadena perpetua).
Y grasa repugnante, viscosas vísceras,
sustancias nauseabundas pero entrañables.

Inventario de horror con el que hacen su agosto
puritanos y teólogos,
capaces de creer que la inversión de sus vidas
es: setenta años de infierno en la inmunda tierra
para ganar el cielo libre de impuesto
que por siglos de siglos multiplica los réditos
de las meritocracias celestiales.

Un desierto ha de ser su vida sin la pasión
de admirar al supremo artista
que con materia prima tan deleznable y obsolescente
hizo el cuerpo desnudo de la mujer,
recién salida del agua,
que se acerca hasta él y dice:
—¿Vas a seguir dibujando?

MARIPOSA

El gato deshojó a la mariposa.

Con cuánto esfuerzo en tinieblas
el gusano se esculpió en flor.
La luz vistió su fealdad
con la belleza de una moda que nunca pasa de moda.

Y humanamente vino a parar en todo esto.

UN DIBUJO DE OCTUBRE

Verdes por última vez,
las hojas cuentan sus historias,
se hacen preguntas,
intercambian recuerdos,
se reconcilian o se dejan de hablar
mientras el viento lo permite.

Mañana el cuerpo entero les dolerá.
Todo el año vivido les caerá encima
como el flagelo de un rayo.

Marchitas e inservibles se arrastrarán por el suelo,
girarán en la hoguera.

Convertidas en humo
llegarán a la gloria
precaria e inestable del bosque de las nubes.

ENEMIGOS

Molestia de encontrarnos en todas partes
porque desde hace tiempo no nos hablamos.

No falta quien admire nuestro control.
Primero la palabra se retira,
después se vuelve transparente el cuerpo
y al final invisible.

Somos espectros uno para el otro,
espejos incapaces de copiar al vampiro
que llevamos por dentro
y vive de las furias y los rencores.

Se ha roto el hilo
de palabras que ata a los seres.
Bajo cuerda refluyen
tantas cosas habladas en otro mundo,
antes de ser fantasmas de aquella Atlántida
que se hundió en la discordia de otras tormentas.

FÓSIL Y VOLÁTIL

A Beatriz Sarlo

En la gran tumba de papel, cadáver crujiente,
lividez amarilla que se desgarra al contacto,
entre ruinas proliferantes de lo que fue
un día en la vida,
un momento entre los momentos,

encontré un fósil que aún emitía bajo el Carbono 14
cierta señal, aunque muy leve, de vida.

Fue mi primer poema de hace mil años.

Quise leerlo desde otro planeta,
desde el desconocido impensable que salió de allí sin embargo
—y aún no se cura de espanto.

Sentí ganas de ver qué me decía,
cuál recado póstumo
escribí para otro yo mismo sin darme cuenta en aquel entonces.
Y me acerqué intrigado y, *qué más da, emocionado.**

Pero la hoja volátil abrió las alas.
Se quebró ante mis ojos.
Y ya herida de muerta dejó en la nada
un reguero de polvo o polen.

YA SE VA EL TREN

Subo al tren del pasado.
Me conduce
al sitio en que se borra la memoria.

Los puentes son abismos.
Cada túnel
desemboca en la edad de las cavernas.

Desde del furgón de cola veo la vida.
Me dice adiós.
Y allá a lo lejos se va quedando solita.

* César Vallejo, *Poemas humanos.*

CIGARRAS

Liman los pies de la noche
que se desplomará cuando guarden silencio.

Roen la insolente oscuridad.
Forjan la luz entre la hierba.

Salen del fondo de la vida
y están hablando con la tierra.

ENTRE PARÉNTESIS

Cumplo como se debe la voluntad del amigo.
Esparzo las cenizas en lo que fue
el bosque de su recuerdo.
Ahora los árboles
son puntos suspensivos, decoración
entre las casas desiguales.
Venden aquí el espejismo
de ser *como ellos* al fin,
vencer el estigma,
ya no ser México.
Pero uno es lo que es y no puede ser otro.

La urna de las cenizas da la medida
de que vinimos a llenar un paréntesis (1927-90).
No hay antes ni después:
sólo estas asas de hierro,
fauces abiertas (-   ).
Parecen los contornos de nuestra cuna,
su balanceo, el vaivén

de la incesante humanidad que va y viene
y nunca deja de nacer y morir.

Me voy. Se hace de noche. Ya es muy tarde.
Y no queda el consuelo
de que esta muerte suya dará vida a los árboles
de su niñez, hoy impensable (1929-40).
O de su juventud de la que nada sabemos (1948-60).

Porque el trecho de bosque aún no talado
será pronto ladrillo, concreto, asfalto,

lleno de otros paréntesis.

IMPUGNACIÓN DEL FILISTEO

Tañen las moscas la canción de sus alas.
Pero mi estrecho gusto y mi incultura
no me permiten apreciar su extraña armonía,
encontrar placer
en esos territorios de deleite
que son forma pura, Mozart perfecto
para ellas solas como ejecutantes y público.

Soy insensible a su arte.
Soy filisteo ante las moscas sinfónicas.
Y levanto como arma de la crítica,
como aplastante impugnación, el periódico.

CREPÚSCULOS

Greenbelt Park

Bosque, astilla de luz:
el sol poniente
se vuelve una hoja más en el otoño.

Baja California

En la frontera de la sal el sol
convierte en mar de fuego
las montañas errantes.

Lerma

Entra en lo oscuro
el mar:
ola es la noche.

Ventanilla

Antártida de nubes
y al crepúsculo
espejismos de fuego.

Brooklyn

Hondo al atardecer
el puente rima
con su sombra en el agua.

LA CAJA NEGRA

Para nacer cerramos los ojos.
Para morir los abrimos tanto
que la última clemencia debida a un muerto
es clausurar las puertas por donde se hizo imagen el mundo,
poner punto final a lo que tejió su mirada
—maraña, urdimbre—,
remachar con un *clic* esa caja negra
en que se van con él sus visiones.

LA BARRANCA DEL MUERTO

> Esta antigua barranca, pintada por José María Velasco en el siglo XIX, era cauce de un arroyo nacido en las montañas del poniente que se unía al Magdalena y al Mixcoac para formar el río de Churubusco. Hoy es una avenida que atraviesa Revolución e Insurgentes y termina en Universidad.
>
> *Guía de la Ciudad de México*

Cómo volver a ese lugar que ya no está.
Imposible encontrarlo
entre los edificios de Insurgentes.
Lo estoy viendo: había casas,
casas de un solo piso o dos cuando mucho,
no grandes torres de altivez y de vidrio
o muros de concreto y soberbia insultante.

∞

Cómo volver si no recuerdo ni el número.
En el lugar de aquel sitio
se levanta una tumba etrusca:
al despertarla se pulveriza en el aire.

Destruyeron la casa. Al demolerla
erosionaron la memoria.

Lo único irrefutable es que estaba muy cerca
de la Barranca del Muerto,
cuando era de verdad una barranca
con un hilo de agua
más turbio e inconfiable que mi empañado recuerdo.

Hoy no es barranca
sino avenida indiferente.

Me pregunto quién será el muerto.

CULEBRÓN

Culebrón que se arrastra lerdo
y sigiloso o con estruendo.
Densa novela
hipertrofiada de hechos y personajes.
Cómo desaparecen en un truco del aire,
escotillón invisible,
entre escenografía purulenta o radiante.
Cómo regresan
en un golpe melodramático.

Qué coincidencias,
inadmisibles en un drama que se respete.
Nadie aceptaría en un libro serio
los simétricos folletines
que son el pan nuestro de cada día,
las duplicidades
del villano reaparecido como héroe.
O la traición fraterna de Abel inocente.
O el Gran Amor
que durante dos semanas iluminó la existencia entera
—y hoy quién se acuerda.

Culebrón nuestras biografías,
escritas en el aire con mala letra,
líneas torcidas;
mezclas vulgares
de lo trágico y lo irrisorio.

Qué ganas de humillarnos tiene el autor
o el que mueve las marionetas.
Su dramaturgia efectista y sórdida
(aunque sin duda alguna entretenida)
no se mantiene en pie ante la gran objeción al género:
desde que empieza la obra
sabemos cuál será nuestro desenlace.

LA ARAÑA DEL HOLIDAY HOUSE MOTEL*

Pasó por aquí la araña.

Veloz como fuego fatuo,
diminutiva como pulga la araña a escala,
su reducción final a un ser microbiano casi.

Subió a la cama,
leyó algo en el libro abierto
y se llevó un renglón en las patas.

Araña del motel en donde nadie sabe nada de nadie,
ella, la indiferente, lo sabe todo
y transporta su ciencia: ¿adónde?

A la noche ínfima
de su dominio en tinieblas,
alcázar rampante
o tienda de campaña de seda ilesa
que no verán nuestros pobres ojos provisionales
aunque tan necesarios —para que exista el mundo—
como su tela.

Envuelta en su arrogancia pasa de nuevo.
Borra una línea más.
Arruina el sentido.
Es la miniaturización del terror la araña.

Aléjala si quieres pero no la mates.
Tú qué sabes qué intenta decir la araña.

* El motel de Malibú donde, según la leyenda californiana, se reunían Marilyn Monroe y John F. Kennedy.

EL SILENCIO DE LA LUNA: TEMA Y VARIACIONES

... et iam Argiva phalanx instructis navibus ibat
a Tenedo, tacitae per amica silentia lunae...
Eneida II, 254-255

... ya la falange de las griegas naves
de Ténedos venía, bajo el velo
del silencio amistoso de la luna...
AURELIO ESPINOSA PÓLIT,
Virgilio en verso castellano

1

El aire está en tiempo presente.
La luna por definición en pasado.
Tenues conjugaciones de la noche.
El porvenir ya se urde
en los fuegos que hacen el alba.
Invisible para nosotros, porvenir nuestro,
como otro sol en la maleza del día.

2

Noviembre, y no me fijo en los troncos desnudos,
sólo en las siemprevivas y en las plantas perennes.
Ignoro la respuesta: su verdor,
enmedio del desierto de la grisura,
¿es permanencia, obcecación, desafío?
O quizá por indiferentes
desconocen la noche de los muertos.
Al prescindir del viaje renunciaron al goce

de la resurrección
que habrán de disfrutar sus semejantes:
siemprevivas porque antes ya se han muerto,
perennes porque saben renacer como nadie.

3

Cuánto ocaso en el día que ya se va
y parece el primero en estar muriendo.
Son las últimas horas del gran ayer.
De mañana ignoramos todo.

4

Después de tanto hablar
guardemos un minuto de silencio
para oír esta lluvia que disuelve la noche.

IV. CIRCO DE NOCHE

A Cynthia Steele

1. EL DOMADOR

El Domador dice que no:
él no tortura a sus bestias.
Su método infalible es la persuasión,
su recompensa el cariño.

El Domador se muestra como un tirano benévolo.
Con mano ya perlada por la vejez,
acaricia indolente unos cachorritos.
Es el espíritu del orden.
Cada cual tiene su lugar
bajo esta carpa y en las jaulas de afuera.

«Sólo trabajo para el placer de mi público;
y lucho por el bien de mis animales.
Sin la misericordia de este Circo
ya los habrían cazado. Serían tal vez
pieles de lujo en un aparador
o simples organismos de sufrimiento
en los laboratorios del infierno.

»En mi Circo no existe ley de la selva.
Viven en paz. Se encuentran protegidos
por mi benevolencia, a veces exigente.
No podría ser de otra manera.

»Ahora observen la cara de mis bestias.
Sólo les falta hablar; si pudieran hacerlo
entonarían a coro mi alabanza.

»Con gusto posaré para sus fotos.
Me encanta retratarme con las panteras,
ver cómo tiembla el tigre cuando empuño mi látigo.

»¿Pueden negarlo? El Circo es el Estado perfecto.»

Cuando él termina de hablar
el silencio no colma el Circo:
se oyen protestas entre rejas.

2. LA TRAPECISTA

La Trapecista encarna el drama del amor
y está siempre en manos del aire.

La Trapecista no comparte el estigma:
ser de la tierra y regresar a la tierra;

vivir atados al polvo
por la ley de la gravedad y por la pesadumbre del cuerpo.

La Trapecista actúa siempre con dos
pero nunca se queda con ninguno.

Se hunde y vuela en la noche en donde no hay red.
Su cuerpo se hace vida ante la muerte.

La Trapecista es el deseo que se va.
Se halla al alcance de la mano y escapa.

Alta como una estrella en su desnudez,
su arte de estar presente se llama ausencia.

3. PAYASOS

Por los Payasos habla la verdad.
Como escribió Freud, la broma no existe:
todo se dice en serio.

Sólo hay una manera de reír:
la humillación del otro. La bofetada,
el pastelazo o el golpe
nos dejan observar muertos de risa
la verdad más profunda de nuestro vínculo.

Todo Payaso es caricaturista
que emplea como hoja su falso cuerpo deforme.
Distorsiona, exagera —y es su misión—
pero el retrato se parece al modelo.

Vuelve cosa de risa lo intolerable.
Nos libera
de la carga de ser,
la imposible costumbre de estar vivos.

Cuando se extingue la carcajada y cesa el aplauso,
nos quitamos las narizotas,

la peluca de zanahoria, el carmín,
el albayalde que blanquea nuestra cara.

Entonces aparece lo que somos sin máscara:
los payasos dolientes.

4. BORO

Boro es el niño bestial,
el hijo de las fieras, el joven-lobo
que creció entre los lobos y está cubierto de pelo.

Boro tiene a lo sumo catorce años.
Su mirada, todos los siglos.

Lo hallamos en un bosque de Sarajevo
y lo hemos mantenido en pleno estado salvaje
para cobrar por exhibirlo.

Observen sus colmillos. Vean cómo gruñe.
Aprecien esas uñas encorvadas en garras.
Sólo puede comer carne sangrante.
Fíjense en cómo parte a ese corderito
y se deleita en arrancar sus entrañas.

Boro es el Mal Salvaje, el asesino yacente
bajo la represión que hace posible
vivir como vivimos: entre aullidos
y detrás de las rejas.

5. SIAMESES

Me llamo Tim y odio a Jim, mi hermano
gemelo —y algo más,
ya que nacimos unidos
por una membrana flexible
que otorga libertad de movimiento (hasta cierto punto).
Imposible cortarla pues la escisión
acabaría de golpe con nuestras vidas.

Tenemos dos cabezas muy diferentes.
Jim es glotón y sólo come cadáveres.
Yo soy vegetariano, estoico, ascético:
mi rival vive esclavo de la lujuria.
Y cuánto me repugnan sus contorsiones
en mujeres de paga mientras yo en vano
hojeo una revista o finjo distancia
mirando en la pantalla videos idiotas.

Yo simpatizo con el pueblo doliente.
Mi ideal es anarquista y odio el poder.
Jim ama el capital, gana millones
pues tiene genio para invertir en la Bolsa.

Él duerme como un niño. Yo soy insomne.
Leo todo el tiempo y Jim detesta los libros.
Me gusta hablar. Mi hermano es silencioso.
Aborrezco la caza. Él es experto en venados.

Nos hacen millonarios nuestra danza grotesca,
los diálogos obscenos que improvisamos
y los feroces juegos con espadas.

Dice la gente: «Es el acorde perfecto.
Nunca se han visto hermanos tan idénticos.»
¿Alguien se ha imaginado nuestra guerra interior,
la lucha interminable que libramos a solas?
(Ninguno de nosotros sabrá nunca
qué significa la expresión a *solas.*)

No podemos creer que existan seres
por separado. Los consideramos
triste mitad de un todo inexistente,
mellizos de un fantasma o espectrales siameses
que alojan en un cuerpo la dualidad, la enemiga
contradicción de opuestos para siempre enfrentados.

Cómo anhelo
vivir sin este monstruo que me duplica y estorba.

Y no obstante, de noche conversamos
en nuestra propia lengua inventada.
Nadie será capaz de descifrar la clave imposible.
En presencia de extraños no se usa nunca.
La llamamos *Desesperanto*.
Arde en lumbre de rabia y odio hacia ustedes.

Si puedo hablar ahora es porque Jim
duerme su borrachera como puerco en zahúrda.
Despertará en un minuto
y entonces volveremos a la pugna incesante.

Oigan lo que les digo: de verdad
la convivencia es imposible.

6. FENÓMENOS

Vivimos del desprecio y para el desprecio.
La elocuencia de la mirada, el fulgor
con que ustedes tasan y humillan
a nosotros nos alimentan.

En las buenas familias se nos oculta.
Todas las dinastías imperiales
tienen fieros palacios, hondas prisiones
para aquellos que son de nuestra especie.

Señoras y señores, gracias por vernos.
Gracias por las monedas del desdén.
(Deberían adorarnos:
los hacemos sentirse dioses.)

Pasen a nuestro inmóvil carnaval.
Celebren los disfraces que no podemos quitarnos.
Después, para lavarse de la visión,
vayan a los espejos deformantes.

Aquí está el mundo: pueden observarlo
en otro espejo cóncavo y oscuro.

Miren las cuatro piernas, los dos pares de brazos:
nuestro as, El Pulpo Humano, aún no es pescado
y ya hace mucho que dejó de ser carne.

Y éste es El Lobizón. Cara imborrable,
nudo de pelo hirsuto color de sangre
en donde apenas flotan dos ojillos impávidos.

Vean al Enano-Enano, el más pequeño del mundo,
diminuto bebé de setenta años.
¿No les divierte a ustedes su dolor?
Vestido de Pierrot con mandolina,
el bufoncito danza a su propio son
y tiene por contraste voz de bajo profundo.

El otro en cambio se llama El Hombre Montaña.
Mide casi tres metros. No hay lugar
para él en ese angosto mundo de ustedes.

En el género hembra
nunca ha habido un espécimen más horrible que el nuestro:
en anteriores circos la llamaron
La Bruja Azteca, La Aborigen del Hades.

Félix posee un gemelo en miniatura
que cuelga de su pecho como un ahorcado.
No tiene habla.
Emite sólo un vil chillido de pájaro,
un grito de angustia
cuando ustedes lo observan y se doblan de risa.

Aquí están todos: La Mujer Barbada.
La Niña-Boa, El Más Gordo de Tokio.
Y ahora, viscosidad sin esqueleto,
se presenta reptando la pesadilla,
el asco, la inmundicia: El Hombre-Gusano.
Nació sin miembros y ha perdido los ojos.
Pero toca en la armónica *Valencia*.

Somos tragedia, error y proyecto fallido.
Cáncer de Dios, nos ha llamado un blasfemo.
Serias erratas en El Gran Libro del Mundo.

Intrusos en lo que ustedes creen *normalidad*.
Pero tenemos un papel en la vida:
darles la sensación de ser perfectos
y de creerse afortunados
—con dos posibles excepciones:
los compasivos (ya se están acabando)
y las parejas que sospechan: tal vez
el hijo que engendramos salga como éstos.

En su arrogancia ni siquiera imaginan
que ustedes nos divierten con su cara de asombro,
con su alarmada burla y su temor
a un accidente o una enfermedad
que los haga cruzar nuestra frontera.

¿Qué esperaban? Sí, somos teratocéntricos
y todo lo medimos con nuestra vara.
Ustedes nos repugnan, nos dan pavor
con sus cuerpos de dieta y ejercicio
que también la vejez hará monstruosos;
con sus caras sin vello ni fealdad
que pronto han de plegarse bajo el agua del tiempo;
el don divino de caminar en dos pies
—pero algún día acabarán arrastrándose.

Mírense en el espejo: llevan muy dentro
lo mismo que en nosotros se hace visible.

Ustedes son para nosotros *fenómenos*.
Ustedes son los monstruos de los monstruos.

7. EL CONTORSIONISTA

Desde que abrió los ojos le gustó el Circo.
A los seis años se unió a él.
Pasó otros tantos
en el aprendizaje de su arte.
Ocho horas de ejercicio todos los días
para cinco minutos de espectáculo.

Primero fue flexible,
después alado, incorpóreo.
Esqueleto de gato, huesos de esponja,
cuerpo de alga o de agua que asimiló
las formas de Proteo.
Volvió su carne
reflejo y cauce del fluir del mundo.

Fue pelota de goma, tirabuzón,
árbol en la tormenta, vela, pagoda:
lo que usted quiera.
Todos y nadie.
Vaso del aire, forma pura, concepto,
garabato, acertijo, símbolo.

No existe el mundo para él si no hay Circo.
No concibe otra vida que no sea el Circo.
Quiere morirse allí sin ver el mundo de afuera.

Por lástima,
por el vago recuerdo de sus hazañas,
no lo han echado del Circo.

Oye con gran dolor la resonancia del látigo.
Cada animal provoca en él accesos de llanto.

Se muere de tristeza ante los grandes reyes cautivos
(muy pronto en esta tierra no habrá elefantes).

Pasó aquel tiempo en que era atleta y acróbata.
Nunca será de nuevo El Contorsionista.
Ahora sólo se mueve bajo el estruendo del golpe.

Es El Payaso de las Bofetadas.

8. LAS PULGAS

Bajo el vidrio de aumento
aquí en esta prisión los divertimos
con nuestro desempeño casi humano.

Reparen la injusticia de su desdén.
Acepten un minuto —nada les cuesta—
que hay auténtico genio entre Las Pulgas.

Miren cómo disparo este cañoncito
y vestido de frac bailo ante ustedes
con mi pareja el vals *Sobre las olas.*

Mientras tanto boxean las otras Pulgas,
corren en el hipódromo, atraviesan
abismos ígneos en la cuerda floja.

Vean con qué destreza incomparable
damos saltos mortales y nos mecemos
impecables y esbeltas en el trapecio.

Nuestro arte es nuestro orgullo.
Sólo en Amsterdam
han logrado igualar el espectáculo.

Pasmo del mundo, El Gran Entrenador
cada semana elige entre cien mil Pulgas
una que colme sus aspiraciones.

Aprendan del ejemplo: vuélvanse humildes.
La estrella de este Circo en vidrio de aumento
dura lo que otras Pulgas —y siempre, siempre

consuma su destino: es aplastada.
Las Pulgas no contamos ante El Señor
que sin embargo vive de nuestra sangre.

9. EL HOMBRE-BALA

Estruendo y humo: lo dispara un cañón.
Cruza como una piedra el vacío concentrado
y cae en la red al otro extremo del Circo.
(Todo lo que protege es también abismo.)
Entre las dos funciones, en la barraca,
juega con cañoncitos que no hacen ruido.

El Hombre-Bala se ha quedado sin voz.
Su oído ya no escucha. Su cerebro es de humo.
Poco a poco la piel se hace de plomo.
El año entrante será un cartucho quemado.

10. EL AUTÓMATA

Esta gran antigualla es hoy novedad
y la exhibo a la entrada del espectáculo.

Quiero decirle por qué sorprende mi Autómata:
hoy un robot
es una maquinaria vagamente humanoide;
más bien parece
computadora o cualquier trasto electrónico.
En cambio mi Autómata
es un espectro ambiguo como un muñeco de cera.

La marioneta mecánica
—fabricada en Berlín hacia mil ochocientos setenta, creo—
como por arte de magia
se levanta, saluda, enciende las velas,
se sienta al piano
y toca para asombro de los presentes
La Polonesa.

¿Pueden creerlo? ¿*La Polonesa* tocada
en la pianola, el viejo piano mecánico,
por un Autómata
que responde al nombre de *Wagner*?
Chopin debió llamarse mi Autómata.
Y no obstante se llama *Wagner*.

¿Aprecia usted la exactitud con que los dedos de *Wagner*
hunden la tecla justa sin fallar nunca?
Los más grandes pianistas abren la boca
ante el perfecto acorde entre las dos máquinas.

∞

No es nada más relojería este gran triunfo mecánico.
El creador de *Wagner*
hizo con él una obra de arte admirable,
un asombroso modelo
de eficacia, obediencia y método.

De seguro no fue un artista anónimo aislado
sino un equipo, maravilla en su campo.
Qué disciplina, qué inventiva, qué genio.
Nunca podremos alcanzarlos.

Pregunta usted por qué llamamos *Wagner* a este
prodigio que anticipa el mundo de ahora.
En realidad no lo sé a ciencia cierta:
Wagner ya estaba de tiempo atrás en el Circo
cuando me lo vendieron hace diez años.

Supongo que será porque lo compraron maltrecho
en el sitio donde hubo un *campo*.
Allí tocaba *Wagner* a la pianola sus valses
de bienvenida a los que iban
a morir bajo el gas *Zyklon B* en las cámaras.

II. EL ILUSIONISTA

Echamos a patadas al viejo Mago.
Que sus huesos se pudran en el desierto
y su polvo regrese al polvo.

Ya nunca más veremos su horrible cara,
la grotesca peluca rubia,
la mirada torva de cerdo.

∞

Y sus trucos, qué horror, sus trucos.
Nunca se ha visto un repertorio más fúnebre.
Todo tan gris y mediocre
que sólo de milagro no acabó con el Circo.

Este pobre diablo
vivió sin darse cuenta de que existía la electrónica.
Porque hay televisión, porque ya todo
lo vemos en el marco de una pantalla, el Circo
sólo perdurará si alcanza el formato
de un videoclip que satisfaga el gusto moderno.

No fue lo peor aquello. Lo inadmisible
era su narcisismo intolerante, la vanidad
llevada a los confines de la locura.
(En una sola cosa los tiranos se parecen a Dios:
quieren oír sin tregua su alabanza.)

Nadie a mi izquierda, nadie a mi derecha,
era el lema del viejo como el de Hitler y Stalin.
Quería para él todas las pistas del Circo
y las tres horas de función. Qué vergüenza.

Se hizo justicia. En buena hora lo echamos.
Agoniza en las calles, vive borracho,
pide limosna y dice: «Yo fui el gran mago.»
Pero ni quien se acuerde. Todos se alejan
del fardo humano que huele a orines y a mierda.

Ocupé su lugar. Qué diferencia.
Asombro y maravillo a cuantos vienen al Circo.
Todos abren la boca cuando presencian

cómo aparece el tigre bajo mi frac
y cómo de la manga me saco un buitre.

Gran privilegio de este Circo el tenerme
como su estrella máxima. Sin mi presencia
nadie se asomaría a la triste carpa.
Lo demás es relleno. Vienen a verme.
A estas alturas
nuestros pobres Payasos inspiran lástima.
La Trapecista, El Domador, Los Fenómenos
son cosa vieja, de otro siglo, no importan.
Yo soy el Circo, todo el Circo. No admito
que nadie objete mi supremacía.
No es vanidad sino conciencia crítica:
sólo hay un Mago, los demás son farsantes.

Vean el acto más grande de ilusionismo:
tengo en mi derredor unas cuarenta personas.
Un pase mágico y de repente, señores,
se alza mi pedestal en una nube de incienso:
Nadie a mi izquierda, nadie a mi derecha.

12. LAS JAULAS

Dejemos que termine el empresario del Circo:
«En la arena del mundo somos tigres y leones.
Nacemos con las garras bien afiladas.
No hay nadie que no tenga agudos colmillos,
disposición para la lucha, talento innato
para la herida, para el desprecio y la burla.

»Unos cuantos alcanzan el doctorado,
grandes torturadores o asesinos en serie.
Pero todos ganamos nuestro diploma
en la escuela del desamor,
en el colegio del odio,
el seminario de la intolerancia.

»La inmensa paradoja es que se ha hecho justicia:
a nadie en el reparto de los males
se le negó su rebanada.
Daga es la mano, proyectil el puño,
flecha incendiaria y venenosa la lengua
y látigo los dedos que abofetean.
Todos nosotros somos ministerio de guerra,
ejércitos compuestos de una sola persona,
tropas de asalto contra el semejante
a quien nunca hallaremos desarmado.

»El gran tema del mundo es la venganza.
Me haces algo, contesto, me respondes.
Perpetuamos el ciclo interminable.
Y si alguien se atreve a interrumpirlo
será siempre marcado a fuego y hierro
con el terrible epíteto: *cobarde*.
¿A quién honran los pueblos y las artes?
Al que deja montañas de cadáveres
para salvarlos de su error: ser distintos.

»La vida sólo avanza gracias al conflicto.
La historia es el recuento de la discordia
que no termina nunca.
El zarpazo bestial es tan humano
como la dentellada.
El heroísmo auténtico sería

entender las razones diferentes,
respetar la otredad insalvable,
vivir hasta cierto punto en concordia,
sin opresión ni miedo ni injusticia.

»Pero entonces, señores, no habría Circo,
no habría historia ni drama ni noticias.
No estaría bajando esa cuchilla
que ahora mismo cercena mi cabeza.»

V. AIRE OSCURO*

A la memoria de Jaime García Terrés

1

Musgo de luz en el pozo.
Agua que mana tinieblas.
Tarde verde, aprisionada.
Tiemblan los muros del día.

2

Soledad del aire oscuro.
Glaciar el mundo.
Se hielan
en remolinos los mares.
No volverán los navíos
que ancló la niebla
en la nada.

3

Entretejidas las piedras,
unas con otras se unen
sin argamasa,
orgía inmóvil,
elogio del junto,
lejos
de la ruina ya insinuada.

* Estos poemas fueron escritos para la serie de dibujos *Escenarios* de Vicente Rojo.

4

Cuerpo en el tiempo,
planeta
de continentes y mares.
Volcán que lleva muy dentro
su propio fin.
Mientras tanto,
oleaje, playa,
descenso
del aire:
se abre la tierra.

5

Lo que parecía alborada
era un ocaso secreto,
aunque todos lo ignoraban.

6

Estaba loco, creían.
Consumió la vida atado
a una cuerda en el jardín
de su casa.
Le arrojaban
monedas, piedras y a veces
la piedad como una injuria
de que nunca se vengaba.

¿Qué habrá visto desde allí?
¿Qué habrá pensado?

¿Qué imagen
del mundo habrá construido
en su jardín infernal
con la soga que en el fondo
todos cargamos?
Se llama
nombre, época, lugar,
o vida que siempre, siempre
sabe hasta dónde permite
decir:
«Soy libre»
y llegar
hasta donde el hilo alcance.

7

En la pirámide obtusa
yace la momia de hierro.
Vale el poder lo que el polvo
gris en que ardieron sus huesos.

8

Era el cazador del mar.
Su coto, el fondo insondable.
Lanceaba pulpos, crustáceos,
medusas, peces sin ojos
y criaturas abismales.

Un día juraron las rocas:
«No volverá.»

Lo atrajeron
hasta una cueva.
Pescaron
los peces al pescador
y él también se volvió arena.

9

Velocidad de noviembre,
falaces horas de enero,
mayo en el árbol,
el viento
deshoja un octubre ileso.
Lo que no arrastren sus alas
será de la nada a tiempo.

10

Tocar el fondo en la cima
de esa montaña que nunca
se alzó del suelo.
Proeza
del topo ciego:
supone
ser dueño del horizonte.
O vuelo de águila-araña,
presa en su red.
Ha logrado
ser el desastre y la cumbre.

11

Juego ilícito,
imposible,
del dardo contra la espada.
Duelo sin manos,
objetos
inanimados que animan
la guerra eterna.
En la sombra
hay dos
pero están de espaldas.

12

Sueño:
despojo, ignorancia
de un saber que nadie sabe.
Soñar es abandonarse
a un habitante que adentro
escribe un drama sin letra
en tinta invisible.
Alaba
la imaginación a fuerza
del que duerme,
prisionero
de sí mismo,
texto,
actor, escenario y clave.
Espectro de su fantasma,
nunca sabrá qué decía
el sueño que lo soñaba.

13

Odio del por qué al quién sabe,
semejantes que se enfrentan
por temor a semejarse.
Babel entre los desplomes
de los sindudas y acasos.
El para qué como un trueno
zozobra entre las vocales.

14

Domul,
tzu,
debagandé.
¿Qué dicen?
¿Qué jerigonza
rezonga arriba o abajo?
Dobró am ilente.
¿Quién habla?
Es muda y sorda la estática
que impide escuchar.

No entiendo
a nadie.
Nadie me entiende.
Todo el tiempo están hablando
¿de qué, de quién,
desde dónde?
Undó, menil,
tza, dodema.

15

Calles que van al pasado,
regresan del porvenir
y se detienen aquí
entre ya nunca y mañana.
Esquina de un hoy falaz,
encrucijada o ya término
de un viaje que se extravió
nochearriba,
no sé cuándo.

16

Por no saber qué decir
pagaré el haber callado.
Jamás perdona el silencio
a quien calla demasiado.

17

No moriré,
dijo aquél.
Soy inmortal,
redundaba,
seguro de sí,
triunfante,
mientras el otro
a su espalda,
ponía la flecha,
apuntaba.

18

En la mitad del azar
todo depende de nada.
Misterio del día que avanza
hacia su enigma,
secreto
en marcha hacia aquí.
Es de noche.
Los mares cubren la tierra.

19

Pierdes la llave.
No hay paso.
Todo se cierra.
Te arrojan
las puertas.
Nadie te habla.
Pierdes la pista.
No sabes
en dónde está
la salida.
La casa de los espejos
desconoce las ventanas.
Pierdes el tiempo.
No existe
minuto alguno que vuelva.
Pierdes y pierdes
y un día
llega
en que mueres perdido.

20

La noche del Bronx.
El *rap*
en que salmodia su muerte
el siglo brutal.
¿Su canto
es el *rap* o las sirenas
policiales?
Lingua franca
en todo el mundo.
Parece
que el Bronx ocupa
esta noche
sin piedad
el planeta entero.

21

La sombra tiñe la lluvia.
Caen negras gotas al negro
suelo en que duerme la tierra.
Verdecerá el otro sol
y no estaremos aquí
para ver que no fue en vano.

22

Artificio:
juega el fuego.
En la oscuridad dibuja
aves,

astros,
peces,
flores.
Pero esta noche no hay feria,
tampoco artificio:
están
jugando fuegos de guerra.

23

Soledad de la campana.
Le dice adiós al tañido.
Último son de su bronce,
saeta,
rumor ardiente.
Vaga en busca de su eco
—pero nadie le contesta.

24

Estrella de mar,
planeta,
perdido,
errante,
encallado
en la galaxia enemiga.
Se desplomó.
Vino a tierra.
Cayó del cielo
que es agua
hasta mis manos.

Ignoran
su última naturaleza
de pez,
de piedra
o de asfixia.
Quizá fragmento de un sol
que vive oculto
en las olas.

25

Ya es tarde para saber.
Soy ignorancia.
Conozco
lo que no sé.
La luz muere.
Oscuro el libro del mundo.
Texto de sombra.
Ilegible.

XI

LA ARENA ERRANTE

[1992-1998]

A la memoria de Octavio Paz
y José Agustín Goytisolo

... la arena errante se pondrá amarilla...
FEDERICO GARCÍA LORCA

Todo lo arrastra y pierde este incansable
Hilo sutil de arena numerosa.
No he de salvarme yo, fortuita cosa
De tiempo, que es materia deleznable.
JORGE LUIS BORGES

I. ANTE-NOCHE

A Susana Zanetti

LAS FLORES DEL MAR

Danza sobre las olas, vuelo flotante,
ductilidad, perfección, acorde absoluto
con el ritmo de la marea,
la insondable música
que nace allá en el fondo
y es retenida
en el santuario de las caracolas.

La medusa no oculta nada,
más bien despliega
su dicha de estar viva por un instante.
Parece la disponible, la acogedora
que sólo busca la fecundación
no el placer ni el famoso amor
para sentir: «Ya cumplí.
Ya ha pasado todo.
Puedo morir tranquila en la arena
donde me arrojarán las olas que no perdonan.»

Medusa, flor del mar. La comparan
con la que petrifica a quien se atreve a mirarla.
Medusa blanca como la Xtabay de los mayas
y la Desconocida que sale al paso y acecha,
desde el Eclesiastés, al pobre deseo.

Flores del mar y el mal las medusas.
Cuando eres niño te advierten:
«Limítate a contemplarlas.

No las toques. Las espectrales
te dejarán su quemadura,
la marca a fuego que estigmatiza
a quien codicia lo prohibido.»

Y uno responde en silencio:
«Pretendo asir la marea,
acariciar lo imposible.»

Pero no: las medusas
no son de nadie celestial o terrestre.
Son de la mar que nunca será ni mujer ni prójimo.

Son peces de la nada, plantas del viento,
gasas de espuma ponzoñosa
(sífilis, sida).

En Veracruz las llaman *aguas malas.*

LA ARENA ERRANTE

[Otro poema de Veracruz]

Los misteriosos médanos cambiaban
de forma con el viento.
Me parecían las nubes que al derrumbarse por tierra
se transformaban en *arena errante.*
De mañana jugaba en esas dunas sin forma.
Al regresar por la tarde
ya eran diferentes y no me hablaban.

Cuando soplaba el Norte hacían estragos en casa.
Lluvia de arena como el mar del tiempo.
Lluvia de tiempo como el mar de arena.
Cristal de sal la tierra entera inasible.
Viento que se filtraba entre los dedos.
Horas en fuga, vida sin retorno.
Médanos nómadas.

Al fin plantaron
las casuarinas para anclar la arena.
Ahora dicen: «Es un mal árbol.
Destruye todo.»
Talan las casuarinas.
Borran los médanos.

Y a la orilla del mar que es mi memoria
sigue creciendo el insaciable desierto.

HONDO SEGUNDO

Opacas las imágenes de ayer.
Los días se confunden en un solo extensísimo.
Imposible decir que fue *mi* tiempo.
El tiempo no es de nadie: somos suyos.
Somos del tiempo que nos da un segundo
en donde cabe nuestra extensa vida.

LA NOCHE ES DE LOS MUERTOS

«La noche es de los muertos», decía la nana
para el temor y asombro de mis cuatro años.
«No salgas a la calle porque les pertenece la noche.
Vuelven a despedirse y a reclamar lo que es suyo.

»La noche es de los muertos.
No estés afuera
cuando ya ha oscurecido.»

Pero una vez al fin la descubrieron mis padres
y le ordenaron que no atemorizara a los niños
con fantasmas, espantos, supersticiones.

Al cabo de los años la nana tuvo razón.
Ya no se puede salir de noche a la calle.
No es, desde luego, culpa de los muertos.

FIN DEL MUNDO

«El 18 de mayo del 50
se va a acabar el mundo.
Confiésate y comulga y encomienda tu alma
a la misericordia de Dios Padre
y pídele a la Virgen que ruegue por nosotros.»

Todo esto me dijeron varias personas.
El 18 de mayo esperé el terremoto,
el diluvio de fuego, la bomba atómica.
Como es obvio, no pasó nada.

Hay otras fechas para el fin del mundo.

EL FORNICADOR

En plena sala ante la familia reunida
—padres, abuelos, tíos y otros parientes—
abro el periódico
para leer la cartelera.
Me llama la atención una película
de Gary Cooper en el cine Palacio,
o en el Palacio Chino, ya no recuerdo.

Lo que no olvido es el título.
Pregunto con la voz del niño de entonces:
«¿Qué es *El fornicador?*»

Silencio, rubores,
dura mirada de mi padre.
Me interrogo en silencio:
«¿Qué habré dicho?»

La tía Socorro me salva:
«Hay unas cajas de vidrio
en que puedes meter hormigas
para observar sus túneles y sus nidos.
Se llaman formicarios.
Formicador
es el hombre que estudia las hormigas.»

PERIQUITOS DE AUSTRALIA

Las flores en sus tallos,
libres los pájaros.
Desde muy niño he aborrecido las jaulas.

Me dan tristeza los arreglos florales.
A los doce años no pude rechazar el obsequio:
Periquitos de Australia.
«Periquitos de amor» los llaman en México.

Loros en miniatura, me parecieron adustos.
Despreciaron mi afán de congraciarme con ellos:
trapecio, alpiste, agua, material para el nido,
hueso para afilar garras y pico.
No debí hacerlo nunca.

Cierta noche hubo un pleito
conyugal en la jaula de los loritos.
Por la mañana hallé el cadáver sangrante,
despedazado hasta lo inverosímil
con un sadismo humano (valga el pleonasmo).
Los animales —dicen— jamás son crueles.
Sólo matan por hambre y de un solo golpe.
Después de lo que vi no estoy seguro.

El asesino o la asesina, la hembra o el macho,
comía inmutable alpiste junto a su víctima.
Se burlaba de mí con su ojo irónico.

La sentencia inmediata: condena a muerte,
sin mancharme las manos.
Abrí la jaula
y voló hacia la selva de los gorriones.

Segundo error ignorante:
en vez de quemarlo
o arrojarlo por el desagüe
sepulté en la maceta el cuerpo ultrajado.

∞

A las pocas horas
ejércitos de moscas atronaban la tierra.

Me parecieron bandas de pericos de Australia.

EL CASTILLO DE LOS CÁRPATOS

> Jules Verne se anticipa en *El castillo de los Cárpatos* a la invención del cinematógrafo cuando imagina a un hombre, el barón de Gortz, que inventa un medio de preservar la imagen y la voz de Stilla, su amada muerte.
>
> MIGUEL MONDRAGÓN,
> *Verne, Wells y nosotros*

Un sueño realizado aquél de Verne
en *El castillo de los Cárpatos*,
novela que leí a los once años,
cuando ignoraba la vejez, desde luego,
y pensaba que los ancianos
habían nacido así, eran de otro planeta,
o quizá de otra especie,
en modo alguno enemiga
pero distinta, aparte, remota.

Nada que ver con la novedad que yo era,
la promesa total que fui (como todo niño),
la infinita página en blanco
donde la vida escribiría a traición
su novela pésima, su absurdo melodrama,
su farsa abyecta.

En larga transición me hundí velozmente
en la decrepitud.
(La madurez pasó sin tocarme.)
Y no perdí la memoria
de la muchacha muerta que ahora
está más joven que nunca
en el videoteip que se cae de viejo.

CUENTO DE ESPANTOS

Ayer la vi. No me lo van a creer.
Ayer me encontré con ella en el parque
por donde caminábamos a los veinte años.
Está igual que siempre.
En todo caso la muerte
la ha embellecido, la rejuvenece, la hace
adolecer de adolescencia.
Ya no tiene veintidós años,
sino dieciocho a lo sumo.

Quién penetra el misterio
de estos números y estos años,
su más tiempo de muerta que edad de viva.
Pero cómo ilumina los dos orbes
y es la estrella
del alba y el crepúsculo:
muchacha para siempre, también sombra
que nunca volverá de las tinieblas.

La vi de lejos y como es natural
me fue imposible dominar el impulso
de acercarme, verla de nuevo, implorarle:

«No sabes cómo te extraño.
No me resigno a perderte.
No te he olvidado.»

Abrí la boca. No pude
pronunciar la menor palabra.
Me congeló la mirada
que sin decirlo decía:
«¿Cómo se atreve, señor?
¿No se ha visto al espejo?
¿No hay calendarios?
¿No toma en cuenta
las edades que nos separan?»

Y de este modo yo,
el aún vivo,
me convertí en el fantasma.

MEMORIA

No tomes muy en serio
lo que te dice la memoria.

A lo mejor no hubo esa tarde.
Quizá todo fue autoengaño.
La gran pasión
sólo existió en tu deseo.

Quién te dice que no te está contando ficciones
para alargar la prórroga del fin
y sugerir que todo esto
tuvo al menos algún sentido.

¿QUÉ FUE DE TANTO AMOR?

¿Qué fue de tanto amor? Un cuaderno
en papel que ya no se usa
y está amarillento
y comido por los ratones.
Escrito a máquina,
algo que ya parece tan anticuado
como las runas ahora.
Un libro inédito
y en modo alguno publicable.

En la próxima limpia
de la casa los versos tan románticos
irán a la basura,
donde no se unirán en ningún símbolo
con las fotografías abolidas.
Ya son ridículas
por el cambio en la moda y en los peinados
—para no hablar de los avances
en la técnica fotográfica.

Blanco y negro. Mejor sería
un daguerrotipo
o una silueta recortada estilo siglo XVIII,
o una gacela en la cueva.
Porque el blanco y negro
las sitúa en la prehistoria:
Lascaux, Altamira.

No pregunte, don Jorge, qué se hicieron
las juventudes perdidas y los amores fracasados,
los versos lamentables que se inspiraron en ellos.
Ni siquiera los salva citar las *Coplas*,

éstas sí al parecer eternas
(aunque mañana quién sabe).

Todo se ha deshecho.
Ha regresado al polvo.
Está a punto
de ser vacío
en el vacío que aquel amor
colmó por un instante.
Pero ya basta.

EDADES

Llega un triste momento de la edad
en que somos tan viejos como los padres.
Y entonces se descubre en un cajón olvidado
la foto de la abuela a los catorce años.

¿En dónde queda el tiempo, en dónde estamos?
Esa niña
que habita en el recuerdo como una anciana,
muerta hace medio siglo,
es en la foto nieta de su nieto,
la vida no vivida, el futuro total,
la juventud que siempre se renueva en los otros.
La historia no ha pasado por ese instante.
Aún no existen las guerras ni las catástrofes
y la palabra *muerte* es impensable.

Nada se vive antes ni después.
No hay conjugación en la existencia
más que el tiempo presente.

En él yo soy el viejo
y mi abuela es la niña.

REALIDAD VIRTUAL

Hay que decirlo aunque se ría la gente:
la realidad virtual fue inventada en México,
en la colonia del Valle,
alrededor de 1950.

El telescopio de mi primo Juan
—un juguete comprado
de segunda o tercera mano en La Lagunilla—
era capaz de reinventar la luna
como base de ovnis y morada
de criaturas de otra galaxia.
Dibujaba marcianos de tres cabezas
en donde ahora sabemos que todo es piedra.

Ya en el colmo del misticismo,
descubrió el cielo en Venus
y el infierno en Saturno.

RIVERSIDE DRIVE

Juega con su amiguito en Riverside Drive.
(Han caído las bombas y ha terminado la guerra.)
Una tarde por fin lo invita a casa.
Ambos tienen cinco o seis años.
Nada saben de historia o geopolítica.

∞

La madre le prepara el mejor sándwich
que ha probado en su vida.
El padre intenta ser no menos amable:

«Conozco tu país.
Pasé una noche en Tijuana.
Éstas son las palabras que me sé de tu idioma:
puta, ladrón, auxilio, me robaron.»

TRES POEMAS MORTALES

1. *Cuerda*

Nació conmigo la muerte.
Le dieron cuerda
y la echaron a andar,
pero en silencio.

Hemos vivido juntos mucho tiempo.
Sin embargo nada sé de ella.
No la conozco.
No puedo imaginarla.
Nunca me ha dirigido la palabra
Sé que está aquí: le pertenezco
y me pertenece.

Cuando se acabe la cuerda
conoceré a la inseparable de mí,
la indivisible invisible:
lo único que en el mundo puedo llamar,
sin jactancia y de verdad, mío.

2. *Mi*

Tan grandes y tan ávidos como el pronombre *yo*
sus dos brazos,
las dos letras que forman el posesivo *mi*,
el más ambicioso, el más ilusorio,
el que más decepciona.

Cómo puedo hablar de *mi* vida
si los días son obra del ciego azar
y de las voluntades ajenas.

Tampoco vale
decir *mi* ciudad,
porque ya me resulta extraña,
ya no están los lugares,
nunca podré
regresar a los ámbitos sagrados.

La vida no es de nadie,
la recibimos en préstamo.
Lo único de verdad *nuestro* será la ausencia.

3. *Hermanos*

El cuerpo quiere irse de quien lo encierra en un nombre.
Codicia
el anonimato del fin,
la disolución plural y final
en que todos somos hermanos de todos:
la familia de los ausentes.

ADMONICIÓN DE LA HECHICERA

Quita de allí la mano o saldrán las hormigas rojas
que no se andan con cuentos: si te picaran
infiltrarían al demonio en tu sangre.

No grites: despertarás al lirón que duerme su eterna siesta
en la hamaca de aquellas ramas. ¿Nadie te ha dicho
que su mirada infunde una pereza mortal
en aquellos que intentan desafiarla?

No pises fuerte: saldrá indignado el gran topo ciego
que mina el campo. Si te mordiera
te llevaría a su laberinto —y de allí no sales.

Mejor cállate y vuelve hasta tu rincón
y obedece mis instrucciones:
Prende una vela negra a medianoche
y encomienda tu vida que es tenue y frágil
a la mortalidad de todas las cosas.

NIÑOS Y ADULTOS

A los diez años creía
que la tierra era de los adultos.
Podían hacer el amor, fumar, beber a su antojo,
ir adonde quisieran.
Sobre todo, aplastarnos con su poder indomable.

Ahora sé por larga experiencia el lugar común:
en realidad no hay adultos,
sólo niños envejecidos.

Quieren lo que no tienen:
el juguete del otro.
Sienten miedo de todo.
Obedecen siempre a alguien.
No disponen de su existencia.
Lloran por cualquier cosa.

Pero no son valientes como lo fueron a los diez años:
lo hacen de noche y en silencio y a solas.

TAL POR CUAL

Tal por cual era un insulto atroz en mi infancia.
Jamás he vuelto a escucharlo.
Pero suena muy bien, llena de espuma la boca.

En el fondo percibo oblicua
una alusión a la ilegitimidad, una manera
de decirle *bastardo* al enemigo.
«No te llamas así.
Te haces pasar por otra persona.
No eres el hijo de quien supones tu padre.»
(Como en tanta injuria,
se les echa la culpa a las mujeres.)
Y, con todo, *bastardo* jamás se emplea en español como insulto.

Me parece un misterio
saber por qué la gente se golpeaba si alguien
llamaba *tal por cual* a su adversario.

Propongo convertir en insulto grave
otras palabras inocentes:
lontananza, arabesco, rada,
erial, relieve, barbecho.

IMPUREZA

Hablaban de impureza
a nosotros los niños de ocho o nueve años.
«La impureza es un pecado mortal.
Tu alma eternamente padecerá entre las llamas.
Debes ser puro. La salvación está en juego.
Que no te contamine el demonio.»

La pureza es como un instrumento quirúrgico, metal estéril
que pretende dañar para hacer el bien
e imponer el triunfo absoluto
de quien lo blande omnipotente.

Pero sin impureza no hay vida, que es decir cambio.
Todo sigue igual,
no produce su fruto y se apaga en vano.

Todo es impuro porque todo es dos.
Se hace de noche en el día.
Amanece el sol.
Perturba la pureza de la aurora
(que, sin embargo, existe porque hubo sombra).
Llega la muerte
y hace de nuestro cuerpo la más impura carroña.

PROCESO

Si en un principio fui
ya estoy dejando de ser,
me alejo de este lugar, disminuyo
como un camino en el bosque
cuando el avión cobra altura.

Todo se va apagando en sucesión,
como las luces en un barco
que avanza a ciegas
por el océano minado
y es capaz de estallar en cualquier momento.

Prosigo en línea recta,
no hacia el naufragio
(todavía no, falta poco),
sino hacia el hondo Mar de los Sargazos
que no permite el retorno.

ELOGIO DE LA FUGACIDAD

Triste que todo pase...
Pero también qué dicha este gran cambio perpetuo.
Si pudiéramos
detener el instante
todo sería mucho más terrible.

¿Pueden imaginar a un Fausto de 1844, digamos,
que hubiera congelado el tiempo fugaz en un momento preciso?
En él hasta la más libre de las mujeres

viviría prisionera de sus quince hijos
(sin contar a los muertos antes de un año),
las horas infinitas ante el fogón, la costura,
los cien mil platos sucios, la ropa inmunda
—y todo lo demás, sin luz eléctrica y sin agua corriente.
Cuerpos sólo dolor, ignorantes de la anestesia,
que olían muy mal y rara vez se bañaban.

Y aun después de todo esto, como perfectos imbéciles,
nos atrevemos a decir irredentos:
«Qué gran tristeza la fugacidad.
¿Por qué tenemos que pasar como nubes?»

DOS POEMAS CON RELOJ

I. *Sincronía*

Como los gallos que a las dos de la tarde
cantan en el eclipse llenos de azoro,
hubo una confusión cuando se echó a andar la tierra.

El reloj congelado hace diez años
y ahora simple objeto decorativo,
volvió a vivir con el sismo.

Hendió de nuevo el aire su péndulo
y llevó el ritmo oscilatorio del miedo.

De improviso escuché las campanadas:
daba el reloj la hora de los muertos.

2. *Tiempo al tiempo*

A los ocho años abrí el reloj
y desmonté su inexpresable misterio:
ruedas, ejes, resortes, no sé qué más.

Desde luego no pude recomponerlo
ni hallé en sus piezas el secreto del tiempo.
Sabía que estaba en él sin poder mirarlo
y pasaba por mí y me iba dejando.

Hoy ni siquiera podría abrir el reloj
y el tiempo que me borra es mayor misterio.

ORO EN POLVO

Desde mi adolescencia busqué oro
en todas las corrientes de la montaña.
La arena removida alcanzaría
para urdir un desierto.

Y nunca hallé el metal.
Sólo monedas de cobre,
piedras, huesos pulidos, baratijas.

Me voy como llegué.
No perdí el tiempo.

La arena que escapó de entre mis manos
me dio el placer interminable:
el intento.

LA SEÑORA V.

De nada sirve hablar de serenidad,
forjarse ilusiones
de trascendencia o de supervivencia.
La Señora V. llegó, está aquí, no descansa.
Tardó mucho tiempo.
Se hizo presente en un instante.
Viene a llevarse todo lo que fui.
Me nubla la vista,
me borra la memoria,
me quita el sueño,
me hace más torpe
y dificulta mis pasos.
Por dentro opera su mayor estrago.

Lo que en este momento nadie puede afirmar
es cuánto durará nuestra torva alianza.
¿Consumará su obra de destrucción
la Señora V. que nació conmigo y está programada
para actuar sin error ni pausa?

O quizá algo imprevisto, nunca se sabe,
le robará la pieza cuando ya la tiene en la trampa.

II. EL ARTE DE LA SOMBRA

A Daniel Dultzin

SIGLO

En el silencio de la noche se oye
el discurso del polvo como un murmullo incesante.
Pues todo lo que abarca la mirada
está por deshacerse.

1994

Toda la noche huimos del mar.
El mar subió a la montaña.
Y nos dejó en las manos su huella de sal,
su advertencia de vida y muerte.

REPROCHE

Del pintor que no fue me mira el cuadro.
No me siguen los ojos de la figura
aunque sus líneas dicen, bajo el silencio:
«¿Crees de verdad que tú no has fracasado?»

ILUSIÓN

Cuando esperaba el día se hizo de noche.
Y nunca aprendí
a caminar en tinieblas.

MERCADO

Veo el mercado a la hora del cierre de los puestos
cuando todos se van y se apagan las luces.
En la desolación que estuvo viva
sólo quedan verduras putrefactas,
el mal olor de entrañas y de escamas.
Y poco a poco llega hasta el mercado la noche.

PORVENIR

Date prisa.
El silencio va a terminar.
Nadie te escuchará en la baraúnda
de los que escapan hacia el porvenir
y encuentran el pasado reiterativo
y el nunca
en batalla campal contra el después,
asombrado.

DÍAS

Los días se van sumando hasta formar una época.
Entonces los miramos con rencor
y decimos: Ya basta.

NUEVO DÍA

Hoy ya se fue.
Se hizo mañana de pronto.
Y no sé qué decirle
al día sin precedente que me interroga
y no me reconoce.

PRÓCERES

Hicieron mal la guerra,
mal el amor,
mal el país que nos forjó malhechos.

FOTOS

No hay una sola foto de entonces.
Mejor así: para verte
necesito inventar tu rostro.

CONTRASTE

Las torres se derrumban y no se vuelven a alzar.
El humilde hormiguero siempre regresa.

EPITAFIO

La vida se me fue en abrir los ojos.
Morí antes de darme cuenta.

PIEDRAIMÁN

Piedraimán para atraer la buena fortuna
y alejar las desgracias de la existencia.
Piedraimán olvidada que atrajo el polvo.
No hubo exorcismo contra el mal del tiempo.

BIOGRAFÍAS

Ningún sendero quedará.
Nuestros pasos
conducen siempre a la nada.
Todo lo devora
el sol que desconoce la piedad
y arrasa lo inventado por el vacío.

TORMENTA

Oigo la deslumbrante artillería
de los truenos contra la aldea.

La hora violeta
de repente se ha puesto lívida
(según los diccionarios el color del relámpago).

La tarde
se irá de aquí en un instante
con el sol que se marcha al otro lado del mundo.
Caerá la noche de seda
en la tierra toda hecha de lluvia.

El eco de los truenos se perderá en las montañas.

NIEBLA

Del mar viene la niebla.
Es su fantasma.
Envuelve todo en irrealidad.
Cuando la respiramos se extiende adentro
como un sudario invisible.
Y al disiparse
nos disolvemos con ella.

NUBES

Estas nubes inmóviles se irán
dentro de poco tiempo,
cuando lo quiera el viento
y entonces
se quedarán la tarde y el bosque
ya sin testigos,
frente a frente y mirándose.

URNA

Cerrada como nicho la oscuridad,
hermética urna.

Ninguna estrella se ve.
No hay luz
para que supongamos que existe luna.

A esta hora y en este aquí,
ceniza el mundo.

Y nosotros
¿qué somos si no podemos vernos las caras?

CALOR (I)

Ola de lumbre el calor
bajo esta hora que se resiste a fundirse.

Quiere expulsarnos
de la tierra el odio solar.

No baja el viento ni desciende la lluvia.
Sólo el calor gobierna el mundo hasta deshacerlo.

Brasa es la arena y se convierte en llama.

CALOR (2)

Este calor no sabe
qué hacer consigo mismo.

Es el pabilo de una veladora invisible,
la imploración a las deidades del fuego
que desde el núcleo donde arde el planeta
imponen al mundo
un pregusto sin aire del infierno.

RÍO

Lava el pecado original el inmenso río,
perpetuo navegante en su soledad
que lleva a cuestas la tristeza de todo.

No avanza hacia el océano del principio y el fin,
se adelanta hacia el lago espeso
que ya hemos convertido en otro mar muerto.

NADA

Éste es un poco de humo,
una columna de humo,
una expedición
que se interna en el aire,
asciende
y desaparece,
se reintegra en silencio al todo,
o bien, es la nada,
la nada que en el humo
se hace visible.

HABLA

Antes que el habla humana se escucharon
el sonido del viento, el fragor
del incendio, el grito
del ave errante.
Cuando ya no estemos
descenderá para borrar nuestras huellas.

VAHO

Vaho, fantasma del agua en los cristales.

Neblina sin paisaje, nube cautiva.
Página gris en que inscribimos un nombre
o la silueta de un árbol.

No dejamos que el vaho se evapore
sin algo de nosotros.

PAISAJE

Aquí riman las ramas.
Su verdor es su música.
El arte de la sombra lo pone el sol al filtrarse.
El viento es la pintura de lo que ya no será.
Todo está vivo en el museo de un segundo.
La tierra no volverá nunca a ser
la plenitud que fue en este instante.

FRAGANCIA

Si la flor
que enciende las tinieblas con su perfume
no piensa, no tiene voluntad, no sabe nada,
¿por qué entonces se obstina
en soltar el aroma que llega a mí
y me obliga a decir estas palabras?
Quizá menospreciamos el silencio:
en efecto, me ve, me compadece,
me otorga el don secreto de su olor un instante.

Porque si uno se acaba y pulveriza,
en cambio ella en sus resurrecciones
será flor siempre para aromar nuestra noche.

OTRO

Entrará con sangre la *M* de muerte
en los marcados a fuego,
no para el Día del Juicio
sino para los fusilamientos en masa,
la Limpieza Étnica, el campo de exterminio,
la Solución Final que de una vez por todas resuelva
el problema del Otro.

AMANECER

La luz dibuja el mundo en el rocío.
De las tinieblas brota el nuevo sol.
Es la hora en que se nace
y acaban su trabajo los mataderos.

HOJA

Para que recomience
lo que se terminó
alzo un pétalo
del cerezo inocente e indestructible
y lo arrojo al viento.

El árbol regresará en la estación justa.
Para la flor no existe segundo acto.

Para ella de verdad no hay vuelta de hoja.

CORDERO

Ocúltate en la zarza.
Que no te atrapen. El mundo
sólo tiene un lugar para los corderos:
los altares de sacrificio.

SOL

Estuvo limpio el aire, quién lo creyera.
Ardió el sol como nunca. Lo hizo a tal punto
que conquistó la tarde.
Y el mundo fue bajo este imperio dorado
casa del sol, materia solar, dominio de lumbre.

Por una vez descendió el sol y anduvo aquí entre nosotros.
Pero cayó la noche a traición, como lo hace siempre,
y una vez más el sol *brilló por su ausencia.*

«O»

A medianoche esfera perfecta,
redonda, circular, moneda de plata.
Pero su nombre, *luna,* tan líquido,
no tiene una sola *o* en nuestro idioma.

Moon la dejó sin *oes,* des*o*jada.
O tal vez el s*o*l
que rige el imperio

se quedó en el reparto
con el rotundo círculo y el fuego.

PASATIEMPO

El tiempo hace lo que le dicta la eternidad:
construye y destruye,
se presenta sin avisar y se va cuando quiere.
No entiende que nada más estamos aquí:
para que pase el tiempo
por la oquedad,
por el vacío que somos.

INVIERNO

Para el invierno no hay después.
La nieve tiene que desvanecerse
y regresar al ciclo del agua.
Es necesario ceder la tierra a la nueva vida,
el otro mundo, la primavera del año.

El invierno lo sabe y reina
sobre el fugaz planeta de claridad entre la niebla.
El sol inmóvil
le da la vuelta a la madeja
y sigue como antes.

SEVILLA

Cómo se ha morenado la bellísima
bajo el verano que zozobra amarillo
en el río verde, lento bosque de agua.
Qué hermosura su piel sombría de sol.
La muchacha color de arena
se irá muy pronto a brillar
en el jardín de los mares.
La joven única
hoy está aquí.
En el inmenso mañana
se perderá para siempre.

MAPA

Dicen que dice la verdad el nuevo mapa:
en la visión del satélite
éste es México sin engaño.

Pero no veo
sino montañas como cicatrices.
México sepultado por sus volcanes
y nacido de ellos.

Entre tanta aridez muy pocas manchas de agua.
Entre tanto desierto bosques en llamas.
Entre tanta desolación una esperanza:
la victoria de los dos mares.

CARTA

En la era de Internet esperar una carta
que no viene por fax tampoco.
La trae el viejo correo
(se diría) a lomo de mula,
por los llanos y tundras y espesuras.
Atraviesa los ríos en balsa
y en piragua los mares.

Debe de haber lugares misteriosos
donde añejan las cartas como los vinos.
Para qué subirlas a un yet
o un camión al menos.
Mejor que espere la desesperanza.
Al fin y al cabo algún día
llegará la carta anunciada
—y será muy triste leerla.

IMAGEN

La foto queda allí. Detuvo un segundo.
Se convirtió en pasado en el mismo instante.
El oleaje del tiempo no cesa nunca.
La vejez nos distancia a cada minuto
de la imagen inmóvil donde quien fuimos
observa fiel al muerto que seremos.

IZTACCÍHUATL

Esta montaña inmensa se levanta
como advertencia de mi pequeñez
y mi autoengaño al darme importancia.
Para nada me necesita.
Existe al margen de que la contemple.
Estuvo aquí cuando éramos impensables
y seguirá mañana.
Es decir, hoy mismo
para su contabilidad que suma milenios
como si fueran segundos.
Mientras tanto seremos aire.
En cambio la montaña se alzará como ahora
ante el asombro de quien no ha nacido.

ÁRBOL

El árbol no conoce la oscuridad.
De noche se enciende
con el verdor hirviente en sus ramas.

Cuando lo contemplamos ahogado en sombra
arde en su adentro toda una hoguera de savia.

Las tinieblas son culpa nuestra.
El árbol no entiende de ellas.

MAÑANA

El alba está lejana.
No sé qué busca el pájaro
entre la noche densa.

Habla, murmura, insiste.
Se acerca a la ventana.

Dice que el sol no ha muerto
y existe otro mañana.

III. DESPUÉS

A Ivette Jiménez de Báez

DOMINIO DE LA LLUVIA

Aplomo de la lluvia. Certeza de su ataque contra la tierra. Diosa que otorga vida y muerte, la lluvia ha vuelto el cielo su dominio. Asedia la ciudadela del bosque y el fuerte de las casas. Hace tropas en desbandada de quienes íbamos por la tarde.

Violencia de la lluvia contra la hora, poderío capaz de extinguir el sol y su lumbre. El viento la estremece. Si intento mirarla cara a cara, la lluvia me ordena que me borre. Soy un objeto inerme ante el imperio del agua.

EL JARDÍN DE LAS DELICIAS

Aquí estoy. No puedo salir. El Bosco me puso en el cuadro y me encerró dentro de una burbuja. Ves mi desesperación y no me tiendes la mano. De todos modos sería imposible la salida: me falta la dimensión que el pintor me arrebató para someterme.

Desde mi eterna prisión observo el mal, las zoologías aberrantes, el daño que nos hacemos sin parar nunca. Contemplo tu mirada a través del dibujo y los colores. Me ves, te miro, me preguntas, te interrogo. No puedo hablar. Ignoro tu lengua. Nos entendemos sólo con los ojos.

¿Hasta cuándo seguiré aquí? Tengo hambre, tengo sed, me duele el cuerpo entero desde hace siglos. Necesité todo este tiempo para entender el título del cuadro: *El jardín de las delicias* es el infierno de mirar la materialidad terrenal y no poder disfrutarla. Quiero huir, morirme como todos, no ser pintura.

EL LUGAR DEL CRIMEN

El lugar del crimen sigue allí. La gente lo ve y no recuerda nada. El sitio ya es distinto. Si no cambiara no podría durar. Ya hubiera desaparecido como tantos otros escenarios de hechos monstruosos —la segunda fundación de esta ciudad, por ejemplo.

Evito pasar por casas amadas o aborrecidas. Sin embargo, mi diario camino hace inevitable que frecuente contra mi voluntad el lugar del crimen. Cada vez que lo veo intento frenar la representación interna de lo que allí ocurrió. Pero siempre me asaltan unas cuantas palabras y algunas imágenes irreconstruibles.

No es sentimiento de culpa. Nada tuve que ver con lo sucedido. Se trata de algo más: una incomodidad, una queja por la injusticia de todo, una duda incontestable acerca de cómo sería nuestra vida sin aquel crimen.

Inerte y caduco, el lugar está dispuesto a perderse en la voracidad de las demoliciones. Su naturaleza de escenario me intriga. Tal vez sólo fue levantado para que allí se cometiera el crimen. Quizá su arquitectura siniestra produjo los acontecimientos. No lo sabré jamás. Estoy condenado a seguir pasando frente a él. Me gustaría no haberlo visto nunca.

DESPUÉS

Ya ocurrió o todavía no ha pasado. Se acerca a grandes pasos otra inminencia. Los ojos que han visto desastres y milagros no se hallan en condiciones de observarla. Cruza en silencio, inadvertida. Después resentiremos las consecuencias.

UNA SOLA PALABRA

Quisiera hablar contigo. Ha transcurrido mucho tiempo. No recuerdo una sola palabra del lenguaje en que nos entendíamos. Pero si llegáramos a vernos intentaría decirte algo: pez que abre la boca cuando se asfixia, aunque sea mudo como el cristal del acuario o la alambrada del campo de exterminio.

OTRO SEGUNDO

Púmbale, dice el niño de cuatro años al caer en la hierba. Púmbale, y el que se levanta del suelo es un hombre altivo, cruel, implacable. No reconozco al niño a quien veía jugar hace un instante mientras hablaba con sus padres. Púmbale, y ahora es el derrotado. Hasta sus más abyectos aduladores le han vuelto la espalda. Púmbale, y otro segundo acaba de pasar y todos nos caemos de viejos y a la siguiente exclamación seremos polvo.

LA CIUDAD DE LAS ESFINGES

Llego a la ciudad de las esfinges. Me siento mal. No puedo comunicarme y la proliferación de mármoles me asfixia. Nadie me explica por qué una inmensa esfinge preside el lugar como la Acrópolis domina el panorama de Atenas.

El intérprete, hombre de pocas palabras, me deja a las puertas cerradas de un hotel. No se abrirán para mí. En vano espero su regreso. De repente, sin que tiemble la tierra, la gran esfinge se desliza, cae y se hace añicos. Tras ella se derrumban todas las demás. Salen multitudes de los edificios que me habían parecido amargos y hostiles y se entregan a pulverizar los despojos. Intento ponerme a salvo pero me ahoga el polvo de mármol.

LA TEMPESTAD

No me dejó dormir la tempestad. Temí que el viento fuera a acabar con el mundo. Al día siguiente pregunté a mis vecinos de edificio. Nadie escuchó el menor estruendo. Por la tarde hallé el origen de mis temores: había dejado abierto un sector mínimo de la ventana corrediza. Sólo existió para mí la tormenta inventada por el vidrio, el metal y la colaboración fantasmagórica del viento.

RAYA EN LA ARENA

Todas nuestras historias se han perdido como nuestros lugares. Imposible retener nada. Es como si escribiera en el agua. Dejo todo en impulsos eléctricos sobre una pantalla inestable y aun más precaria que el papel, más indefensa que una raya en la arena cuando se acerca el mar empeñado en borrarla.

LEMNOS

Miles de años de luz queman a mediodía la playa de Lemnos. Buscas la cueva entre las rocas. Filoctetes no vive allí. No curarás la herida ni hallarás el arco. Sólo te queda poner tierra de Lemnos sobre tus propias llagas y cicatrices.

Durante siglos se creyó que esta tierra era sagrada y curaba todos los males. Pero no puede contra la invasión de nosotros los bárbaros ni contra los plásticos, las latas de cerveza, las colillas, las envolturas de papel metálico que cierran para siempre el camino hacia Troya.

LAS NUBES

Un rebaño de nubes, un rebaño que se dirige al matadero. Alzas los ojos: ya no están. En un trago de luz devoras sus pedazos. No es para ti el descenso azul a las profundidades del firmamento.

ESTACIONES

De la nieve sale el calor y del calor brota la lluvia que ha engendrado a este bosque. Antes de marchitarlo el otoño lo hará aún más bello. Tomas una hoja del tembloroso álamo, la guardas en el libro destinado a volar cuando se pulverice.

BOCA DEL HORNO

Afuera está la selva ígnea, la espesura de piedras que arrojan fuego. El ventilador crea un iglú ilusorio. La humedad retrocede ante el círculo mágico. Frescura del palacio momentáneo erigido por el aire en movimiento. Su privilegio me sitúa entre quienes no se ahogan en el infierno.

Pero se va la luz y el mar de alquitrán me vence. Sombrío calor, boca del horno, Comala. La tierra entera se volverá rescoldo con nuestros huesos derretidos.

H.M.S. TITÁNIC

Recibo la señal, me formo en donde me corresponde y me hundo en la sombra eterna con el siglo veinte, mi *Titánic*. Soy, y lo tengo a orgullo, uno más entre los emigrantes anónimos que intentaron alcanzar la otra orilla y se ahogaron tras las puertas cerradas de la tercera clase. Que otros disputen su lugar en los escasos botes salvavidas.

ENSAYO GENERAL

El chopo sabe que lo van a matar y tiene miedo. Lo dice con el rumor de su follaje. Sentiré su final como una pérdida. No voy a estar presente cuando lleguen los ejecutores con sus cuerdas y sus sierras eléctricas.

Hace doscientos años el chopo ya daba aire y sombra a esta tierra. No vivirá más por culpa de sus raíces. Las ilegales, las ávidas han desbordado las fronteras fijadas al subsuelo. Crecen, se extienden, se enroscan y se adueñan de los cables y tuberías que nos permiten vivir.

Somos por consiguiente los enemigos del chopo. Vamos a destruirlo nosotros los compasivos, los ecológicos, los incapaces de renunciar a uno solo de nuestros privilegios para que siga vivo un árbol, la única nota de luz entre los bloques de cemento donde florecen todas las rabias y todas las derrotas.

Nuestra última posibilidad de convivencia fracasó en Sarajevo y en Kosovo. Te armas, me armo, todos nos armamos. El ensayo general es hoy a las cinco de la tarde.

NO

NO: la brevedad que se abre y se cierra. NO: la torre y el círculo. NO: la alta negación y el empecinamiento que se muerde la cola. NO: la primera palabra del primer diálogo y el último. NO: la mano que se levanta abierta y con los dedos extendidos para oponerse, prohibir, castigar, detener el paso, rechazar, afirmar la rotunda negativa, pedir que no ocurra lo que ya ha sucedido. NO: el signo universal grabado en las paredes de todo el mundo. NO: la celda circular y el cadalso que nos espera a todos.

AQUÍ

Como el abrirse de una flor, proceso que sólo pudo hacer visible la cámara, habría que filmar, condensado en unos cuantos segundos, nuestro envejecimiento, tropel de años condensado en la velocidad de unas cuantas imágenes.

No obstante, quedaría fuera el desamparo, el azoro de quien dice al ver lo que le ha hecho por dentro y por fuera el tiempo: ¿A qué horas sucedió? ¿De manera que yo también? Fue tan pronto. (A sabiendas de que ha sido un proceso muy largo.)

Pero ocurrió. Así tenía que ser. Y desde luego no hay remedio posible.

EL JUICIO

Ante el juez todos estamos indefensos. Él, en su silla alta, su escritorio de roble, su peluca, su mazo, su vestuario de sumo sacerdote. Nosotros, con la bata ridícula del enfermo al que hacen toda clase de exámenes para diagnosticar que ya no tiene remedio.

Animales de laboratorio ante el supremo experimentador, nos sabemos condenados de antemano. El fiscal termina su diatriba. Nos arroja una última mirada de cólera y desprecio. Nuestro defensor calla, anonadado por las fulminaciones de la parte enemiga. Sorprenden la acumulación de cargos y la ferocidad con que nos acusan de crímenes no cometidos.

Qué superioridad la del señor juez, con qué ojos de asesino desdén nos mira, cómo disfruta de nuestra humillación irremediable. Al fin nos sentencia primero a la picota y después al cadalso. Intentamos decir unas palabras. Los guardias nos cierran la boca con tizones. No tenemos derecho a nada. Entonces comprendemos que nuestro delito fue haber nacido.

EL SUPLICANTE

No me mires así, no me aborrezcas tanto. Qué culpa tengo de ser quien soy. No me recuerdes con tu desprecio mi inferioridad irremediable. No fue mi voluntad pertenecer a una caterva ínfima.

Para ti somos los más estúpidos, crueles y serviles de todos. La única justificación de nuestra presencia en la tierra es atender hasta tu menor capricho, cuidarte, servirte, mendigar el instante fugaz en que te dejas acariciar, sentirnos insectos ante el supremo desprecio que hay en tus ojos verdes, oh gato.

RETRATO DE ESPECTRO

Ahora soy un espectro. No salí en la foto de los vencedores de 1912. Como público o parte de la escenografía, aparezco en el retrato colectivo de quienes triunfaron en 1917 y en la panorámica de quienes se hicieron del poder en 1934. Pero de estas dos últimas fui borrado, tijereteado, excluido. «En la próxima», me dijeron. «Estará usted en la próxima.»

No habrá ninguna otra porque ya acabó todo. Los vencedores de 1912, 1917 y 1934 hoy son polvo y ceniza. Nadie es capaz de recordar siquiera sus nombres. Mucho menos el mío. Ahora soy un espectro.

MELUSINA

La ciudad de las altas torres aparece en las nubes sobre el mar cuando el crepúsculo se derrumba y se instaura el dominio de la noche. Se trata de un espejismo. Los habitantes de la costa podemos observarlo una vez cada treinta años.

Tenía esa edad cuando navegué hasta sus murallas, subí al castillo y encontré a Melusina. Pasamos juntos horas como siglos. Al amanecer se levantó desnuda y me dijo hasta luego. Me hallé otra vez en el mar y alcancé a nado el puerto. Desde entonces sólo he vivido para regresar a la ciudad de las altas torres.

Por desgracia, treinta años son demasiados. Cuando la luz crepuscular de un día futuro dibuje esos contornos, seré tan viejo que no me reconocerá la amante inmortal. Ni siquiera tendré fuerzas para remar hasta las murallas que las nubes inventan sobre las olas.

En siglos sucesivos otros llegarán a tus brazos, amor mío. Conocerán tu breve paraíso y luego se consumirán en el dolor de la esperanza que no tiene esperanza.

TELARAÑA

Telaraña: la forma en que la baba se vuelve seda me recuerda el poema. La araña secreta sus secretos y al darles forma los expone a la vergüenza pública.

Dura poco su arte. La gente se complace en destruirlo. Por hermosas que sean, las telarañas se relacionan con el olvido, el abandono, la ruina. O cosas peores: la trampa, la tortura, la muerte.

Confesar afición o al menos respeto por las telarañas es declararse fuera del juego, al margen de la tribu. Como si a los quince años, cuando queremos ser aceptados en el equipo de futbol o en la pandilla, confesáramos: «Me da pena decirlo: escribo versos.»

También la araña escribe en la oscuridad un tejido de luz indescifrable. Al verlo en el cuarto que nadie ha visitado en muchos años, parece la escenografía de un drama ya invisible, los restos de una épica abolida.

Telaraña: crin de un caballo espectral, puente colgante entre el mundo de aquí y la noche que siempre está esperándonos.

IV. ALGÚN DÍA

A Gérard de Cortanze

TRES NOCTURNOS DE LA SELVA EN LA CIUDAD

1

Hace un momento estaba y ya se fue el sol,
doliente por la historia que hoy acabó.

Se van los pobladores de la luz. Los reemplazan
quienes prefieren no ser vistos por nadie.

Ahora la noche abre las alas. Parece un lago
la inundación, la incontenible mancha de tinta.

Mundo al revés cuando todo está de cabeza,
la sombra vuela como pez en el agua.

2

El día de hoy se me ha vuelto ayer.
Se fue entre los muchos
días de la eternidad —si existiera.

El día irrepetible ha muerto
como *arena errante* en la noche
que no se atreve a mirarnos.

∞

Fuimos despojo
de su naufragio en la hora violenta,
cuando el sol no se quiere ir
y la luna se niega a entrar
para no vernos como somos.

3

Volvió de entre los muertos el halcón.
En los desfiladeros de la ciudad,
entre los montes del terror y las cuevas
de donde brotan las tinieblas,
se escuchan
un aleteo feroz, otro aleteo voraz
y algo como un grito pero muy breve.

Mañana en la cornisa no habrá palomas.
El trabajoso nido abandonado,
el amor conyugal deshecho,
la obra inconclusa para siempre.

En la acera unas cuantas plumas,
ahora llenas de sangre.

EL FUTURO PRETÉRITO
(«Nuevos poetas», 1925)

En la ciudad hay temor. Estallan las bombas.
Dejan por todas partes un reguero de muerte
y de mutilaciones.
En cada esquina se produce un asalto.

Grupos innominados
asesinan a alguien por lo que hizo o no hizo.
Arde una guerra que no encuentra nombre.
Unos contra otros, todos contra todos.
Reina el dinero que no vale nada.

Sin embargo la vida continúa.
Se habla mal de la gente,
se hacen reuniones
y se forman parejas.
Se maquina un futuro
que no será como lo imaginamos.

El extranjero sale del hotel.
Va por la calle entre los asaltantes,
los mendigos ubicuos,
los cambistas de dólares.
Llega a una librería de otro tiempo, otro mundo.
Aquí es donde terminan los orgullos.
Cementerio de libros,
posteridad promiscua en que conviven
La guía del buen cristiano y *La función del orgasmo*.

Entre tanta hoja muerta que amarillea quebradiza
surge un libro con manchas sepulcrales
—pero que nadie ha abierto.
Estremece pensarlo: nadie ha abierto
Nuevos poetas
y han pasado casi ochenta años.
Esos *Nuevos poetas*
deben de estar hace ya tiempo muertos.

Bajo hontanares de polvo,
cordilleras de tomos que ya nadie

volverá a leer nunca,
papel marchito por el mismo tiempo
que antes de cancelarlo
lo hizo semilla, árbol, madera, pulpa,
hoja en blanco
y novedad que un día olió a tinta fresca,
lo esperaba una ruina intacta.

¿En dónde habrá aguardado tantos años el libro
al impensable que vendría a su encuentro
cuando él mismo
se halla mucho más cerca de todo esto
que del milenio ajeno amenazante?

Compra *Nuevos poetas*
y regresa al hotel y abre sus páginas.
Lee la polémica
que estremeció las letras nacionales
a mitad de los años veinte.
No se la explica:
a la vuelta de casi un siglo
todos escriben de manera idéntica.

Lo que más le conmueve
es que los polemistas se confíen
a un porvenir que hoy ya se hundió en el pasado.
Se ha convertido en tiempo inconjugable:
el futuro pretérito.

De los *Nuevos poetas* de este libro
no quedó un solo nombre, un solo verso.

El extranjero ve su porvenir
bajo esta cripta hecha polvo.

ENIGMA DEL CERO

Alabo su plenitud. Me gusta la esfera
y sólo le reprocho su circuito cerrado.

De repente se le abre un triángulo,
llegan las fluctuaciones digitales.

Y ahora su triple triunfo, el año 2000,
nos convierte en las sombras de otro milenio.
Seres del cero, ceros a la izquierda
de sus tres lunas llenas
en que desaparecen los invisibles que por última vez
nos aferramos a su aro en el año 90.

Hoy en cambio ostentamos como aro de buey
su calificación: cero en conducta,
en contemporaneidad, en saber del mundo electrónico
que destella volando sobre tres ceros.

¿Qué es este enigma circular? ¿Dónde flotan
esa implacable luna y su sol oculto?
Astro de azogue, globo cautivo que nos tiene atados
a su dominio omnipotente en forma de O;
anillo, cerco, ruedo, círculo mágico
que ni en el infinito hallará respuesta.

MINAS ANTIPERSONALES

Crítica de la oquedad sangrante,
el cuerpo ya no cuerpo
del niño ya no niño, destrozado

por la mina antipersonal, el arma
más barata del mundo.

Por menos de tres dólares
sacan de las entrañas de esta mina
el tesoro sombrío
de la mutilación,
el dolor total para siempre.

El oro de estas minas es la muerte.
Son semillas de muerte.
Las plantan y las siembran:
flores carnívoras.

Su campo de cultivo es el mundo entero.
Nadie sabe qué suelo pisa.
En donde ponga el pie
el abismo puede abrirse a sus plantas.
Arenas movedizas que no absorben: destruyen.

Es el refinamiento absoluto, el colmo
de la mercadotecnia, el mercado libre
y el gran consumo.

Hay minas especiales para no combatientes,
minas con forma de pelota y muñeca.

Nadie podría decir nada más atroz
acerca de nosotros.

NUECES

En el interior de la fortaleza asediada,
rugosa como si expresara toda la antigüedad de los árboles,
los hemisferios cerebrales que tal vez piensen
en una lengua incomunicable: el silencio.

Las dejamos crecer sin perturbarlas
hasta que llega el día de la invasión de los bárbaros.
Las bajamos a palos de los nogales
y trituramos sus tinieblas.

Antes de consumir su blancura inmóvil
las desollamos.
Breve sabor intenso su carne nueva.

En seguida, restos, basura.
El esqueleto externo antiquísimo,
con la vejez del recién nacido,
va al lugar donde nace el polvo.

Por un segundo se vuelve
(aunque tratemos de no verlo)
algo como la imagen del ataúd
en espera de nuestros huesos.

INDESEABLE

No me deja pasar el guardia.
He traspasado el límite de edad.
Provengo de un país que ya no existe.
Mis papeles no están en orden.

Me falta un sello.
Necesito otra firma.
No hablo el idioma.
No tengo cuenta en el banco.
Reprobé en el examen de admisión.
Cancelaron mi puesto en la gran fábrica.
Me desemplearon hoy y para siempre.
Carezco por completo de influencias.
Llevo aquí en este mundo largo tiempo.
Y nuestros amos dicen que ya es hora
de callarme y hundirme en la basura.

LA AGUJA

Sólo la forma del huevo
iguala en perfección a la anatomía
de la aguja esbelta y redonda.
Herramienta leve, inhallable
en un pajar o en el caos doméstico.
Tan femenina como fálica,
hermafrodita, andrógina, unisex, polimorfa
en su diseño aerodinámico.

La aguja servicial puede ser amnistiada
de su delito irremediable.
Su enemigo, el dedal, posee un sistema de huecos
para atajar las embestidas,
aunque no siempre salva.

Cuando se harta de su mansedumbre
la aguja es como la ardilla libre

que convierte el rencor en dentelladas
contra la adoración que le tenemos.

También la aguja muerde aquella mano
que le da de comer.
La hace temible
la creencia de que si penetra una vena
se deja ir por la corriente sanguínea,
va directo hasta el corazón
y habla a la tejedora que está jugando
con el hilo precario de nuestra vida.

TRONCO

Discos de leña para el calor de esta noche.
Un pedazo de tronco inmenso.
A juzgar por los círculos habrá tenido
por lo menos trescientos años
cuando lo derribaron.

Ahora él y yo, los dos solos,
compartimos la noche helada en tinieblas.
La oscuridad indecible sugiere:
«Ésta será la última noche en la tierra.»

Ha muerto el árbol para que yo sobreviva
a la xenofobia
del frío en tierra extraña
(en ambos sentidos).
Entre sombras que danzan allá afuera
y pasos de algo o alguien en redor
de la cabaña en lo más hondo del norte.

Arde bien el tronco hecho leña
y me quedo observando el fuego.
Pienso en el árbol vivo hace cien años.
Me esperaba (y yo aún no nacía)
para esta noche del final y el encuentro.

Nació, creció y murió con el solo objeto
de darme luz, calor y fuego esta noche.
Pero en unas horas
yo, el ingrato, me iré de aquí.
No hay remedio.

Otro viene en camino hacia este bosque.
Para llegar a la cabaña aún le falta
rodear el aro de un siglo.

POLINIZACIÓN

El insecto se frota contra el cáliz
de la flor entreabierta.
No le importa mi juicio
ni el peligro de muerte
que para él entraña mi presencia.

Supone que es amor el pobre diablo.
Cómo se agita, cómo se revuelve,
hasta que al fin saciado emprende el vuelo.

Tal vez se acordará toda la vida
de esos instantes de placer. Los cree
nacidos de un encuentro de voluntades,
una atracción fatal, deseo sublime.

∞

Ebrio de amor, el infeliz amante
ignora que su acto
es polinización.
Sin palabras la vida le ha ordenado
que la trasmita y perpetúe. Su goce
sólo sirvió (no ha de saberlo nunca)
para que en primavera brote exacta
otra generación de ávidas flores.

BRÚJULA

1

Apunta siempre al norte la flecha trémula.
Orienta al oriente
y deja al sur en total desamparo.

2

Algo nos enseñaron en la escuela primaria
sobre el polo magnético, dictador de las brújulas.
Imaginaba entonces un Éverest
hecho todo de piedraimán,
una inmensa estación que envía despótica
señales de obediencia al planeta entero.

3

No tiene a nadie la manecilla sin sosiego,
encerrada en una celda circular que no se abrirá nunca.
La pobre prisionera de su deber,
la esclava perpetua
de una fuerza que acata y no comprende.
Sólo su desamparo la acompaña.
No mide el tiempo.
Es un reloj mutilado.
Sólo entiende de puntos cardinales.

4

En la ciudad no sirve de gran cosa
pues todos nos movemos con una brújula implícita
(la Basílica, norte; sur, la Ciudad Universitaria).
Extraviado en la selva del Darién
nadie podría sobrevivir sin su ayuda.

5

Tiembla, tiembla la flecha infatigable.
Su quietud anunciaría: llegó el fin,
hoy de verdad la tierra ha terminado.

6

¿Será posible que entre tanta invención
no tengamos un instrumento como ella
para orientarnos en la maleza de este vivir,

para decirnos cómo y hacia dónde
en este mundo cada vez más Darién,
más ciclón del Atlántico y tifón del Pacífico?
Mundo sin brújula, cada vez más *norteado.**
Cada vez más sin esperanza de hallar el rumbo.

FRUTO DE PIEDRA

Mudez de la ostra
en el silencio subacuático.
Arena y sal
por la boca que filtra todo.
Cerrazón a la luz, empecinamiento.
La ostra quiere ser ostra y quedarse pegada
a su congregación casi de piedra.

Pétrea se ve la grisura,
la consistencia calcárea
que la envuelve y le da sentido
—pero también la aprisiona.

La ostra vive entre sueños de agua
y cosas invisibles al ojo humano.
Medita a ciegas en el absurdo que encuentra
en nacer, vivir, secretar
durante muchos años su casa-tumba.

* En mexicano antiguo, quizá en desuso, norteado significa «perdido», «atónito». ¿Tendrá que ver con puntos cardinales, o se refiere a aquel inmenso país hacia el que apuntan siempre nuestras brújulas?

Y luego ser arrancada
para durar un instante
entre las fauces del infierno,
es decir, las nuestras.

EN EL FONDO

En los cuartos del fondo
hay algo que recuerda a un viejo barco.
Puede ser el olor del combustible
o los tubos de Julio Verne.
El *Nautilus*
hundido en el mar muerto de la ciudad.
En sus entrañas
un sótano al que anega otro pasado
y es submarino y subterráneo.

Así, no fue tan grande la sorpresa
de ver a la sirena contemplando
su desnudez perfecta ante el espejo.

Agua era el aire o cosa parecida.
Le hablé y me contestó en su lengua de olas.
En su cara leí qué me decía.
Al abrazarla me hice mar con ella.

Ahora que me dejó, me hundo en el fondo.
Entre tanto naufragio me vuelvo arena.

ADÁN CASTIGADO

Las desnudas reposan en el jardín entre los dos ríos.
Están siempre bellísimas
bajo la luz del primer sol que iluminó el paraíso.
No fluye el tiempo entre sus cuerpos, no hiere.
No hay ayer ni mañana: todo es presente
en una bruma de oro. Las desnudas
están aquí para compensar la fealdad de todo,
la humillación de envejecer,
el desmoronamiento en el hormiguero
de las muertes innumerables.
Son la victoria del placer,
la dicha insolente
que no perdona ni a quien la disfruta.
Las desnudas encarnan el amor o lo que llamamos
por este insólito nombre.

Pero a él lo expulsan y ya siente el filo
de la espada y lo quema el fuego.
Perdió el Edén para siempre.
Ahora debe elegir con cuál de las dos se queda.

Él quisiera decir: «Con ambas.
Ninguna borra a la otra. Las dos son únicas.
La tierra será un desierto infernal sin ellas.»

Para su honda desgracia aquí no se admiten
la bigamia ni el adulterio.

RUBÉN DARÍO EN EL BURDEL

Era tan bella que borraba el pecado
original, y en vez de serpiente
ofrecía la manzana intacta
a la sombra del árbol del paraíso.
En cada transacción, lejos de mancharlo,
purificaba su cuerpo.
Retrocedía en el tiempo que nos humilla,
invulnerable niña a la que nada
podía contaminar.

Una noche
se fue como disuelta en aire.
El poeta no volvió a verla
y dejó su recuerdo en mármol:
Pues la rosa sexual, al entreabrirse,
conmueve todo lo que existe...

ULAN BATOR

Los otros niños gritan: «Mongol.»
Pero él se limita a verme.
Intento la más simple
conversación.
No responde. Me dicen:
«Es inútil. No insista usted.
Pobre niño, no aprendió a hablar.
No sabe hacer nada.»
Su función en el mundo es mirar, mirarnos
—incomprensibles, ruidosos, crueles.

Libre de culpa y miedo, es el Inocente.
No hace ninguna
pregunta sobre el Mal,
el error de ser,
la infinita pena
de una vida impuesta por el azar
bajo el signo de cromosomas.

Sus verdugos se alejan.
Lo veo abismarse
en su inmovilidad.
Ya no está aquí con nosotros.
Ya cabalga en su estepa libre.
Es todopoderoso en el Otro País,
en aquella Mongolia de hierba y nieve
que los demás nunca invadiremos.

EXCAVACIONES

Como señal de furia el toro escarba la tierra.
Prepara una embestida, tal vez la última.
Hace lo mismo en busca de lombrices
la gallina espectral color de cieno.
El gato pulcro oculta su excremento.
El perro entierra huesos.
No hay en su acto
necrofilia ni necromancia.
Tan sólo desconfianza en lo que vendrá.
El niño quiere hallar el pasadizo
que lo conduzca a China del otro lado del mundo.
Y ese viejo que excava, excava, excava
con sus últimas fuerzas

lo hace en procura de algo que ignoramos.
Le pregunto qué se propone
y me mira a los ojos y en silencio
vuelve a la excavación,
me da respuesta.

LA ESTACIÓN TOTAL

A la memoria de Joseph Brodsky

Otoño extraño, la estación total
en que los meses se concentran
para esperar su renovada muerte
y su otro nacimiento del que no somos parte.

El yermo otoño nos regala el don
de los poemas, precio del silencio
y la esterilidad que se prolonga
de enero a octubre.

Y una noche súbita
llegan unos tras otros,
todos de golpe.

Son, insisto, dones.
Hay que esforzarse para merecerlos.

COSAS

A la memoria de José Donoso

Ternura
de los objetos mudos que se irán.
Me acompañaron
cuatro meses o cincuenta años
y no volveré a verlos.
Se encaminan
al basurero en que se anularán como sombras.

Nadie nunca podrá rehacer
los momentos que han zozobrado.
El tacto de los días sobre las cosas,
la corriente feroz en la superficie
en donde el polvo dice:
«Nada más yo
estoy aquí para siempre.»

EL LIBRO DE LOS MUERTOS

En recuerdo de José Luis González

[Nuestras libretas telefónicas, decía Severo Sarduy, poco a poco se transforman en el Libro Tibetano de los Muertos]

Intento la llamada
pero no hay nadie ya que la conteste.

∞

El timbre suena a hueco en el vacío.
Es la nada la única respuesta.
Las cifras dan acceso al nunca más.
Otro nombre se borra en la libreta
o en la agenda electrónica.
Así acaba la historia.

Un día que ya figura en el calendario
alguien también cancelará mi nombre.

V. EN ESTE MUNDO

A Paola Ballardin

UNIDAD

[Un poema de Santiago de Chile]

Errante fue la hoja amarilla
desprendida en un acre otoño.
Por supuesto no volvió al árbol.
Conoció otro aire.
Cayó en el río veloz que no han sometido
y atraviesa la ciudad a ciegas.

Quién nos iba a decir en aquel entonces
cuándo, cómo y en qué lugar
la hoja y yo nos reencontraríamos
en un puñado de polvo.

Polvo los dos, invisibles
—a menos que nos suspenda un rayo de sol—,
cómo nos estrechamos sin tener cuerpo,
con cuánto amor nos decimos:
Por fin estamos juntos, somos iguales.

DE LAS MILICIAS CELESTIALES

En la guerra perpetua
entre los hijos de la luz y los hijos
de las tinieblas,
me afilié con el bando de las tinieblas.

Pero cómo elogié su claridad,
su transparencia y su brillo.
De qué manera impuse la veneración
hacia lo oscuro (que llamé *luminoso).*

Y los obligué a sangre y fuego
a decir que veían el sol
cuando era noche profunda.

ANDARSE POR LAS RAMAS

Entre todas las rutas a mi alcance
elegí siempre andarme por las ramas:
gran frescura, gran vista, gran emoción
(pierdes el paso y acabarás estrellado),
gran compañía familiar de los pájaros,
lección de humildad:
sabernos extranjeros que malhablan la lengua
nativa de los monos y las ardillas.
Y tragedia final: el tigre
frecuenta insomne estos oblicuos caminos.

MINORÍAS

En mi pueblo de raza verde
salí entre gris y morado.
Llamé la atención por raro
y nunca me aceptaron en parte alguna.

∞

Ante el agobio de la desventaja
queda la alternativa de ser bufón o ermitaño.
Pero, indolente,
como soy o como me hicieron,
preferí volverme invisible.

HORMIGUEDAD

Prefiero ser hormiga.
En las inmensas columnas
nada que me distraiga de mi deber en la tierra.
No hay lugar para el yo,
para el amor más terrible que es el amor propio.
La vanidad resulta impensable.
No queda espacio
para rivalidades o querellas de grupo.

Carezco de importancia: tengo misión.
Cumplo con mi papel aunque estoy consciente
de que me esperan la vida brutal y breve,
el final absurdo (como individuo);
pero la gloria absoluta
en tanto hormiga triunfante,
especie que nada o nadie
podrá borrar de este mundo.

Menos que nadie
esos gigantes lamentables, obsesionados
con gasearnos y pisotearnos.
La invulnerabilidad colectiva
es nuestro don, y no
—lamento decirlo— el suyo.

Aquí estamos y seguiremos
las invencibles hormigas.
Los humanos, en cambio, nunca
podrán hablar así de ellos mismos.

LA MOSCA JUZGA A MISS UNIVERSO

Qué repugnantes los humanos.
Qué maldición
tener que compartir el aire nuestro con ellos.

Y lo más repulsivo es su fealdad.
Miren a ésta.
La consideran hermosísima.
Para nosotras es horrible.
Sus piernas no se curvan ni se erizan de vello.
Su vientre no es inmenso ni está abombado.

Su boca es una raya: no posee
nuestras protuberancias extensibles.
Parecen despreciables esos ojillos
en vez de nuestros ojos que lo ven todo.

Asco y dolor nos dan los indefensos.
Si hubiera Dios no existirían los humanos.
Viven tan sólo para hostilizarnos
con su odio impotente.

Pero los compadezco: no tienen alas
y por eso se arrastran en el infierno.

LUMBRE EN EL AIRE

Estallan los jardines de la pólvora
en el cielo oscurísimo y su aplomo.

Estruendo frente al mar que se encarniza
desde la eternidad contra las rocas.

A cada instante otro *Big bang*.
Nacen astros, cometas, aerolitos.

Todo es ala y fugacidad
en la galaxia de esta lumbre.

Mundos de luz que viven un instante.
Luego se funden y se vuelven nada.

Como esta noche en que hemos visto arder
cuerpos fugaces sobre el mar eterno.

BAR DEL ESPEJO

Este bar en tinieblas pasó de moda.
Cayó del lujo extremo a la mala muerte.
Les sucede a los bares y a los hoteles
y a sus frecuentadores más insignes.

Qué hermosas las muchachas que se reunían aquí hace treinta años.
Qué imposibles y bellas son las de ahora.
Sin embargo el martini conserva la perfección
inalterada en medio siglo.

∞

Quizá gracias a él hay todavía algunas parejas
y otras mesas de solitarios.
Quisiera convocarlos para un último brindis
por todo lo que fue y no será nunca.

RITOS FUNERARIOS

Le dice al muerto lo que siempre se dice:
«Amigo, hermano mío, te adelantaste.
Nos reuniremos muy pronto.
Y te juro que no voy a olvidarte.»

Pero él lo observa desde el ataúd.
Sabe que por muy breve tiempo fueron amigos.
Poco después se odiaron como se odian,
desde Caín y Abel, todos los hermanos.

Sabe que a su pesar lo regocija
no usurparle el sitio de honor
en esta ceremonia de la fugacidad compartida.
Sabe que nunca habrán de verse en el otro mundo
(no hay otro mundo).

Y que al salir del entierro
no volverá a pensar en él hasta que le toque
ser a su vez objeto de un culto fugaz
en que siempre se dice lo de siempre.

AL FIN EL PORVENIR

Al cabo de tanto ayer encontré un gran futuro.
Por fin la edad de oro, el buen tiempo, la bella época,
la que soñó cada una
de las generaciones de los muertos.

Todo en paz, todo en calma,
todo placer y armonía.
Sin lugar para el odio ni la crueldad.
Sin opresión, violencia ni amargura.

Gran lugar este porvenir presagio del cielo,
prometido por todos, visto por nadie.

Qué desgracia: el futuro también pasó.
Hoy se ha perdido en el ayer terrible.

LAS UÑAS

Cuántas generaciones formaron parte de mí,
fueron conmigo un solo ser
—divisible.

Mil tijeras las cercenaron,
las hizo polvo una lima,
me precedieron en el camino a la nada.

En su vida de rompe y rasga
pasaron del celofán al polietileno.

Fue para las uñas
como dividir el pasado inmenso
en Prehistoria y en Edad Media.

Rozaron la belleza y dejaron su marca
en los muros que nos confinan.
Absorbieron la mugre de existir,
la oscuridad de estar vivos.

A fuerza de cepillo, agua y jabón
disimularon su naturaleza:
garras vestigiales,
sutiles excrecencias del gran monstruo prehistórico
que aún repta en nuestro cerebro.

En las uñas domamos a la fiera
que somos bajo todos los disfraces.
Cada derrota de las indefensas
representa vencer sin gloria alguna
nuestra animalidad siempre al acecho.

Nacen tan sólo para ser cortadas.
No las dejamos vivir
—y nadie llora al despedirse de ellas.

PITANZA

No sé por qué detesto la palabra *pitanza.*
Suena a restos sangrantes
aventados a la jauría.

Me gano la *pitanza* hablando y hablando.
Te ganas la *pitanza* con tu silencio
—o viceversa.

La *pitanza* está en lucha con la esperanza.
La *pitanza* es la realidad real desnuda.

A la hora de sentarnos en torno a ella
no pienses
en que a la larga tú, yo, todos,
somos, seremos y hemos sido *pitanza*
de alguien o algo.

Y bolo alimenticio,
estiércol flagrante
para fertilizar
la próxima cosecha de *pitanza*.

LA BESTIA INMUNDA

De esto no habló palabra la Bestia Inmunda.
Jamás nos ordenó que la aduláramos.
Pero siempre alabamos sus feroces tentáculos,
sus colmillos sangrantes, sus garras ávidas.

Diezmos, primicias, sacrificios humanos,
incienso, mirra, cánticos, discursos:
no ahorramos nada para congraciarnos con ella,
para obtener su aprobación
o su clemencia ya en el peor de los casos.

∞

Ahora que se pudre la Bestia Inmunda,
nos hemos vuelto autocríticos.
Quemamos sus retratos y destruimos
sus monstruosas efigies.

Por fortuna inventamos la contrición,
el arrepentimiento que nos salva de todo.

Hagamos tabla rasa del tiempo viejo
—hasta que llegue la otra Bestia Inmunda.

DENTELLADAS

Qué suerte tuve: no aprendí a morder.
Y para defenderme sólo cuento
con mis púas afiladas.
Cuando me erizo nadie se me acerca.

Los animales de mi especie
no hacen servicio militar,
nunca van a la guerra
ni se unen a las fuerzas policiales.
No luchan con *pit bulls* hasta desgarrarse.
Tampoco han sido miembros de ninguna jauría.
No se han encarnizado con los ciervos
ni desventraron conejos.

Los deportes violentos nos horrorizan.
Damos la espalda

cuando en el Coliseo tinto en sangre
otros se hacen pedazos a dentelladas.

Y limpios de agresión vamos entrando
en las fauces abiertas del matadero.

DISPARO

La bala ordena: «Dispárame.
Para eso me hallo aquí, de eso sirvo,
con este objeto me hicieron.
Soy un navío feroz que va cargado de plomo.
Tengo el contorno
de lo que llevo en mi interior destructivo
y es mi razón de estar en el mundo.
Nadie come balas.
Nadie juega a los dados con las balas.
Si no me utilizas
te volverás mi blanco:
Dispara.»

HIENAS

En las ruinas de lo que fue hasta el siglo veinte la Ciudad de
México,
cerca de una gran plaza que llamaban el Zócalo,
me salió al paso una manada de hienas.

∞

Desde hace un mes nos quedamos sin ratas
o, para ser más precisos,
nosotros somos ahora las ratas
pues nos alimentamos de su pelambre y su carne.

A las hienas les ofendió mi olor y repudiaron mi aspecto.
En vez de atacarme
dieron la vuelta.
De lejos me observaron con gran desprecio.

GÉNESIS

De tanta felicidad me abrumó el paraíso.
Intenté descubrir qué había allá afuera.
Al acercarme a los límites
me hirieron la alambrada y la cerca eléctrica.

Tuve que regresar a mi jardín, acosado
por los perros de los guardianes.
Y no encontré ya bosques ni manantiales.
En el lugar que ocupaban
se yergue la barraca N-18
y levantan los hornos crematorios.

ORDÁN

Creo en Ordán, la Ciudad del Sol. Mejor dicho
tengo la obligación de creer en ella.
Me fuerzan a elogiarla en todo momento.

Celebro sus castillos que nadie ha visto.
Alabo sus prisiones y mataderos.

Es un dogma de fe que si Ordán no existiera
descenderían las tinieblas.
Sólo vivimos para alcanzar —un mañana—
Ordán la inasible,
el más desierto centro de la nada.

GOTERA

Se hace presente.
Desafía al mundo entero la voraz humedad
y destila una gota más que arrojarla.
La deja libre por fin.
En un susurro le ordena:
«Invade ese lugar
en donde nadie te espera.
Rompe la cárcel metálica
en que te confinaron para servirlos.

»Los ofende tu avara lluvia,
tu leve ruido seco los enloquece.
Harán lo imposible
por cerrarte el camino,
como si fueras
la tempestad y no una simple gota de agua.

»La casa estalla por lo más delgado: los tubos.
Déjate caer a menudas pausas.
Sal a afrentarlos.

»Eres el minucioso poder del agua,
condensado en la brevedad que nadie puede parar.
Eres el triunfo
de lo insignificante
contra el significado de su orden, prendido
con alfileres a la nada y el caos.»

TRES POEMAS SOBRE CASAS

1. *Blockbuster*

La vieja casa familiar tiene un letrero: «Se vende
como terreno.» Dentro de poco
será otro Burger King, Domino's Pizza o Blockbuster.

La edificaron los padres, recién casados, muy jóvenes.
Nacieron y crecieron las hijas y los hijos.
Más tarde se apartaron. Porque la esencia
de la vida en familia es la final dispersión.
Ya disuelto el hogar, los viejos padres se mueren
y la casa se vende como terreno.

Dentro de pocas semanas
alquilarán videos de amor y terror en este Blockbuster.
Nadie reparará en el otro drama:
las familias que se hacen y se deshacen,
el nacer, el morir y en medio
la inmensa vida que hiere siempre y se va muy pronto.
Y el polvo en que terminan todas las casas.

2. *Limbo*

Es imposible abrir la ventana.
Está sellada. Contiene un dispositivo
contra el suicidio y contra el caos de afuera.
El clima artificial regula el aire cansado
que purifica otra máquina.
El ventanal funciona como vidrio de aumento.

Todo parece impecable.
Pero hoy se fue la electricidad
y por tanto no hay aire ni sube el agua.

La pecera del piso treinta
(o veintinueve: no hay trece),
cerca del cielo,
fue el limbo.

Con el calor generado
se ha convertido en choza del tercer mundo.
Se ha vuelto paila de aceite
en la que hierve el infierno.

3. *Demolición*

Están echando abajo la casa en ruinas.
Y cuando ya es muy tarde para salvarla resulta
que era una joya colonial, aplastada
por el afán de lucro. Añadieron
adefesios «modernos» y «funcionales».

Lo más conmovedor o lo más alarmante,
según se vea,

es hallar bajo el patio en donde guardaban
las camionetas de reparto,
otro patio, esta vez antiguo,
con una fuente en pedazos
y fragmentos de platos y de vasijas.

Así pues, los objetos diarios
no siempre se destruyen ni se transforman.
Unos cuantos se quedan en un lugar
que nadie vuelve a ver ni recuerda.

Quizá en un tercer nivel
(en la antigua ciudad no es raro)
estarán los huesos deshechos
de quienes comieron en estos platos
y escucharon el tiempo que se licuaba
entre las aguas de la fuente.

Si me detengo un instante en ellos,
en para siempre ignotas vidas anónimas,
advierto que también este día se ha de volver algún día
la más remota prehistoria.

Y en la Pompeya futura,
nuestra ciudad de ahora mismo,
otro equipo de excavación
rescatará las cosas humildes
que gastamos gastando la triste vida
—sin pensar nunca
en que también serán a largo plazo vestigio,
ruina de lo impensable inmemorable.

XII

SIGLO PASADO (DESENLACE)

[1999-2000]

A Darío Jaramillo Agudelo

Fue la edad fría de la guerra.
La edad tranquila del odio.

Pablo Neruda,
Fin de mundo

A TRAVÉS DE LOS SIGLOS

Lo posmoderno ya se ha vuelto preantiguo.
Todo pasó. «Eres muy siglo veinte»,
me dice la muchacha del 2001.

Le contesto que no: soy el más atrasado.
En mi penoso ascenso por el correr de los años
ya estoy deshecho y con la lengua de fuera
y aún no he llegado al piso XIX,
donde me aguarda,
de cuello duro y con bombín y leontina,

nuestro señor 1904.

DERROTA DE BILL GATES

Después del gran calor y el brillo intolerante del sol
la tormenta eléctrica,
la lluvia que no anunció su llegada.
Y el trueno inmenso, emperador de los aires,
hace que el mundo estalle en los conductores eléctricos,
borra la luz,
nos deja en las tinieblas incomputables
y nos vuelve por un instante
sombras de un mundo antiguo sin electrónica,
aprendices de espectro, aire en el aire.

DEFENSA DE LA «Ñ»

Este animal que gruñe con eñe de uña
es por completo intraducible.
Perdería la ferocidad de su voz
y la elocuencia de sus garras
en cualquier lengua extranjera.

TRAVESÍAS

Uno tras otro le devuelvo al mar
los restos de las ruinas de mis naufragios.
Y me quedo en la orilla como un cangrejo
que no sabe ser pez ni araña
y, por buscar la dulce oscuridad cavando en la arena,
termina por morir en el agua hirviendo.

OTREDAD, OTRA EDAD

¿Qué pensaría de mí si entrara en este momento
y me encontrase en donde estoy, como soy,
aquel que fui a los veinte años?

PÁGINA

Gracias, mil gracias, todo está muy bien.
Celebro lo que hacen y lo agradezco.
Me gustan mi laptop y mi laserprinter.

Pero soy como soy y no son para mí
poemas en pantalla ni a muchas voces
ni con animaciones electrónicas.
Me quedo (aunque sea el último) con el papel.
La página no es, como se dice ahora, un *soporte:*
es la casa y la carne del poema.
Allí sucede aquel íntimo encuentro
que hace de otras palabras tu mismo cuerpo
y te vuelve uno solo con lo que dicen sus letras.

LA MULATA DE CÓRDOBA

La niña pintó un cuadro, el más hermoso del mundo.
Y me miró y sonrió y, como La Mulata de Córdoba,
subió a la nave que en la pared se echó a andar
y se perdió entre los mares.

PANTEONES

Veo entre la niebla el cementerio en silencio.
No pienso en otro mundo: me indigna éste
que se deshace así de los muertos.
Da horror pensar en los restos abandonados,
más durables que afectos y gratitudes.

Hay que acabar con los panteones y su intolerable perpetuación del
 olvido
Todos debemos ser ceniza arrojada al aire,
volver cuanto antes al polvo
que en su misericordia nos absuelva y acoja.

LECCIÓN DE ESTILO

Lección de estilo: los sapos
a orillas de su charca,
bien sentaditos,
frescos, felices,
con la piel húmeda bajo el calor del verano,

parecen dar las gracias por su breve existencia.

OJO DE HORMIGA

Cuando vuelva el cometa no estaré aquí.
O mejor dicho: seguiré en esta tierra
—pero ya convertido en ojo de hormiga.

RETORNO

Entre la lluvia cae una hoja que hace un segundo era nueva.
La había inventado la luz, llegaba de lejos,
de los primeros bosques inmemoriales
que llenaron todo el planeta.

Gira la hoja y cae en la alcantarilla sedienta
para que el mar la absorba y la desintegre.
Y un día vuelva a la luz y regrese a ser hoja y vuele
bajo otra lluvia que ha de resonar
dentro de muchos siglos.

ENCUENTRO

Ya me encontré a mí mismo en una esquina del tiempo.
No quise dirigirme la palabra,
en venganza por todo lo que me he hecho con saña.
Y me seguí de largo y me dejé hablando solo
—con gran resentimiento por supuesto.

MODA

La moda pasa de moda.
La desnudez sigue intacta
como al principio del mundo.

ESCLAVOS

Con el sudor de los esclavos se ha hecho y se hace este mundo.
Pero nunca sabremos
quién es el verdadero capataz
ni qué ruina futura
estamos ayudando a levantar
con nuestro grano de arena.

DECLARACIÓN DEL ATRAPADO

Por creerme muy zorro caí en la trampa.
Y qué impresión cuando los colmillos de acero

se clavaron en mí y susurró la desgracia:
«Te esperaba. Recuerda que no hay salida.»

Al hecho consumado y a lo innegable,
opongo en desgarrada defensa propia
el último recurso porque ya viene mi ejecutor a ultimarme:
Me estoy royendo la pata
y, aunque en pedazos, voy a salir de la trampa.

CUESTIÓN DE ESDRÚJULAS

Fulgor metálico, esférico
en la distancia lacónica.
No era una cúpula de oro
sino la bóveda fúnebre
de una central nucleoeléctrica.

DILUVIO

Ahora la lluvia le dice *basta* a la tierra.
Quiere ocupar lo que fue suyo. Desde hoy
todo será de nuevo el absoluto imperio del agua.

Se reblandecen y se vienen abajo
los monumentos erigidos para glorificar nuestra nada,
para creernos un poco menos efímeros.

Sólo hubo un Arca. Sus vestigios se pierden
en el Monte Ararat inalcanzable. Ya no hay salida.

El aire mismo está anegado de lluvia.
Lo que era el sol se ha vuelto apenas la sombra
en donde cae para siempre la lluvia.
No arde la luz enteramente construida de agua.

Nadie pensaba que el mundo
se iba a acabar otra vez por la lluvia.

LANZA GRIEGA

La furia del metal contra la inmovilidad del museo:
lanza griega.
Estuvo en Troya,
la encajó Aquiles,
defendió las Termópilas.
Se encuentra aquí
para enseñarnos cuál es nuestra sed
verdadera, insaciable.

IRREALIDAD

Como fantasma de un espectro vuelvo
a este mundo con mi experiencia que ya no sirve.
Me abruma
atestiguar cómo todo ha cambiado hasta la irrealidad;
cómo fantasía alguna fue capaz
de imaginar cuanto hay ahora, todo lo que es
—y desde luego nadie esperaba.

ENDIOSAMIENTO

Si dejas que alguien te endiose
recuerda
que esta clase de laica
religiosidad acaba siempre
en la propagación del ateísmo.

PINTAR LAS FLORES

Sin previa declaración de guerra invadieron
el país mientras él pintaba sus flores.

Siguieron las batallas y las derrotas.
Él continuó pintando sus flores.

Vino la resistencia contra el terror que desató el ocupante.
Él se obstinó en no abandonar sus flores.

Al fin los que hicieron el mal fueron vencidos.
Él prosiguió pintando sus flores.

Ahora reconocemos qué valiente fue ante todo ese horror
porque nunca dejó de pintar sus flores.

POESÍA

Contra la noche oscura
una pantalla que arde
y una página en blanco.

ORDEN DE LOS REPTILES

Reptil: para nosotros sinónimo
de lo más repugnante.
Sin duda, herencia judeocristiana.

El vil reptil:
criatura del demonio o demonio él mismo.
Rastrero, venenoso, horrible, temible.

¿O será que lo odiamos porque nos parecemos en lo menos grato
del ser
y como él, algún día,
terminaremos sin poder andar en dos pies,
arrastrándonos
para salir de nuestro jardín que nunca fue paraíso?

LA FLAUTA MÁGICA

Cómo le hubiera gustado a Mozart entrar
en el Salón Los Ángeles hacia 1960
y sentarse a escuchar su *Flauta mágica*
vuelta habanera y veracruzana
por el gran músico Antonio María Romeu
e interpretada a su propio ritmo por la danzonera
del no menos grande director afrocubanomexicano Acerina.

Como si la última ópera se hubiera estrenado no en Viena
sino en el Salón México o en el Teatro Blanquita.

LAS PUERTAS DEL TRIUNFO

Cuando después de tantos años de oscuridad le dijeron: «Ahora
se abren para usted las puertas del triunfo»,
entró en lo que supuso un ascensor para llevarlo a la cumbre.
Pero la jaula no estaba
(era espejismo su brillo)
y cayó en el abismo como una piedra.

ÉPOCAS

Uno siente que el mundo ya se acaba porque cuanto termina es su
vida,
su pobre vida tan independiente de él:
empezó cuando ella misma quiso
y concluirá nadie sabe dónde ni cuándo ni de qué manera.

Morimos con las épocas que se extinguen,
inventamos edenes que no existieron,
tratamos de explicarnos el gran enigma
de estar aquí un solo largo instante entre el porvenir y el pasado.

EL SALÓN DE LOS MISTERIOS

Las dulces beatas a la derecha del cuadro,
las cortesanas a la izquierda (bellísimas),
hablaban de lo que hablan las mujeres cuando están solas
—y los hombres nunca sabremos.

MILENIO

Todos esquivan al que intenta darles
las hojitas que anuncian el fin del mundo.
Pero él me cierra el paso y me dice:
«Entre el *clochard* y el teporocho,
el joven asaltante ansioso de *crack* con la navaja en la mano,
la mendiga de llagas supurantes,
los niños combatientes en dos mil guerras de ahora,
los leprosos, los viejos abandonados
en hipócritas campos de exterminio;
entre los *homeless* que huelen a orines y alcohol de muerte
o aquel Gulag atroz en que dejan la vista
las mujeres que cosen vestidos de lujo a diez centavos la hora,
mientras los jefes de la compañía
y los accionistas que exigen más y más lucro sin pausa
tienen ganancias anuales de mil millones de dólares;
entre los adolescentes inhalantes con el cerebro deshecho,
hijos de la violencia que sólo están aquí para perpetuarla,
las niñas prostitutas rebosantes de sida y droga a los catorce años,
preñadas de hijos que nacerán enfermos y drogadictos:
entre todo esto y lo demás a la vista
se alza soberbio e insultante y lumínico
el Templo de los Templos,
el santuario electrónico a la deidad de la usura y el oro plástico.
¿No le parece justo que vuelva Cristo
y actúe como dicen los Evangelios?»

CAMINO DE IMPERFECCIÓN

En tantísimos años sólo llegué a conocer de mí mismo
la cruel parodia, la caricatura insultante
—y nunca pude hallar el original ni el modelo.

GASES

Puro lugar común esta mosca que gira y gira,
muriéndose
bajo el efecto del insecticida.

Debe de ser terrible su agonía inmensa.
Quemada
en su exterior y en su interior,
la mosca víctima de los gases letales,
como aquellos reclutas de Verdun
que terminaban por escupir los pulmones
al comenzar el siglo de la muerte.

RADIO

En su lecho de polvo
encontré el venerable monumento a la ruina:
la radio de madera y tela y bulbos de película antigua.

Hoy está muda aunque en su día trasmitió
la Segunda Guerra Mundial, el desembarco en Normandía,
la toma de Berlín y el suicidio de Hitler,
así como Hiroshima y Nagasaki.

Sobre todo, me enseñó a hablar
y me permitió internarme en el laberinto de las ficciones
(pues la radio de entonces contaba historias).

En ella deben de estar irrecuperablemente guardadas
obras maestras del bolero
como sonaron en su estreno:
Frenesí, Amor perdido, Obsesión, Vereda tropical,
Solamente una vez y otras grandes creaciones de Agustín Lara
—y, como es natural, *Bésame mucho.*

LA LENGUA DE LAS COSAS

La lengua de las cosas debe de ser el polvo donde se comunican sin hablarse.
El polvo o la sombra que proyectan.

Demencia de las cosas cuando su voluntad se rebela
y se esconden frenéticas o se niegan a funcionar obstinadas.
Únicos medios de rebelión a su alcance,
únicas formas de decirnos que no somos sus amos,
aunque tengamos el poder
de destruirlas y olvidarlas.

POSCOLONIAL

Llegamos tarde al banquete
de las artes y letras occidentales,
como escribió nuestro clásico.
Recogimos las sobras, nadie lo niega.

Pero, con el ingenio de los que no tienen ni en dónde
caerse muertos,
no ha estado nada mal lo que hemos hecho con ellas.

FERNANDO BENÍTEZ EN 1999

Pierdo un poco de sombra cada día
y ya me alumbra el resplandor del hueso.
Ya la mar de los muchos es la mía.
Mientras tanto me fijo en el proceso:
cómo deslumbra lo que se ha perdido,
cómo hasta lo más tenue se hace espeso.
Pierdo un poco de sombra cada día
y ya me alumbra el resplandor del hueso.
Ya la mar de los muchos es la mía.

POEMA DE AMOR CON UNA LÍNEA DE HEMINGWAY
(A Farewell to Arms, 7)

Yosoytú
No
      nos
separes
de
      mí.

EL ÁRBOL DEL RENCOR

Vigilo el crecimiento del rencor
como quien cuida un bonsai que se muere
si uno lo deja solo un solo día.

Mi arbolito de furia,
mi guillotina sin sangre,
el altar
a la mala persona que somos todos.

En la calma chicha
reverberación del ojo por ojo al acecho,
cuerpo deforme del resentimiento,
cuervo posado en la rama del ciprés funerario,
esperando
el cruel instante feliz en que estaremos a mano.

ESPEJO

En el momento preciso
el espejo revela su más profundo secreto
y dice lo que antes nunca había dicho.

CORPORAL

El cuerpo real, lo corporal que se acaba
pero siempre regresa en los otros cuerpos.
Allí encontramos
la única inmortalidad que no es humo.

EL REINO DE LAS AGUAS

Desde el acantilado huele el mar a primer instante del mundo.
Hay gaviotas que vuelan como si desde entonces nada hubiera
ocurrido.
Pero ni sombra de una embarcación.
Esta mañana
los pescadores no zarparon y todo
parece en calma bajo los verdes feroces.

Todo menos las olas que se obstinan desesperadas
—o eso creemos por ahora.
Pues el mar sabe mejor que nadie que el planeta volverá a ser algún
día
el reino de las aguas.

CONTRA HAROLD BLOOM

Al doctor Harold Bloom lamento decirle
que repudio lo que él llamó «la ansiedad de las influencias».
Yo no quiero matar a López Velarde ni a Gorostiza ni a Paz ni a
Sabines.
Por el contrario,
no podría escribir ni sabría qué hacer
en el caso imposible de que no existieran
Zozobra, Muerte sin fin, Piedra de sol, Recuento de poemas.

EL ODIANTE

Como me odiaba el odiante
y me disgustan las escenas
hice hasta lo imposible por evitar los encuentros.
Pero una noche al fin nos vimos de frente
y hablamos como amigos de muchos años.

Lo que otros juzgarán cobardía hipócrita
o afán de congraciarse, no es nada de eso:
Los dos nos conocemos mejor que nadie
y ambos necesitamos uno del otro.

EN PRESENCIA DE LOS AUSENTES

¿Quiénes serán Roy Millot,
Quintal Corbett, Dorothy Hammond,
Wilson Scott, Harriet Parker, los misteriosos
que vivieron antes aquí?

Cada semana llegan cuentas y cartas
que no abro nunca y devuelvo al correo.
Pero me intriga la coincidencia
de estar como ellos de paso.

¿Qué historias habrán vivido en estos dos cuartos?
¿Preservará el insondable espejo
vestigio o testimonio de sus caras?
Por lo demás no dejaron huella.

Al fin de la otra semana
la persona que llegue al apartamento
se hará tal vez
preguntas semejantes en torno a mí.

Compartimos un sitio
al que no volveremos nunca en la vida.
Dejamos escapar entre sus paredes
un sector breve o largo de la existencia.
Fuimos navíos
que se cruzan de noche y en altamar como en el poema
(aquí ya lugar común) de Longfellow.
Pero nunca jamás nos encontraremos.

Como desde el nacer le decimos adiós a todo,
una vez más y siempre me despido.

COMERSE EL MUNDO

[Otro poema de Nueva Orleáns]

En las bancas del parque cerca del río
desde la edad tercera observamos atónitos
cómo se dejan caer sobre la ciudad entre el sexual aire húmedo
las parejas de jóvenes, la novísima y ávida
generación que nació para el día de gozo y copula
bajo su áspera música alada y despliega
su carnaval de amor rápido.

Qué armonía y plenitud tienen los cuerpos dorados,
vibrantes en un segundo de dicha orgásmica.

Vienen a lo que vienen.
Ellos sí de verdad llegaron para comerse este mundo.

Luego obedecerán a la sombría esclavitud del trabajo,
al sistema de hierro que los obliga a esforzarse
y a consumir hasta la muerte.

Mientras tanto *comerse el mundo*
no es un lugar común en su caso:
quienes vuelan y danzan y se acoplan
son las termitas.
Y poco a poco devoran el viejo centro de Nueva Orleáns sus
mandíbulas.
Fauces feroces como taladro implacable.
Insectos inmunes
a los venenos conocidos.

Para iniciar el siglo XXI
las invencibles termitas
se perpetúan sin sosiego en su coito unánime.

Nos creímos los dueños de este planeta:
ante ellas
no somos ni siquiera dioses caídos:
sólo un puñado de polvo
(el polvo que hacen con pico y pala sus fauces)
en las bancas del parque cerca del río.

DESPEDIDA

Fracasé. Fue mi culpa. Lo reconozco.
Pero en manera alguna pido perdón o indulgencia:
Eso me pasa por intentar lo imposible.

XIII

COMO LA LLUVIA

[2001-2008]

Arrojados a este mar tan turbio y tan hondo, jamás pondremos pie en tierra firme. En su vaivén los flujos y reflujos nos zarandean sin cesar y nos abisman con estrago. Flotamos entre dos aguas a merced de las olas. Chocamos unos contra otros y naufragamos a veces. Tememos siempre a este mar tempestuoso sujeto a todas las tormentas. Para sus navegantes el único puerto seguro es la muerte.

Séneca, Consolación a Lucilio
[Trad. de Julián Hernández,
en *Lacrimae rerum: Breve antología de las letras latinas*, México, 1939.]

I. LOS PERSONAJES DEL DRAMA

EL SEÑOR MORÓN Y LA NIÑA DE PLATA, O UNA IMAGEN DEL DESEO

Un cuento en cinco actos y en verso

> En ella, en fin, se retrata
> Una imagen del deseo.
> ¿Qué sirve tanto rodeo?
> Ella es La Niña de Plata.
>
> LOPE DE VEGA,
> *La Niña de Plata* (1617)

Primer acto

Cómo se acicalaba noche tras noche
Para ocupar su asiento en primera fila
Aquel señor Morón a quien nuestro grupo de teatro
Juzgaba el hazmerreír, el invasor, el viejo asqueroso,
Capaz de suponer que con regalos y flores
Y elogios delirantes en un periódico infame
Iba a ser suya algún día
Nuestra fugaz estrella hermosísima.
Casi desnuda y casi adolescente
Interpretaba con verdadera gracia y talento
A La Niña de Plata en mi versión
Que era sólo un intento de venerarla.
(Lope de Vega dice que la llaman así
Porque al verla «todos los ojos
Codician a La Niña como a la plata».)

Al terminar la función La Niña de Plata
Se transformaba en Reina de la Noche
Y hacía el amor como nadie
Con el afortunado de aquel grupo
Que le gustaba un momento.
Encendía la furia inevitable
De las actrices que representaban
A Zulema, a Teodora, a Marcela, a La Esclava.

La Reina había trazado las fronteras:
«En mi cuerpo yo mando. No quiero ser
Propiedad de hombre alguno.
Y las reglas del juego son muy simples:
Nada de celos ni rivalidades
Y no se hable de amor: eso no existe».

Segundo acto

En la historia que sangra, en la tragedia
De nuestra humanidad hubo unos años,
Entre el descubrimiento de la píldora
Y la salvaje aparición del sida,
Unos años de lumbre en que la gente
Pudo hacer cuanto quiso con su cuerpo
Sin miedo de embarazos ni contagios.

De las generaciones desdichadas
Que han arruinado sin piedad la Tierra
Sólo los de ese entonces fueron libres
O al menos lo creyeron, pues la utopía
Tampoco funcionó: La Niña de Plata,
La Reina de la Noche y el Deseo,

Acabó con el grupo, sembró el odio,
Su libertad nos convirtió en esclavos,
Torturados por la más doliente pasión,
Corroídos por el más loco amor
En la guerra de todos contra todos.

Pero mientras duró la temporada,
Con señas, actitudes, gestos, guiños,
Dijimos cada noche al señor Morón,
La pobre víctima cuya única culpa
Era amar y desear pero a destiempo:
«Este mundo es el nuestro. En él no entra nadie
Que no tenga veinte años como nosotros.
Por ahora somos los jóvenes.
Ya que no lo seremos para siempre,
No soportamos el horror de ver
Como en espejo cóncavo la imagen
De aquello en lo que vamos a convertirnos,
A menos que nos preste
Oportuna licencia la Madre Muerte».

Tercer acto

Frente a nuestra edad actual el señor Morón
No sería tan viejo como nosotros ahora.
Pero sus canas teñidas y sus arrugas maquilladas,
Su aspecto de villano del peor cine,
Nos hacían verlo entre risas
Como un *Stregosaurus undulatus,*
Una bestia prehistórica
Que intentara acercarse
A la hoguera y la orgía del *Homo sapiens.*

∞

Estigmas ominosos su traje a rayas,
Su flor en el ojal, su pañuelito doblado,
Su bigote estilo Clark Gable
Y el aroma excesivo a Colonia Sanborns.
Todo él esperpento, gárgola,
Piltrafa, ruina, carroña
Ante el cuerpo tan nuevo de La Niña de Plata
Y su cara perfecta de aquellos años.

A veces, contra cercos y prohibiciones,
El señor Morón lograba colarse
Por soborno o a fuerza en los camerinos
Para ofrendarle rosas y collares de ópalos.
La Niña me escogía por ser el menos violento,
El que no iba a insultarlo ni a zarandearlo.
Me tomaba del brazo para impedir el escándalo
Y ahuyentar sin ofensa al desdichado.

«Usted es muy generoso, señor Morón.
Gracias por sus elogios y sus collares
Y en especial por las magníficas rosas...
Lo siento de verdad pero no puedo
Aceptar su gentil invitación:
Ya tengo un compromiso con mi novio.»

El «novio» era siempre yo en aquellas noches.
(«Llévame a casa por favor. Me temo
Que este monstruo me siga al verme sola.»)
Así el señor Morón en su desdicha
Me daba el don inmenso de unas horas
De placer infinito sin mañana.

Cuánto le habrá dolido al señor Morón
Suponer en qué forma

Iba a desarrollarse el «compromiso»
En un apartamento de Obregón e Insurgentes.
«Cierra bien la cortina: estoy segura
De que el viejo asqueroso intenta espiarnos...»
«¿Te gusta ver las rosas entre mis senos...?»
«¿Cómo me queda este collar desnuda...?»
(Teodora le decía: «No te pongas
Esas piedras jamás. Deshazte de ellas.
Atraen como imanes la mala suerte
Y el pobre endriago que te las obsequia
Redobla la energía negativa».
No hicimos caso: «Teodora es muy extraña
Y se muere de envidia».)

Cuarto acto

Cuando el grupo al final se disolvió
Por causa de ella aunque no por su culpa,
Ya que, excepto a Morón, no engañó a nadie,
Le dije adiós
A La Niña de Plata en el Parque México.
Ya no quiso
Recibirme en su casa,
«Para evitar más desastres».
No me dejó besarla, no me abrazó.
Sólo me dio la mano al despedirse
Y la tuve un minuto entre mis dedos.

Jamás volvimos a vernos.
Con todo su talento nunca otra vez
Pisó ningún escenario.

Más tarde me dijeron que se casó.
Se fue a vivir a Inglaterra
Y murió
(Nunca supe por qué ni cómo)
Cuando aún no cumplía veinticinco años.

No hay rastro de su nombre en Internet,
No perdura una sola foto.
Ya no existe memoria de aquel tiempo,
Del mundo antiguo nada sigue en pie.
Por todo esto
Guardo su última imagen para siempre,
Para siempre la veo en el Parque México
Y aún sigue despidiéndose de mí
Pero a cada instante
Está más y más lejos
Y nunca cesa de irse.

Quinto acto

Poco antes de esta escena el señor Morón
Se hartó de tanta burla y rechazo
Y se perdió en la noche como después
Iba a extraviarse cada uno de nosotros.
El mundo es teatro y sólo un breve instante
Representamos nuestra farsa trágica.
Luego llegan los otros con su espectáculo.

Entre tanta demencia el señor Morón
Creyó que en serio yo era el «novio» de La Niña de Plata.
Quizá lo hubiera herido mucho más la verdad
Pero vivimos siempre en la ignorancia.

∞

Si aceptó zozobrar en la ignominia,
La derrota y el gran fracaso,
Antes de hundirse al fin en las tinieblas
Me escribió su rencor interminable
Con la tinta del odio
Y la clarividencia del desastre:

«Goza de tu victoria porque un día
Tú serás como yo el intruso,
El viejo asqueroso.
El señor Morón
Que va en pos de un deseo imposible,
Huele a Colonia Sanborns
Y lleva un ramo de rosas.

»Ya te acicalarás noche tras noche
Para ocupar tu asiento en primera fila.»

LA MIRADA DEL OTRO

El pez en el acuario
Mudo observa
El espacio que mide con su vuelo.

Del agua sólo sabe:
«Esto es el mundo».
De nosotros lo azoran los enigmas.

«¿Quiénes serán? Extraños prisioneros
De la Tierra y el aire.
Si vinieran aquí se asfixiarían.

»Los compadezco. Pobres animales
Que dan vueltas eternas al vacío.

»Viven para ser vistos.
Son carnada
De un poderoso anzuelo inexplicable.

»Algún día
He de verlos inertes, boca arriba,
Flotantes en la cima de su Nada.»

EL GRAN AYER

La foto de ese joven de antes de ayer
Al que todos conocen sólo de viejo...

Extraño nieto de sus propios hijos,
Tiene el vestuario
De un presente fugaz como este ahora mismo.

Duro nos mira desde su juventud,
No de verdad sino sólo imagen.
Su hoy es ya fue
En camino al abismo que espera a todos.

No representa su mayor edad
Sino lo relativo de mundo y tiempo.

Allá en la foto
Él se desnace, crece al revés
En su enjuvenecimiento exagerado.

∞

Pronto los dos
—El de allá, el de aquí—
Serán parte del gran ayer,
Imagen doble
De otro más entre sus fantasmas.

EL VECINO DE ARRIBA

> En una encantada torre,
> por lo que sé, vive preso.
> CALDERÓN DE LA BARCA,
> *La vida es sueño*

El vecino de arriba se pasea todo el día
Entre los muros de su encierro.

Cruje el edificio
Con la violencia inútil de sus pasos.
Se revuelca en el suelo.
Deja correr el agua como si abriera una presa.
Un minuto después suspende el acto
Y reanuda su andar en círculos.
Golpea las paredes de cartón-piedra.
Arroja cosas
Que saltan en añicos.

Lo más terrible es el lamento incesante:
Muge, gime y aúlla
En un lenguaje incomprensible.
A veces pone música:
Tambores que repiten la misma nota obsesiva.

∞

No sé quién es ni lo he visto nunca.
Jamás sale a la calle.
No se atreve a acechar por la ventana.
Debe de haber personas que vean por él,
Lo alimenten, recojan la basura.

Pasan semanas y el estruendo crece.
Se hacen más dolorosos los aullidos.

Quiero irme de aquí cuanto antes.
Estoy casi seguro:
El vecino de arriba es Segismundo.
Sin tener culpa alguna fue condenado
A esta prisión desde que abrió los ojos.

Y sin tregua protesta noche y día
Contra el crimen sin nombre de haber nacido.

GALEOTES

De las formas de infierno
Diseñadas en este mundo
Para hacer indeseable la existencia
La más amarga es nuestra condena.

Somos galeotes y en el viaje inmóvil,
Ritmado por el golpe de los tambores,
El látigo en la espalda no permite
Aflojar el esfuerzo un solo instante.

A fuerza de tortura nuestros amos
Alcanzan otros puertos, intercambian
Oro, frutos, combates, mercancías.

Todo lo compartimos: el martirio,
La sed, el calor y la desesperanza.
Sin embargo no existe entre nosotros
Fraternidad alguna.
Tan sólo la cadena que llevamos
Nos ata en la desgracia.

Uncidos a este potro de tormento,
No hay día sin que alguno se desplome,
Perezca en el suplicio y sea arrojado
Como lastre a las olas.

La muerte de un galeote no conmueve a los otros.
Somos la mula ciega que sin pausa
Hace andar al molino.

Nadie juzgue maldad la indiferencia:
Es envidia al que escapa
De esta prisión flotante, de estos remos
Que acompasan el viaje hacia la Nada.

TIERRA INCÓGNITA

Dice dadá, se hace pipí, suelta pupú,
Teme al guaguá y odia al miau.
Y sin cesar hay que cambiarle pañales.

∞

Tomo el babero.
Le limpio una vez más su boquita.
Espejo de qué enigma sus pobres ojos.
Cuánto dolor del mundo en el inocente
Que por fortuna no se da cuenta de nada...
O eso creemos, al vernos,
Igual que él, de repente, un día.
Nadie está a salvo.

Y nuestro niño en su camino a la inversa
Nació en la tumba para llegar a esta cuna.
Volvió a la semilla.
Perdió en el viaje su inteligencia implacable
Y su ferocidad para burlarse de todo y todos.

Nuestro bebé ultrasenecto
Navegó el río feroz de la vida a contracorriente.
Su victoria es ser de nuevo un recién nacido.
Pero esta vez ha llegado al mundo
En una tierra incógnita que llamamos Alzheimer.

CONTRA EL TIRANO

Escribió un libro entero contra el tirano.
Quinientas páginas
De epigramas hirientes y prosa ácida,
Inflamada por el más noble afán de justicia.

Documentó sus crímenes atroces,
Su poder tenebroso, su corrupción
Y el final desamparo de todo autócrata.

Esperó la condena a muerte,
La tortura, la cárcel o el destierro.
Pero al tirano le fascinó la invectiva.
Nada le agradó tanto como el revés de la trama.
Leyó bajo tanto odio la admiración,
En el tono indignado la voz de un cómplice.

Y lo nombró su secretario perpetuo
Y el redactor de sus edictos monstruosos.

CUADROS DEL MANICOMIO DE SANSUEÑA

Se parecen, sí, todos se parecen
En el planeta entero, en cualquier época.
Tienen mucho en común,
A semejanza de la pintura rupestre
Y los dibujos infantiles.

Con la soberbia de aspirar a creernos
Sanos, cuerdos, impunes,
Juzgamos estos cuadros «*interesantes*,
Frescos, espontáneos
Y sobre todo ingenuos».

Pero en verdad los preside
Una sabiduría que no alcanzamos a ver.
Llegan de otra caverna que no responde
A la cronología de aquí afuera.
Su extrañeza consiste
En ser lo más natural:
La defensa propia

Contra la vida que les hizo daño
Y terminó por encerrarlos.

Para quienes pintaron estas obras
Somos también pacientes impacientes,
Internos, reos
En otra institución no amurallada
Pero igual de opresiva
Con sus segregaciones implacables.

Pregunta el director: «¿Verdad que el arte
Tiene grandes valores terapéuticos?...
¿No quisiera usted hablar con los artistas?
La entrada no está prohibida.
Puede pasar cuando quiera.
Lo que no podrá nunca
Es salir de nuevo».

LA ESTATUA VIVA

Todos le piden que se vaya de aquí.
Ya se cansaron de mirarlo.
Primero fue el aplauso
Y esta admiración
Se traducía en incesantes monedas.

Más tarde sobrevino la costumbre
Y después llegó el tedio,
Seguido por el hartazgo
Y las ganas plurales de eliminarlo.

Tiene su arte la inmovilidad,
El dar a un cuerpo humano la apariencia del mármol.
Se necesitan fuerza y adiestramiento
Y mucha resistencia para no buscar aire.
(Trate de mantenerse inmóvil por un minuto
Sin que se note la respiración
Ni se produzca el más veloz parpadeo.)

En su cuerpo azotaron las tempestades
Y él no alteró la pose estatuaria.
Es el Discóbolo en trance
De disparar un brutal proyectil
Destinado a no volar nunca.

Sin embargo, señores, no puede más.
Quiere irse con su mármol a otra parte.
El gran problema es que ya no puede moverse:
A fuerza de imitar a las estatuas
Se ha convertido en piedra como ellas.

LAMENTO DE POL POT EN SU LECHO DE MUERTE

Intenté hacer el bien, propagar la bondad,
Sembrar la justicia, hacer la dicha de todos.

Con tan noble propósito engañé,
Asesiné, encarcelé, torturé, oprimí.
Yo que era compasivo y solidario
Me convertí en uno más de los monstruos.

∞

Ahora sólo puedo pedir perdón.
Y es en vano: los muertos no resucitan,
Las heridas nunca se curan.

Así al buscar la luz y la verdad
Aumenté con la suma de mis crímenes
El plural sufrimiento de este mundo.

EL VIENTO EN LOS METALES

La niña autista ¿es feliz
O lo parece desde mi extranjería?

Fuera de lo que tiene no quiere nada:
Sus cubitos de plástico, sus móviles
Y la canción del viento en los metales.

«238 vino ayer», me susurra.
«No encontró a 424
Porque estaba en la tierra de los miles...
El cubito que habla se llama miércoles
Y te quiere decir que no te quiere.»

Poema del silencio su discurso,
Discurso del silencio su poema.
¿Qué traduzco
Si no tengo la clave?

Para nosotros la ambición,
La envidia, la angustia,
El miedo al sufrimiento y a la muerte,

La conciencia del Mal,
El terror de todo.

Para ella,
En su presente eterno,
Sólo números.

Sabe oír
Lo que hojas de metal dicen al viento
Y cuanto piensan cubos de colores.

No resisto un segundo más.
Carezco de respuestas y aun de preguntas.

La niña autista
En silencio me dice adiós,

Escucha el aire cuando abraza al móvil,
Vuelve a ordenar sus cubos de colores.

Y parece feliz:
No quiere nada.

LA JAULA DE LOS MONOS

Al mono primordial lo llevas dentro y oculto,
Pero con gran frecuencia se te escapa
Y se muestra rampante
En sitios y ocasiones indeseables.

Y cómo aúlla, grita y gesticula
Cuando algo le disgusta.

O cómo se diría casi humano
Cuando una acción ajena lo entristece.

A fuerza de luchar por tantos años,
Ser uno para el otro en pugna siempre,
Ya se volvieron algo indisoluble.

Ahora es el simio quien te lleva dentro
En lo que fue ciudad y por obra nuestra
Se ha convertido en jaula de los monos.

RAP DEL SALMÓN

Vuelvo a la poza en que nací
Y tengo al mundo contra mí.

Navego oleajes, venzo tormentas.
Las que me esperan serán más cruentas.

Tantas feroces navegaciones
Y yo no cuento: somos billones.

Qué esfuerzo inútil: cada minuto
Pienso en la cuna, para mi luto.

Arde y me quema el agua salada.
Y la que es dulce me sabe helada.

Al remontarla a contracorriente
Veo la ribera llena de gente.

Son mis verdugos, los pescadores.
Lanzan anzuelos torturadores.

Si no me atrapan hombres odiosos
Caigo en las fauces de crueles osos.

Roto y exhausto, muy malherido,
Llego a la poza que es meta y nido.

Sufro martirio y tribulaciones
Para que existan otros salmones.

Cumplí mi sino: he multiplicado
La guerra inútil: todo ha acabado.

No habrá odisea de vuelta al mar
Pero otra vida va a comenzar.

Lo más terrible es que aún me toca
Ser la comida que entra en tu boca.

EL MENDIGO DE PALMA

No hay en el mundo nadie más altivo
Que el mendigo
De las calles de Palma.

Con qué arrogancia implora caridad,
Con qué hiriente desprecio la recibe
Y en vez de dar las gracias por la limosna
Rezonga maldiciones, vomita odio,
Escupe fuego contra la injusticia.

Cuán consumado su arte del desdén,
Cómo logra
Que nos sintamos culpables
Por no estar
En su cubil de ratas ni a la altura
De sus harapos y su mugre.

Con qué ferocidad tiende la mano,
Nido de nudos, cicatriz de rabia,
Pared roñosa,
Grietas, cuarteaduras
De un rencor milenario,
Árbol talado
Repleto de inscripciones indescifrables.

«Yo soy la vida real, la verdad verdadera»,
Parece que nos dice con su silencio.
«Fuera de mí todo es
Impostura, mentira, fraude,
Hipocresía y disfraz para encubrir
La desnudez del alma y el vacío
Alojado en sus mentes de hormiguero.

»Ustedes deberían pedirme perdón
Por estorbarme el sol y afear el paisaje
Con su imbécil presencia de antropoides.
Admito que supliquen mi compasión
Pero no me rebajo a tolerarlos
Ni acepto que me laman los zapatos.

»Soy el emperador de la inmundicia.
Mi Roma es el jardín de la basura.
En mi abyecto palacio ustedes son
Bárbaros despreciables, invasores

De mi imperio en jirones,
Mi planeta en proceso de hacerse polvo.»

Qué soberbia tan grande, qué orgullo atroz
Demuestra al repetirnos desde su abismo:
«Aunque ustedes lo nieguen soy rey del mundo,
Mi imperio-llaga es la verdad del mundo».

UNA ESTAMPA ROMÁNTICA

Romántica la estampa que por excepción
Se vende barata
En la tienda de antigüedades
Sólo al alcance del gerentariado.

La cartulina de un grosor que hoy parece excesivo,
Las tintas con más de un siglo de ya no usarse,
Violetas adheridas quién sabe cómo,
Vaciadas en un ámbar del pleistoceno.
Ya también es prehistoria la dulce imagen
A la que todo esto sirve de marco
O de urna votiva.

La niña casi a punto de ser muchacha,
Su palidez, su delgadez preanoréxica,
Su piel como de mármol hecho de Luna
(Hubieran dicho los poetas de entonces),
La inmensa cabellera de cortesana o de santa
Y los ojos de lumbre inapagable. Es decir,
El arquetipo de belleza que dominó
Un momento de hace dos siglos: la tísica,
La joven ultrarromántica que muere

«Entre toses y toses»
Y por tanto encarna
(Para los pobladores de aquel ayer tan pasado)
El punto más sublime de la pasión, pues desearla
Es abrazar al mismo tiempo a la amante y la muerte.

Bajo toda belleza existe siempre alguna forma de horror.
En este caso concreto
Quienes romantizaron la tuberculosis
No vieron o se negaron a dejar dicho
Cómo se iban de aquí sus víctimas.

De todas las materias humillantísimas
Que son materia misma de nuestro cuerpo indefenso
La más siniestra es el pus,
La baba proliferante, el gusano líquido
En las fauces abiertas del sepulcro.

El pus insatisfecho con sus drenajes
Brotaba por todas partes,
Ahogaba con criminal ensañamiento a la niña.
Y al espectáculo
Se sumaba el hedor intolerable
Que obligaba a decir a los circunstantes:
«Así debe de oler el mismo infierno».

Mejor no recordar aquella agonía,
Dejar la estampa en su sitio
Y al menos una vez darles las gracias
A los avances de la ciencia médica.

PECADO ORIGINAL

Mientras caía Berlín y Hitler era aplastado
Y el mundo se aterraba ante los campos de muerte,
En la iglesia entre sombras la doctrina
Para hacer la primera comunión
Y refrendar las aguas bautismales
Que nos absolverían, aunque no para siempre,
Del inmenso pecado original: estar vivos.

En pleno genocidio ellos en vez
De aleccionarnos contra el odio
Y prevenirnos contra la crueldad,
Nos enseñaban el terror al sexo:
«Basta mirar con lujuria
A una mujer para que se hunda otro clavo
En el Divino Cuerpo de Cristo.
Cómo sufre en la Cruz Nuestro Redentor
Con los actos terribles de sus hijos.
Pero estos infelices no se imaginan
Qué tormento hallarán en el infierno.»

Ninguno de nosotros a los seis años
Sabía qué significa la palabra *lujuria*,
Ni tampoco por qué el haber nacido
Nos iba a sentenciar al martirio eterno:
Pailas de aceite hirviendo,
Cuchillos que al cortar queman,
La sed, el hambre, la ceguera,
El sadismo
De los nazidemonios que castigan
Nuestra innata debilidad,
Los inocentes cuerpos ya condenados
Al sufrimiento, el Mal, la enfermedad, la vejez, la muerte.

Y después el castigo eterno
Por la vida que no pedimos.
Pero antes, en nuestra veloz estación de paso,
Un segundo en la lumbre del placer
Sin conciencia de nada.

Al salir veíamos a las niñas que esperaban su hora
De entrar en el catecismo,
Bien segregadas, del todo
Incomunicables, prohibidas ya desde entonces
Porque en sus cuerpos,
Aun ni siquiera en flor todavía,
Acechaba la tentación y el maligno
Las iba a utilizar como armas contra nosotros
En su *Blitzkrieg* invencible.

De aquella lejanía submarina de abismo,
Agua del tiempo y mar de la memoria,
Rescato el triunfo del demonio, la inmensa dicha
De ver de paso a Tere, a Rosa, a Eugenia, a Susana,
Las futuras bellezas de los entonces impensables años sesenta,
Aquel breve imperio
De la absoluta juventud y el talento.
Pasó muy pronto. Hoy ya es
Como si nunca hubiera existido.

Si viven todavía aquellas niñas de entonces
Estarán a punto
De venir otra vez a decirme adiós en ausencia
Pues se acerca mi hora
De conocer el Auschwitz de las tinieblas.

LA OVEJA REINA
Una antifábula

Apenas sobresalgo de la cerca
Y la oveja me mira desde un orbe
Que jamás será nuestro.

Ogro entre lobos, lobo entre los ogros,
Me teme y me aborrece por sobradas razones.
Pertenezco al sector de los feroces
Y, a diferencia de ella, tengo manos
Capaces de hacer daño y destruir
Por medio de tijeras y cuchillos.

Soy un lacayo más del vil imperio
Que para enriquecerse sin medida
Saquea los recursos de la oveja.
Y a fin de entretener su hambre sin fondo
Secuestra y mata a sus recién nacidos.

La oveja en mi persona halla un ejemplo
De las tristes criaturas sublanares,
Muestra gris, indistinta
De la especie feroz que arruina todo.
Ladrón, torturador, siempre asesino,
Sabandija, alimaña, cáncer, plaga
Ante la oveja reina.

¿Cómo me va a juzgar de otra manera
Un animal que habita en otro mundo
Eternamente víctima del nuestro?
No respondo a su estética, no cumplo
Para nada ninguno de sus cánones.

Ocupo un despreciable último rango
En la masa indistinta de los hombres.

Pecado imperdonable no lucir
Un vellocino que me cubra y me haga
Tan hermoso como ella.
Si camino en dos patas
(Qué grotescas las bestias de dos patas)
Es evidente entonces que he llegado a esquilarla
Y a robarle a sus niños
Con destino a una mesa de glotones.

Nunca faltan ovejas que pregunten
Por qué nuestro hato humano infama siempre
Como «la oveja negra» a quien se aparta
Del tropel que formamos los esclavos.

En la lengua ovejuna
Abundan expresiones que condenan
A los sumisos bípedos cobardes.
Hablan de nuestra abyecta sumisión
Al poder, la crueldad, la moda boba
(Las ovejas no cambian de vestuario).
Desprecian sobre todo a las que van
«Como seres humanos al matadero»...
Y en esto saben bien de lo que hablan.
Si una oveja se sale del redil
Y niega la deriva del rebaño
La definen «persona descarriada».
Pero a las obedientes las infaman
Por su docilidad que acepta todo
A cambio de promesas y esperanzas.

«Son ingenuas y torpes, casi humanas,
Y al precio de torturas sin medida
Tratan de parecerse, siempre en vano,
A modelos de cuerpos que no existen.»

La oveja se impacienta y da a entender:
«Podríamos seguir al infinito.
Por hoy puedes largarte. Es suficiente».

Me despido, me alejo y siento pena
De haberle dado sin afán de daño
Un mal rato a la oveja.

Esta noche la reina no dormirá
Por la furia que sintió al verme.
Y tratará de conciliar el sueño
Contando hombres que saltan de las cercas.

II. COMO SI NADA

EL MAÑANA

A los veinte años nos dijeron: «Hay
Que sacrificarse por el Mañana».

Y ofrendamos la vida en el altar
Del dios que nunca llega.

Me gustaría encontrarme ya al final
Con los viejos maestros de aquel tiempo.

Tendrían que decirme si de verdad
Todo este horror de ahora era el Mañana.

CADALSO

Con las mejores armas a mi alcance
Preparo mi cadalso.

Pongo un clavo
Todos los días y no fallo nunca.

Tendrá su recompensa el gran esfuerzo.
La ejecución será una obra maestra.

Se invita al público
A escoger desde ahora sus lugares.

MORALIDADES

Nuestro pueblo practica la moral
Y hace de cada acto una lección ética.

Aquí nunca enterramos a los muertos.
Los dejamos pudrirse en la plaza pública

Para que esta final humillación
Nos obligue a mirarnos como somos.

PÉNDULO

El obsesivo péndulo,
El tigre que da vueltas a la Nada.

No hay ninguna filosa oscilación
Que no tale un instante de la vida.

Pero sin su constancia y su impaciencia
Nunca hubiéramos sido.

No estaríamos
Aquí frente a su cuenta que se acorta.

LA EXTRAÑEZA

Al nacer ocupamos el sitio de alguien
Y no damos las gracias a quien se ausenta
Para legarnos su inestable espacio.

No sabemos ni cómo ni quién fue
El ser desconocido, en dónde estuvo.

Consideramos algo natural
La extrañeza del mundo, su misterio,
El castigo y alivio de ser mortales,
El terrible milagro de estar vivos.

MEJOR QUE NADIE

Los ríos conocen la soledad mejor que nadie.
Fluyen a solas, van siempre solos, no dan
Tregua a su oficio solitario.

También mejor que nadie saben que al fin
Se unen al mar y acompasan su encuentro
Con la sagacidad de la muerte unánime.

LASTRE

A este día le queda sólo un lastre de luz.
Se dispone a arrojarlo y ascender
Y se demora andando por las ramas.

Al fin se eleva hacia su nunca más
Y cuando se ha deshecho de su arena de sol

Las tinieblas cubren la Tierra.

HISTORIA NATURAL

Acerca de la Luna dice Plinio
Que se alimenta de los mares.

Aunque la ciencia lo haya refutado
Plinio conserva la razón poética.

Insiste en que la Luna, estrella árida,
Se teje con las aguas de los ríos.

Y arde el Sol porque el fuego se mantiene
Con las olas que absorbe del abismo.

MALA SEÑAL

Algo murmura, algo rezonga la noche
Desde la orilla de su poder sin medida.

Mala señal que las tinieblas musiten sombra

Y el agua no responda una sola palabra.

PAN

Eres lo que no miente,
Eres la verdad
Hecha de agua, de sol y tierra.

En ti podemos comer
La materia devoradora.

Al final
Seremos alimento para tu espiga.

MEDITACIÓN DEL AUTOBIÓGRAFO

¿Con cuál ficción me quedo para no ver lo que soy?
¿Qué otra mentira invento para justificar mi vacío?

No importan los testigos ni sus reproches:
La falsificación de mi pasado
Me saldrá tan absurda que acabaré por creérmela.

UNA HOJA

El viento la hizo entrar por la ventana,
Arrugada, en dobleces, yerta.
Una especie de momia vegetal,
Un pergamino ariscado,
Un palimpsesto en que sucesivos otoños
Presentaron su carta de rendición
Ante otros tantos inviernos.
Quise leerla y se deshizo al tocarla.
Polvo somos.

AMANECER EN COATEPEC

Los pájaros que incendian la mañana
No estaban aquí anoche.
Tal vez se abrían camino en las tinieblas
Y como el Sol-jaguar de los aztecas
Absorbían la sangre de los muertos
(Basta leer las noticias)
Para resucitar entre las frondas
Como heraldos dichosos o sombríos
De que la absurda vida sigue intacta
Y nada pudo contra el día la noche.

TENER Y NO TENER

No tiene fin la oscuridad.
No tiene
La sal del mar un día de consuelo.

Pero en cambio la dicha que hoy nos cubre
Tiene los días contados.

DE SOBRA

Al planeta como es
No le hago falta.

Proseguirá sin mí
Como antes pudo
Existir en mi ausencia.

∞

No me invitó a llegar
Y ahora me exige
Que me vaya en silencio.

Nada le importa mi insignificancia.
Salgo sobrando porque todo es suyo.

INFINITO RAMAJE

Infinito ramaje:
Voy por la selva
De los hechos que no me dejan ver la caverna,
El túnel donde se agolpa la oscuridad.

Y al final de todo
No hay luz ni lumbre:
Sólo otra selva sin nombre.

DIGO

Digo,
Como si decir algo fuera capaz
De hacerlo aparecer entre la sombra del sol,
Resonancia del día sin nombre.

Digo,
Y se va el decir
En la corriente que no vuelve.

Cuando menos conjuro la mudez,
Dejo una raya en la pared de nadie,
Un verso de aire en el agua.

SALAMANCA: UN ÁNGULO DEL TORMES

Diafanidad
Repentina en la tarde opaca.
Último sol
Minutos antes de que lo humille la sombra.

¿Qué será de estos árboles
Cuando no pueda verlos
El día que se ha marchado para siempre?

EN LA CIUDAD DE LOS PLACERES

«Soy limpio, noble y bueno.
Soy puro
Y me propongo salvarlos.
No dejaré que vayan a enfangarse
En la ciudad de los placeres.»

Se creyó su mentira, puso la bomba
Y voló el tren y convirtió en pedazos sangrantes
A sus quinientos pasajeros.

VERY STRANGE AND SINISTER COUNTRY

I hate Mexico.
GRAHAM GREENE,
Ways of Scape

Para evitar extensas discusiones
Me limito a dos líneas de Aldous Huxley.
Resumió cuanto piensan quienes nos ven en inglés
En la tarjeta postal —el *e-mail* de entonces—
Dirigida a Ottoline Morrell:

Very strange and sinister country
And dark, savage people.

NOCTURNO DE VIENA

Mientras que con pasión de anticuario ilícito
—No hablo el idioma— exploraba el fin
Del imperio austro-húngaro,
Otros imperios
Se derrumbaban a mi lado.

Absorto en el esplendor
De Viena al borde de su atroz abismo,
No alcancé a percibir el pozo de sombra
En que se hundió con mi propia época
Todo el mundo que me rodeaba.

FOLLETINES Y MELODRAMAS

En realidad mis obras predilectas
Son las inconfensables que distinguen
Entre buenos y malos sin matices.

Reconforta pensar: Estoy del lado
Del bien y la justicia y al final
Encontrarán castigo los villanos.

Ya que en el mundo nada de esto ocurre
Me acojo a la ilusión por un instante:
La verdad es dolorosa y no la acepto.

NATURALEZA MUERTA: CASA Y CAZA

En la casa de Ofelia hallé la mesa puesta.

No la arreglaron para festejarme
Ni era un convite para nuestra boda.

Ofelia se disponía a pintar
Otra naturaleza muerta

Y en ese drama inmóvil iba a incluirme
En el papel de liebre recién cazada.

RAZÓN DEL MUNDO

Tras muchos años de preparación
Por fin me fue concedido
Visitar en su gruta del Monte Impávido
Al gurú que controla miles de vidas.

Subí temblando hasta el lugar sagrado.
Al escuchar sonidos gurugales
Me acerqué reverente a preguntarle
La razón de este mundo,
El objeto inasible de estar vivos.

Mi gurú dijo: «Mu».
Y entendí todo.

DE AQUEL AÑO INVIVIBLE

De aquel año invivible,
Mil novecientos nada y cuántos,
Han transcurrido ochenta siglos o más.

Sin embargo en diez mil y cero a la izquierda
Seguimos unidos
En la tarea insensata y gozosa y vana
De echar abajo el Everest con una piedra afilada.

LA MAYORÍA DE EDAD

La mayoría de edad
No se alcanza por fecha de nacimiento
Ni consta en los archivos oficiales.

Nos graduamos de adultos nada más
Cuando alguien nos deja.

En plena juventud llega de pronto
El sabor de la muerte.

EL VIENTO DE ESTA NOCHE

El viento de esta noche no se apiada de mí.
Se limita a envolverme.

En la frialdad sin tacto de su abrazo
No quisiera observar críticamente
Intolerancia, sólo indiferencia.

Al viento no le importa quién está aquí
Ni sabe adónde va ni cómo se apresura
A hundirse en ese cuerpo que jamás
Podrá ser suyo ni de nadie nunca.

EN LA NOCHE DE TODOS

En la noche de todos algo mío nada más:
La visión perfecta
De tu cara en un instante de luz
Como nadie te ha visto ni te verá.

Por desgracia se llama instante
A lo que no regresa.

Debería ser perpetua esa visión,
Debería
Iluminarnos para siempre.

LA MODA BOBA

La moda boba que incomoda la imagen
A la vuelta de pocos años.

La época se convierte en lengua extranjera.
Los de aquí y los de ahora
No pueden entenderla o ya no quieren.

Para ellos habría que traducir
A la nueva belleza la de entonces.

RUIDO

Los grillos se alimentan de oscuridad.
Nadie sabe
De qué se trata su rumor incesante.

Acaso se interrogan sobre otro enigma:
Qué pretendemos decirnos
Con el ruido de nuestras bocas.

AMISTAD

Let's become strangers again.
D. H. Lawrence
a Bertrand Russell

No lo tomes a ofensa: Ya me voy.
Ya nunca más conversaremos. Termina
Un vínculo tan frágil como el amor: la amistad
Que nunca es un proceso sino un instante.

Y nada te reprocho. Te agradezco
Lo que aprendí, lo que debo.
Jamás traicionaré esa memoria.

Por desgracia el viaje en común
Llegó hasta aquí y cada uno
Baja del Metro en la estación que le toca.

EN EL CAMIÓN DE LA BASURA

En el camión de la basura todo se va:
Los objetos inútiles, los envases de plástico,
Las ruinas de la vida, los tributos desiertos
Pagados a la muerte de los días,
Los papeles, las cartas que ya nunca
Volverán a escribirse
Y las fotos de ayer.

Todo lo nuestro está hecho
Para acabar en la basura.

GUIJARRO

El guijarro pulido por el mar tal vez fue
Una punta de flecha que se clavó
En la presa y el enemigo.

Siglos de olas, siglos como olas
Le han devuelto la forma de simple piedra.

¿Será la Tierra
Un guijarro tallado por otro mar
En el gran universo incomprensible?

EL VENCEDOR

El primer hombre al que maté
Cayó en Tolemaida.
Trató de protegerse con el escudo
Pero mi lanza fue más rápida.

Se tambaleó, vomitó sangre
Y me miró,
Me miró en silencio.

Me dejó a solas con mi triunfo y su muerte.

PREGUNTAS

Total misterio a cada instante la vida.
¿Quién soy, para qué estoy aquí,
Qué va a pasar de ahora en adelante conmigo?

No lo sé,
Nunca lo sabré.
Vivir
Es encarnar esta ignorancia sin fondo.

COMO LA LLUVIA

Dos mil años después de que el Vesubio
Sepultó entre cenizas a Pompeya
Encontraron un muro en que estaba escrito:

Nada es eterno.
Brillan los soles y en el mar se hunden.
Arde la Luna y se desvanece más tarde.
La pasión de amor
Se termina también
Como la lluvia.

Al tercer día de copiado el grafito
El yeso en que lo inscribieron se vino abajo.

Se acabaron los versos
Como la lluvia.

ASTILLAS

Fundaciones

Cuando se funda una ciudad
Lo primero que erigen
Son los lugares del poder:
El palacio, la sede del comercio,
El mercado, la iglesia, los cuarteles,
El tribunal, la cárcel y el patíbulo.
En seguida levantan
El burdel, el panteón y el matadero.

Papeles

No actué mal
Mi papel de bufón didáctico.

Al menos no aburrí a la concurrencia
Y obtuve algunos aplausos.

Con el pago podré escribir.
Lo difícil
Será mirarme al espejo.

Chopin: la polonesa militar

Todo cayó. Quedaron reducidas
A escombros la ciudades,
A hierba los ejércitos,
A polvo los imperios.

Sólo el fluir del piano permanece.

Cortesía

Qué amable el ogro.
Con su garra impune
Me destrozó la cara.
Después de cercenarme la yugular
Le dijo a mi cadáver:
«Perdóneme».

De mis hermanos muertos

De mis hermanos muertos
No sabré nunca nada.

En cierto modo les gané:
Estoy vivo.

Fui Caín sin saberlo.

Posteridad

Dile a quien te lo dijo que en los sepulcros no hay paz.
Sigue la misma lucha y todo es discordia,
Hasta que el tiempo quiere.
Luego el olvido
Lo pone de verdad ya todo en calma.

Las discusiones bizantinas

Mientras reñían los teólogos sobre cuántos
Ángeles del Señor caben reunidos
En la punta de un alfiler que está a la vista de todos,
Los microbios y virus del Demonio
Ocupaban la punta sin discusiones.

El Sol

Hemos pasado juntos la vida entera
Y el Sol
Jamás me ha dirigido la palabra.

Me vio nacer y me verá morir,
Pero me observa siempre en ominoso silencio.

Cuánta mudez
Del universo que me desampara.

El año pasado

Pasó por mí el año pasado.
Pasé a través de él como si fuera un fantasma.
Pasó por aquí sin vernos.
A su paso dejó más muertos
Y fue a morir entre los otros pasados.

Palinodia

Me arrepiento de todo lo que dije
Y de cuanto callé.
Pido perdón al silencio.
Lamento haber interrumpido la Nada.

Después

Para nosotros sólo existe el después.
El instante se va,
Se fue
Y nada pudo asirlo.

Todo es jamás para siempre.

«Amor» en japonés

«Amor» en japonés se dice *ai*,
Me comentan.
Y suena como *ay*,
Quisiera añadir
Pero no me atrevo.

En Babel

En Babel balbuceo mi lengua bárbara.
Les suena a los asirios como un ladrido,
Blablablá de burbujas en el pantano.

Como si nada

Ya pasó todo
Y ahora
Nos vemos y nos hablamos como si nada,

Como si la Nada
Hubiera devorado lo que ocurrió entre nosotros.

Muros

Por un muro que cae
Otros cincuenta muros se levantan
Para prohibir la entrada o la salida
Y transformar la Tierra en mar de islas.

Cada noche

Noche a noche me vuelvo más pasajero,
Más transeúnte de un ferrocarril
Que sabe adónde va
Y siempre llega a su meta.

El sector vulnerable

No soy Aquiles sino su talón,
No el semidiós ni el héroe sino apenas
El sector vulnerable al que han vencido
La realidad y las mitologías.

Consejera del aire

Cada vez que me creo importante
Llega la mosca y dice:
«No eres nadie».

Encuentro

La luz nace y no sabe adónde va.

Sale siempre a su encuentro el mundo
Que sin ella sería imposible.

Historia

Un milenio empezó con las cruzadas.
El otro con dos cifras: 9/11.

El mal

Gran enigma es el Mal.

Sobre este punto Dios guarda silencio
Y deja que hable el mundo en todo momento.

La noche

Es inútil creernos hijos del Sol:
Todos llevamos muy adentro la noche.

Andén

Mientras derriban la estación
Me duele el andén
Donde tantas parejas se despidieron
Y no volvieron a verse.

A los poetas griegos

Sí, Cavafis:
Dondequiera que vaya llevaré la ciudad.
Sí, Seféris:
Dondequiera que voy me sigue hiriendo México.

Malos tratos

Estos días me tratan mal.
No perdonan
El que me haya metido en ellos.

Teologías por SMS

El placer de los dioses es hartarse
Con nuestra sangre humana.

A las doce

A las doce termina un mundo.
Lo que hoy pasó
Se convierte en historia antigua.

Quevediana

Mayo se fue
Y junio no ha llegado.
Hoy se está yendo
Y se acabó el pasado.

Pabellón de incurables

Sombrío este teatro del dolor,
La vida cruel, absurda, inexplicable.

Canción

Aún te sigo abrazando en esa canción
Que a veces de repente vuelve a escucharse:
La más cursi, la más vulgar,
La más bella canción del mundo.

Ciudad de México

Paso por el lugar que ya no está,
Me abandono a lo efímero, me voy
Con las piedras que adónde se habrán ido.

Plegaria

Dios que estás en el No
Bendice esta Nada
De la que vengo y a la que regreso.

El fin del mundo

El fin del mundo ya ha durado mucho
Y todo empeora
Pero no se acaba.

LA CAÍDA

El tiempo no es eterno.
Acabará también como el Sol.

Lástima de verdad no estar aquí
Para ver rencorosos la caída
Del intangible inmenso que nos hizo

Y con la misma naturalidad nos deshace.

III. EL MAR NO TIENE DIOSES

CICLOS Y SECUENCIAS

TRES POEMAS CHILENOS

1. *Budín de pan*

En Santiago de Chile el budín de pan
Es mi magdalena de Proust:
En seguida trae a la memoria
A mi abuela Emilia Abreu de Berny.

El budín de pan, los frutos de sartén, la copa nevada,
Los postres emigrantes para endulzar
La vida que es dolor y destierro siempre.
Sabores abolidos que nunca volverán, como ella.

En cambio su otra herencia
No se aleja de mí: el placer
De escuchar y leer y contar historias.
Y las delicias infinitas del verso que,
A semejanza del budín de pan,
Recoge los desechos del día vivido
Y los transforma en otra cosa.

2. *Habla Pablo de Rokha antes de suicidarse*

Átomos enloquecidos que nos hicieron humanos...
P. de R.

—Átomos, gases y bacterias,
Enloquecidos por el caos, llegaron
A producir esta materia que somos,
Corruptible e indestructible.

Porque me muero, te vas, nos vamos,
Se van poco a poco todos,
Jamás habrá otra humanidad
Como la de este día pasajero
Que ya se acabó y se hunde
En la Nada de sus ancestros.

Pero los invisibles constructores
Del Bien y el Mal permanecen
Aquí y allá, en busca de algo,
No saben qué
Y hasta ignoran cómo.

Quizá algún día,
Con los mismos recursos que nos hicieron,
Logren edificar,
Entre intento y error y siglos,
Aquella plenitud que jamás fuimos.

3. *Océanos*

En Santiago estás tú.
Santiago eres tú y estás
Aquí y allá y en Valparaíso,
En todo el Pacífico,
De norte a sur
Y de extremo a extremo de América.

Memoria y geografía
Y algo que designamos como azar o destino,
Nos ciñen a un océano
Que nos permite hablar por última vez
Cuando ya se ha hecho tarde
Y no hay retorno posible.

Porque este mismo océano nos halló en aquel bosque
Donde caía la noche como rompen las olas,
La marea sonaba a fronda y podíamos entrar
En las cuevas secretas de la playa
Para abrazarnos contra el porvenir
Y celebrar nuestra letal juventud.
(Mar adentro flotaba amenazante
La sombra del *Titánic* y no supimos leerla.)

En la región final del hemisferio y la vida,
En los puentes que cruzan el río invisible de sangre
Y sobre la ceniza de los muertos,
Nos volvemos a ver para el nunca más,
Guijarros arrastrados por otro mar:
El mar de la Historia atroz
Que nada tiene de Pacífico.

1. *De los pájaros*

De los pájaros
Que por error se adentran en la cárcel
Se afirma:

Ya no pueden salir,
Vuelan enloquecidos entre las cuatro paredes,
Se estrellan en los muros de concreto
O en las barras de hierro.

Rechazan la prisión y eligen siempre
Esa pena de muerte.

2. *Pájaro maya en arcilla*

El artesano que esculpió este pájaro
Supo juntar el cielo con el suelo.

Voló la tierra inerte entre sus manos.
Ascendieron las nubes a su arcilla.

No pensó en que era arte la oración
Ni que siglos después y en otro mundo
Alguien iba a elogiar sus perfecciones.

En su lengua no había
Vocablos para firmas ni contratos,

Publicidad o éxito,
Exposiciones, premios ni bienales.

Su vuelo ahora se burla
De tanta vanidad que se hará polvo.

3. *Un ave de las selvas tropicales*

Va a desaparecer y es tan hermosa
El ave de la selva.

En su cuerpo radiante puso el Sol
Un amarillo que es de fuego y oro.

Árboles milenarios le imprimieron
Su más intenso verde. Y el azul

Del firmamento herido se combina
Con el rojo de sangre derramada.

El ave que se va se lleva entera
A la naturaleza que matamos.

4. *La rebelión solitaria*

Es un loro muy digno: se niega a hablar,
No quiere ser nuestro payaso.

Jamás descenderá al acto servil
De repetir lo que no entiende.

Hace bastante el loro en cautiverio
Con redimir la casa y dar color
A la grisura de la vida.

Bajo su luz nos mira desafiante
Para decirnos sólo con los ojos:
«Su charla me parece a tal punto imbécil
Que en un acto de justa rebeldía
Jamás voy a sumarme al parloteo».

5. *Sombra en la nieve*

Nada tiene que ver este jarrón
En que sollozan las begonias
Con la sombra del ave, alada huella
Que no hace surco en la nieve.

Nada en común sino ser parte del mundo,
Apariencia por un instante
De la fluidez en lucha con la fijeza.

Pero el lenguaje resuelve
La desunión, la discordia.

Y en el verso reúne las tristes flores
Con la sombra fugaz del ave.

6. *A manera de contienda*

> Pues si discurrimos por las aves y sus menudas enemistades, bien afirmaremos ser todas las cosas creadas a manera de contienda.
>
> FERNANDO DE ROJAS, Prólogo de 1502 a *La Celestina*

En la playa de niebla, entre las rocas,
Vi algo
Que no quisiera haber visto.
Un desengaño más, nueva derrota
De la inocencia herida por la verdad,
Amarga base del mundo.

La gaviota purísima en su altura,
La frágil emisaria que concilia
El mar radiante con la oscura Tierra,
Había bajado a este planeta de sangre
Y devoraba viva a una paloma.

Con avidez de buitre hendía y rasgaba.
Me lanzó una mirada oblicua
Para burlarse y decirme:

«Creías que no era como tú, igual que tú,
Maquinaria de muerte, plaga, alfil
De la incesante matanza.

»Mira lo que hago con lo que piensas de mí.
Mírate en mí y no presumas.»

DE UN ESPEJO A OTRO

1. *Mar adentro*

¿Quién soy, qué soy, dónde estoy?
Me hallo aquí
Ante el espejo y sus metamorfosis.
El primer espejo y el último,
El mismo observado
En cuanto fui capaz de ponerme de pie
Y mirarme y mirarlo todo.

Qué grave error conservar
Estos objetos de otro mundo.
No admitir que todo se va
Y así nos vamos con las cosas.

Ya que el sangriento siglo fluyó
Entre nosotros dos como el ciclón o el incendio
Ahora no veo en el espejo
Sino el abismo que avanza.

Bajo su mar adentro en tinieblas
Han de estar haciéndose sombra
Los sucesivos seres que encarnaron en mí,
Los efímeros,

Mientras se adentran en su propia edad,
Su propiedad: la era de las sombras.

2. *El desierto de azogue*

¿Qué hará el espejo cuando no lo vemos?

Tal vez se limpia de la realidad
En el opaco abismo de su azogue.

O sueña en haber roto la condena
De reflejar lo que no quiere.

A solas el espejo se rebela
Y anula las imágenes guardadas

En el pozo sin fin donde se ahoga
Su lado oscuro.

Y para ya no verse
Se abisma y muere en el desierto helado.

RONDA DE LOS CANGREJOS

1. *Amanecer*

Pronto serán las seis y el mar no está.

En ausencia de su enemigo
La playa se ha extendido
Por un jardín de piedra casi asfixiado
En la maleza de las algas.

No hay peces.
Ni siquiera las aves se aproximan.
Los cangrejos dominan el planeta.

En ese instante ajeno
Nace el día.

2. *La balanza de la justicia*

El festín en la isla...
Y él lo miraba todo sin probar nada.
Le daban pena los cangrejos,
Centenares echados vivos al infierno del agua hirviendo.

«No seas así», le dijo la muchacha.
«No sabes
De qué inmenso placer te estás perdiendo.
La carne de cangrejo es la mayor delicia del mundo.

»Si te parece injusto,
No te preocupes.
Al navegar de regreso
Vamos a ahogarnos.
Y entonces ellos se encargarán de nosotros.»

3. *A sabiendas*

Toda la noche escribe el cangrejo en la arena húmeda
El poema infinito de los mares.

Lo hace aunque sabe que al atardecer
Vendrán las olas a borrar su escritura.

NUEVO VIAJE EN DERREDOR DE MI CUARTO

1. *El comienzo o el fin*

En la mesa de noche
Ruido tenue y constante.
Al indagar encuentro que se origina
En la lata de Coca-Cola.

No escucho en su oquedad aquel rumor
Del mar que dura siempre,
Sino un caer de gotas sobre un manto de lava
O hervor de plomo al fundirse
En un crisol del infierno.
O tal vez lo que suena son las garras
De seres invisibles. En su intento
De romper la prisión
Golpean en vano
Los muros de aluminio.
El gas carbónico
Produce un burbujeo parecido
Al que debió sonar en el primer nacimiento.

Esta cárcel también es un abismo
Y en su interior puedo oír
Lo que todos llevamos en la memoria genética:
El mundo está empezando allá en los pantanos,
Las marismas cubren la Tierra,
Brotan del agua las primeras formas de vida.

Pasan millones de años de caos y horror
Y uno de esos fungoides o protozoarios
Cubre un proceso inmenso de evolución

Y una noche asiste asombrado
Al comienzo del mundo o el fin de todo
En la lata de Coca-Cola.

2. *Las cinco*

El Sol, antes de irse, luz de las cinco,
Quiere pintarlo todo de confusión
Y me sermonea:
«Se va un día más
En el que no cumpliste con tu deber.
Dejaste todo
Para un mañana lleno de nunca.
Todo se frustra.
Nada se ajusta a la esperanza.
Y en cuanto caiga la noche
Te quedarás a solas con el futuro imperfecto».

3. *Las enseñanzas del zancudo*

> Como en otras zonas del español, en México el zancudo es el mosquito, pero es sobre todo el insecto, parecido a él aunque de mucho mayor tamaño, que en inglés llaman *daddy long legs* y *dragonfly.* Aquí nadie emplea su verdadero nombre: típula.
>
> JULIÁN HERNÁNDEZ, *Breves apuntes sobre el español hablado en México* (1952)

Entra bajo el calor, mide mi cuarto.
Su torpe vuelo no produce ruido.
Da vueltas por la lámpara.
No se atreve a inmolarse.
Pegado a la pared se queda inmóvil.
Se limita a observarme y a temerme.
Se resigna a morir, triste, seguro
De que voy a aplastarlo.
Su pasiva fijeza es un misterio:
Está retando al mundo y a lo humano.

El anticolibrí, muestra irrisoria
Del total desamparo,
Sin duda es (como yo) lento, antiestético.
Pero no dice: «Apiádate».
Odia la compasión. A su manera
Es valiente entre los valientes.
Otros dirán: «Imbécil.
Puede escapar: hay puertas y ventanas».

No voy a destruir a un inocente.
¿Quiero ostentar misericordia altiva?
¿O estoy paralizado como él,
Incapaz de aceptar su desafío?

El zancudo me dicta sin quererlo
Su lección indeseable:
«Si aún sigues aquí
No es por tu mérito.
Se trata nada más de que hasta ahora
Alguien ha decidido perdonarte».

4. *A la orilla*

Como otro océano la vida
Deja a la orilla del no volver
La confusión de las cosas.
¿Por qué
No me deshice a tiempo de su presencia?
Hoy con sólo mirarlas duelen,
Dicen lo que sería mejor guardar en silencio.

5. *A solas*

Entre la puerta y la ventana hay más
Cosas de las que puedo percatarme.

No me refiero a espectros ni a deidades
Ni tampoco a las sombras y sonidos
Que perciben los gatos y los perros.
(Es evidente al ver cómo reaccionan
Que se hallan en presencia de algo inasible
Para nuestros sentidos inferiores.)

Hablo de aquellas ondas que entrechocan
En pleno intento de comunicarse.
No tengo receptor para captarlas.

Hoy nada más intuyo cómo cruzan
Voces en los teléfonos, emisiones
De radio, teleimágenes,
Mensajes de Internet y todo aquello
Que recogen y emiten los satélites,
Lazos que han de anudarse en algún sitio
Y presencias ausentes implacables.

Por fortuna carezco de importancia
Para ser vigilado. En este caso
Se añadirían al caudal de infamias
Microchips, minicámaras ocultas
Y otros nanoinstrumentos de espionaje.

Más absurdo y estruendo, más terror
Para este mundo hueco en que ya nadie
Conocerá el placer de estar a solas.

6. *Las casas y las cosas*

No nada más los ruidos de la noche
Ni la pasión feroz por ocultarse
(Cuando más hacen falta) que demuestra
El rencor al acecho en los objetos:
Todo lo inanimado tiene vida.

También se van con nosotros
Las casas y las cosas, breves mundos
En que nacen y mueren nuestros días.

El cuarto en que he gastado año tras año
No es el mismo de siempre.

Desde el punto de vista del ahora
Fue un país extranjero, exilio inmóvil
En otro tiempo con distinto aspecto.

No puedo recordarlo en sus ayeres,
Tampoco imaginarlo cuando no esté
En él para seguir con nuestros cambios.

PRONÓSTICO DEL CLIMA

1. *El misterio del odio*

Nadie logra explicarme la razón
De mi aborrecimiento sin fronteras
Contra el hecho
De que el Sol reaparezca cuando ha llovido.
Lo abomino como algo traicionero, insultante.

No hay justificación pero no puedo
Evitar que me indigne sin medida
Algo tan natural e inevitable.

Así es de misterioso y cruel nuestro odio.

2. *Minoría*

Amo los días nublados (los detesta,
Al parecer, la humanidad entera).
No me siento
Superior a ninguno.

No pretendo
Imponerles mi gusto a otras personas.

En consecuencia no le exijo a nadie
El acuerdo conmigo.
Y no aspiro a que nadie me celebre,
Me apruebe o me comprenda.

Ya es bastante
Ser tolerado entre la procesión
Del rebaño del Sol
Que adoran todos.

3. *Un espejismo de la lluvia*

Se ha disuelto el granizo que hace poco
Sembró un valle lunar o una pradera de Groenlandia
En la calle tristísima anegada
Por la basura y la violencia.

Mortandad del granizo que era piedra
Y ahora vuelve a ser agua.

Ya no hay jardín de hielo.
Todo fue
Un espejismo de la lluvia.

4. *El cielo tan azul*

El cielo tan azul de esta mañana no muestra
Las cicatrices del relámpago.
Está sin polvo ni humo. Parece un lago de viento

Antes de que llegáramos a hundir y matar el aire y el agua
Con la basura que es nuestra marca de fábrica.

La tempestad de anoche no lavó el mundo.
Así lo creímos
Hasta que vino a manchar lo inmaculado de todo
La turbia estela venenosa del yet sin el cual
El mundo de este ahora sería imposible.

5. *La Luna rota*

Nevó toda la noche de plenilunio y al despertar
Y ver el bosque hundido en la nieve
Parece irreal
Que ya amanezca y aún siga intacta la Luna
Si ha caído en pedazos para llenar de blanco este día.

FORMAS DEL MAR

1. *Las nubes y las olas*

Para qué la infinita variedad
De las formas en este mínimo fragmento
Del mundo inabarcable:

Las que asumen las rocas desde cuándo,
Los trazos rencorosos de los árboles,
Las que arrojan los mares en la playa,
Las nubes y las olas nunca iguales,

Las figuras humanas
Que pasan por aquí sin mirar nada.

Para qué tantas caras diferentes,
Tantos destinos únicos que rara vez se entrecruzan,
Tantos días jamás intercambiables
Porque ninguno se parece a otro.

2. *Muelle*

Desde aquí lanzo al mar un leve guijarro
Que se pierde en el lecho de arena y limo.
Nadie lo encontrará bajo este magma
En donde acaba todo.

No hay justificación de mi arrogancia
Al hacer un poema como si fuera importante.
Y desde el muelle sin esperanza arrojarlo
Al abismo sin fondo.

3. *La casa que destruyó el huracán*

La casa que destruyó el huracán
Fue por muy breve tiempo mi casa.
Estaba al borde del mar,
No a la orilla: sobre él, desafiándolo.

Gran temor para el niño aquel mar nocturno,
Mancha inquieta de tinta indescifrable.
En contraste
La mañana radiante, el agua diáfana.

Felicidad sentirse en él, dentro de él,
Parte de él, explorándolo.

Pero de pronto el viento transformaba la dicha
En furia, en odio, en desprecio.

No podía vernos la potestad cambiante iracunda.
Nos echó de la casa
Y terminó por destruirla.

4. *Barco fantasma*

A siete millas a estribor de las islas de Barlovento
Divisaron un barco extraño.
No respondió a las señales.
Botaron una lancha, fueron a él
Y lo hallaron desierto o abandonado.
Nadie en cubierta, nadie en las cabinas
Ni en el puente de mando ni en la bodega.

Volvieron a su nave y con gran asombro
Lo encontraron también sin nadie.
Era un barco fantasma el que fue suyo,
Espectros ellos mismos.

En cambio el otro
Se echó a andar con buen viento,
Lleno de gente.

5. *El mar no tiene dioses*

El mar no tiene dioses.
PROPERCIO

El mar no tiene dioses porque el mar
Es más vasto y antiguo que la Tierra.

Es comienzo de todo y por eso mismo
Acaba de nacer en este instante.

El rumor de las olas en la arena
Es su primer sollozo.

El mar está llorando por nosotros.

CIRCULACIÓN DE LOS VENENOS

1. *La herencia de odio*

Entre las grietas del muro,
Venido a menos que abajo,
Los escorpiones riñen en familia
Y disputan su herencia de odio.

¿Qué aguijón tendrá el privilegio
Del veneno de gran alcurnia
Que escorpionice al malherido?

2. *Quién no*

Al levantar el piso destruí sin quererlo
El nido de las víboras impunes.

Se irguieron rencorosas para matarme.
Sus lenguas silabearon la maldición
De una violencia que está inscrita a ciegas
En la trama del mundo.

Sentí miedo, quién no,
Jamás asombro:
De verdad no esperaba
Que fueran a cantar mis alabanzas.

EL AGUA Y LA SED

1. *Posesión*

«Te hice mía»,
Le dije al agua de lluvia.
Y el agua
Se rió de mí
Y se me fue entre los dedos.

2. *Avidez*

«Esta frágil belleza no durará»,
Dice la tierra seca a la gota de agua.

3. *Fracaso*

Miseria,
Incurable miseria de la poesía:

Intentar un poema que describa
A qué sabe el sabor del agua.

4. *El lago de plomo*

La tarde está dormida con los ojos abiertos.
El calor
Circula por su cuerpo como oleaje invisible.

No volverán el viento ni la lluvia
Y ya pronto caerá la noche
Tan sólo para ahogarse en este lago de plomo.

5. *Desierto*

Los bosques naufragaron bajo el océano de arena.
Del río sobreviven nada más unas piedras.
Y estremece pensar que esta desolación sin retorno
Es sólo un anticipo
De qué será la Tierra si todo sigue
Por donde va, por donde vamos:
A esto.

1. *De las guerras perdidas*

Poco a poco y sin pausa
En las fotos de entonces nos van cercando los muertos.
Indetenibles avanzan
Contra la minoría oprimida
De los sobrevivientes
(¿Por cuánto tiempo?)

Cada vez son más
Y ahora nos miran como a extraños.
Reprochan el olvido y la ingratitud.
Son para siempre jóvenes. Se burlan
De la caricatura que ya somos.
Sienten alivio porque se salvaron
De todos los horrores que han pasado en su ausencia.

Para quienes seguimos todavía aquí
No hay esperanza:

Ellos siempre ganan la guerra.

2. *Aduana*

«¿Qué traes?», pregunta,
Con arrogancia de todopoderosa, la Muerte.
Y le respondo humilde:
«No traigo nada.
Dejo atrás lo que tuve,
Como usted ordena».

3. *Bajo este invierno*

Bajo este invierno me he encontrado por fin
Al anciano que iba a ser yo.
Me esperaba desde hace siglos.
Aguardé su llegada desde temprano
Pero fue una sorpresa vernos.

No hay más remedio:
Le cedo mi lugar o lo toma a fuerza.
De hoy en adelante él será yo.
Mi antiguo ser ahora ya es su fantasma.

4. *Mis tristes capitanes*

One by one they appear in
the darkness; a few friends,
and a few with historical names.
THOM GUNN,
«My sad captains»

Desde su antiguo brillo todos se fueron apagando.

Los conocí en su altiva plenitud.
Más tarde sin quererlo comprobé

Cuán terrible se vuelve sin excepción
El final lento o rápido de todos.

Contra esto no hay ni puede haber resistencia.

Antes me preocupaba por la muerte.
Ahora sólo me importa cómo voy a morir.

5. *La hora de todos*

«Hija mía»,
Le dice a la Vejez su cruel madrastra la Vida:
«Sírveme otro platito de esta carne
Que has macerado con arte.
Vamos a disfrutarla antes que venga
Mi rival a quitármela».

6. *En la estación final*

En la estación final todas las cosas muestran
Su virtud de cambiar, no de permanecer.
Todo se viene abajo y se despide.
Nos dice el mundo: «Ya no eres de aquí,
No te reconocemos como nuestro.
Lo que creíste tuyo era sólo un préstamo.
Ahora mismo
Tienes que devolverlo».

7. *«Ubi sunt»*

No lo merezco, no, ni me resigno,
Y me pregunto por qué me han hecho esto las personas
Que fueron para mí lo que llamamos nuestra vida.

Con su ausencia me exponen al ridículo
De repetir por siempre el estribillo:
¿Dónde están?
¿Qué se hicieron?

8. *Ya que cada momento*

El áspero tesoro
De la vejez
Al fin conquistado
(Y a qué precio).

Pero tesoro al fin
Ya que cada momento
Vale más que ninguno anterior
Porque se sabe último.

9. *Recoger los pasos*

Una noche en mi infancia me llamó la atención
Escuchar que los muertos regresan siempre
A recoger sus pasos,
Las huellas invisibles que dispersaron
Por la tierra de todos, la que al final
Se convierte en tierra de nadie.

Cuando yo salga a recoger mis pasos
No importarán ausencias ni distancias,
Se fundirán los tiempos con los espacios,
Habré alcanzado al fin la levedad,
La ligereza de los pies del muerto.

ALONSO CAÑEDO: LA LENGUA DE CERVANTES
Once poemas dementes

Lo hallaron muerto frente al Hôtel Lambert en la calle de Saint-Louis-en-l'Île el 30 de mayo de 2006. Tenía un pasaporte a nombre de Luis Antonio Llorente. También se hizo llamar Héctor Ripoll, Francisco Flores Garzón, Alonso Cañedo. Pero rechazó nombre y apellido y quiso que lo conociéramos nada más como El Poeta Loco.

Roberto Bolaño lo designó así por la reseña que publicó Cañedo en el único número de la revista *Hircania* (agosto de 1976) contra el libro *Psicoanálisis de la poesía.* En sus páginas la doctora Miriam Ferrán-Rosenbaut consideró la actividad poética una forma benigna de demencia. El artículo estaba encabezado por dos epígrafes:

> *Todos los poetas están locos.*
> Miriam Ferrán-Rosenbaut,
> *Psicoanálisis de la poesía*

> *Todos los psicoanalistas están locos.*
> El Poeta Loco,
> *Psicoanálisis del psicoanálisis*

Acababa de exiliarse en México desde un lugar de Centroamérica al que nunca quiso identificar. Se fue de aquí en 1979 muy resentido con el país y con sus habitantes. A partir de 1981 vivió en Francia gracias a un documento que lo identificaba como corresponsal de *Sucesos para Todos,* publicación desaparecida muchos años atrás. Nadie sabe cómo pudo sobrevivir tanto tiempo en París. Entre 2001 y 2004 estuvo en Londres como redactor de una enciclopedia electrónica que intentó en vano ser el equivalente en lengua española de la Wikipedia. Fue su única temporada de relativa prosperidad. Al fracasar el proyecto volvió a la capital francesa.

Ninguna revista quiso publicarle poemas firmados por El Poeta Loco. Al final renunció a escribirlos. Para alimentarse y beber coñac los improvisaba en conversaciones con los mexicanos de paso por Francia. Le rogué que me permitiera transcribir algo de lo mucho que me dijo cuando volvimos a vernos en 2003. De los veintiocho textos que le envié aprobó nada más los que ahora publico a modo de homenaje a su memoria.

1. *Papá*

En el Jardin des Plantes,
A la vista de todos y sin recato,
Grita ebrio El Poeta Loco al gorila preso:

«Papá,
¿Por qué al pararte en dos patas
Y oponer el pulgar a los otros dedos
(Te autonombraste Adán por haber cumplido esta doble hazaña
Y dijiste estar hecho de arcilla roja
Animada por el Gran Soplo Divino),
Lo primero que hiciste fue aparearte
Con otra simia o primata,
Desgajar una rama para volverla mazo o lanza o espada,
Asesinar a tu hermano el mono
Y a tus otros hermanos los neandertales
E imponer tu primatecía?

»Papá,
Con tu acto fundacional
Nos diste la certeza más perdurable:
La gente mata, daña, veja, humilla, tortura
Sólo porque el hacerlo le da un placer infinito.

»Papá,
Mejor te hubieras quedado allá arriba en tus árboles
En vez de poner en marcha,
Con tu triste ambición de hacerte dios,
Todo este gran desastre que no ha cesado
Y acabó por hacernos lo que somos.»

2. *La edad de senecta y dos*

Bebe de un sorbo su tercer coñac
Y afirma cabizbajo El Poeta Loco:
«Aquí en esta mesa
Escribía el joven toda la mañana,
A lápiz, con fluidez, sus mejores cuentos,
Obras maestras aún
Cuando tantas y tantas se han marchitado.

»Pasan treinta y cinco años o veinte siglos.
Vejado por la vejez el pobre escritor
En su casa de Idaho intenta
Hilar dos frasecitas para un saludo
Al nuevo presidente John F. Kennedy.
Ya no puede escribir. Nada le sale.
La Estrella Máxima
Tiene pulverizado el cerebro.

»Entonces el cazador se vuelve su presa.
Abre la boca
Y se dispara toda la carga del rifle.

»¿Qué le pasó en esos años?
Por obra de los medios el joven Ernest
Se convirtió en Papá Hemingway».

3. *Decires*

Cuenta El Poeta Loco en Les Deux Magots:
«—*Dame amor*—, pedía aquella muchacha
En referencia lírica y concreta
A lo más material de la materia,
Elíxir que los dioses de la India
(Dice el poema sánscrito) extrajeron
Del abismo del mar y ahora preservan
En los desiertos de la Luna para
Que sea posible continuar la vida.

»Pero ella sólo demandaba amor,
Sin misticismo ni sublimaciones.

»—*Esto es amor*—, diría Lope de Vega».

4. *No hay tal lugar*

«Utopía», voz griega que significa «No hay tal lugar».
QUEVEDO,
Prólogo a *Tomás Moro*

«Y mi país se llama No Hay Tal Lugar»
—Dice El Poeta Loco en la rue Saint-Jacques—
«Aunque sea lo contrario de la utopía.
Nadie logra situarlo en ningún mapa.
Ignoran todo de él... Como si supieran,
Parecen empeñados en detestarlo.
Cuando alguien siente vagas resonancias
Al escuchar su nombre, grita en inglés:
—*Oh, Banana Republic!*»

5. *Nosotros tres*

Dice El Poeta Loco ante Notre-Dame:
«El gallo de pelea siempre nace en abril.
En todo el mundo bestial
Sólo este gallo, tú y yo
Tenemos el instinto de asesinar
Aunque no haga falta
Defender nuestro territorio ni conseguir alimento».

6. *Cleopatra y Baudelaire*

«Cleopatra está en París»,
—Dice El Poeta Loco en el Luxemburgo.
«Napoleón trajo de Egipto su momia.
La desmomificó por sortilegio y alquimia
La guardó para siempre en el Marais.
Y nadie sabe en dónde se halla la cripta.

»Cada viernes despierta a medianoche,
Avanza sobre el agua donde el Sena se vuelve el Nilo
Y llega envuelta en luz hasta l'Île Saint-Louis.
Allí la espera siempre el *clochard* Baudelaire
Y le entrega París a la gran reina de Egipto,
Más hermosa que nunca a sus dos mil y pico de años.»

7. *Lo que dice la flecha*

Mientras cae la nieve en la rue Dauphine
Escucho una vez más al Poeta Loco:

«Nunca será de nadie. No la tendrán
Ni con todo el poder del mundo.
Pero la conocí en su templo entre los dos ríos
En su jardín de rosas junto al mar
Que es la muerte,
Y el vivir, su otra cara.

»Para ella fui tan sólo una ofrenda más,
No otra víctima
Sino alguien como el cautivo de la Guerra Florida:
Aceptaba gozoso que le abrieran el pecho
A cambio de un instante entre las deidades.

»No hay otro mundo sino en el placer
Que rompe las amarras del estar
Aquí en la fila de los inmolables.
Y por ser nadie
Tuve la gloria de consumirme en su abrazo,
De ser con ella esa noche
Un solo cuerpo:
El principio, el fin,
Lo que dice la flecha al aire».

8. *Aplausos*

«De un salto que no me creí capaz de dar»
—Dice El Poeta Loco en la rue du Bac—
«Salvé el abismo
Entre dos monolitos que vieron la caída del imperio romano
Y ya eran milenarios a esas alturas.

»Me aplaudieron los árboles.
Fui famoso un instante entre los álamos.

Al terminar la reverencia profunda
Con la que agradecí tanto entusiasmo,
Encontré sólo indiferencia de nuevo.

»Y ocurre siempre porque la montaña
Cambia de gusto a cada giro del viento.»

[Al despedirnos en el Pont des Arts
Me dio El Poeta Loco el único manuscrito suyo que existe.
En él figuran estos tres poemas:]

DOS CARTAS FRANCESAS

9[1] La trahison fidèle
(De Molière a Madame Du Defand)

Si usted,
Que es toda de amor,
Fuera al fin capaz
De amar a un solo hombre,
En vez
De esparcir su don
Entre tanta gente,

Se acabaría
En ese instante
El
Mundo.

10. [11] *La marquise sortit à cinq heures*
(De Georges Simenon a Paul Valéry)

La marquesa no está:
Salió a las cinco.
Se fue directamente a habitar la novela
Que Monsieur Le Poète
Tanto quisiera haber escrito
Y no pudo.

11. *La lengua de Cervantes*
(Londres, Heathrow Airport: «Arrivals and Departures»)

—No la has de ver en todos los días de tu vida.
Don Quijote, segunda parte,
capítulo LXXIII

Hermosa la muchacha que centellea
(No se limita a brillar)
En la Babel electrónica.
Es perfecta la línea tan elocuente
Que va del cabello largo al cuerpo armonioso.

Pero todo se esfuma en el nunca más.
—«Nunca más la verás»—,
Dicen, *Arrivals and Departures,*
Las quijotescas pantallas.

Por eso
Quisiera circundar con algo indeleble
Este suelo en que muere un día del siglo cruel,
Poner una señal que dijera: «Aquí
Se desconocieron por fin

Y encontraron el desencuentro»,
Entre los guardias armados
Y las comprobaciones incesantes
De que tú sí eres tú:
Las ceremonias y ritos
De la rotunda antifraternidad universal
En que culmina este horrible mundo
Tan bien comunicado con nuestra Nada.

Se acabó la función.
Se apaga el teatro sombrío
Y hay que salir de la escena.
La vida es derrota siempre.

Arrivals and Departures:
Sólo queda
La palabra más triste: *adiós,*
Que ha inventado la lengua de Cervantes.

POESÍA JOVEN

(Al ser hallado un poema de Safo entre los papiros que envolvían a una momia)

Lo ocultaba la masa audiovisual,
La nebulosa electrónica,
El estruendo vibrante
De instrumentos de guerra y música.

Pero entre las galaxias del mercadeo,
Las babeles que se hunden y se renuevan
Todos los días
Y millones de páginas y páginas
Trituradas hasta ser pasta,
Magma de nuevo,

Surgió como de entre las aguas del primer día,
Nuevo otra vez, intocado,
El juvenil poema de Safo
Que apenas tiene dos milenios y medio.

EPÍSTOLA DE LOPE DE VEGA A MIGUEL DE CERVANTES EN EL CUARTO CENTENARIO DEL *QUIJOTE*

De mis oscuras soledades vengo
*Y tornaré a mis tristes soledades.**
Ante los cuatro siglos me detengo

Aquí donde se anudan las edades,
Se disuelven los tiempos, llega el día
En que no existen odios ni amistades,

Sólo un desierto de melancolía
Al pensar tú y yo juntos lo que fuimos
En un orbe de prosa y de poesía.

Por azar o desdicha coincidimos
En otra España trágica. Hoy sin pena
Sobrevive lo que ambos escribimos.

No dejé que triunfaras en la escena
Por mi facilidad, jamás a medias,
De escribir siempre para sala llena.

Novecientas o mil son mis comedias.
De ellas se pone aún *Fuenteovejuna...*
Y esto ya no lo impides ni remedias.

Entre mis grandes obras no hay ninguna
Otra que represente lo contrario
De lo que dije en ella. La fortuna

∞

* Los dos primeros y los dos últimos versos pertenecen a la "Elegía a Rafael Ángel de la Peña" (1906), de Manuel José Othón.

Hizo de izquierda un texto reaccionario,
Mi pieza más servil y apresurada,
Para en cambio excluir del inventario

Ésas en que mi virtud tan extremada
De tejer versos, tramas, situaciones
Prueba mi honda maestría consumada.

Nunca dejé ni manchas ni borrones.
Cuanto escribí es muestra de un oficio
Perfecto y de un acorde de los sones.

Enemigos en vida, un armisticio
Nos proponen los siglos. Ven, Cervantes,
Hoy que el tiempo entreabre este resquicio.

Ahora ya no pretendo como antes
Afirmar contra ti mi indiscutible
Ventaja con las rimas biensonantes.

Del principio al final toda la vida,
Sin conocer niñez ni decadencia,
Mi poesía fue haz de luz, flor encendida.

Pero reconozcamos sin clemencia
Que, exceptuando tal vez *La Dorotea*,
En la prosa no alcanzo tu excelencia.

Cómo intenté, varado en la pelea,
Escribir tus novelas. Todo en vano.
Su virtud no depende de quien crea.

Yo, lumbrera del mundo castellano,
Pretendí con *La Arcadia, El peregrino*
Y varias más un falso mano a mano.

Quisiste ser poeta y el destino
No te dejó seguir mis hondas huellas
Ni tampoco igualarte fue mi sino.

De entre las mil comedias las más bellas
Jamás tendrán la inmensa resonancia
Del *Quijote* elevado a las estrellas.

Cuatro siglos después no hay la arrogancia
De competir y nada ya me cuesta
Reconocer en paz y a la distancia

El triunfo del *Quijote* en la floresta
Y en la montaña y siempre y dondequiera.
Tengo orgullo de mí. Sólo me resta

Disponerme a aceptar tu primacía.
Tu obra es y será gloria cimera
Del idioma, la prosa y la poesía.

Cervantes, ya me voy, ya no entretengo
El culto que te rinden las edades.
De mis oscuras soledades vengo
Y tornaré a mis tristes soledades.

UNA PRIMERA EDICIÓN DE *CANTOS DE VIDA Y ESPERANZA*
(Rubén Darío, 1905)

Hojas llenas de ojos.
Cuántos pasaron
La vista por estas frondas.
El árbol
Desde el tocón reverdece
Cada vez que mueve sus páginas
El viento de otra mirada.

Mañana qué distinto
Será leerlas
Con otros ojos
Hoy impensables todavía.

Entre hojas y ojos circula —o no—
El aire respirable
De la poesía.

UN SONETO ATRIBUIDO A SALVADOR DÍAZ MIRÓN PARA ELOGIAR A DARÍO Y DOLERSE DE NO HABERLO VISTO CUANDO PASÓ POR XALAPA EN 1910

Rubén, haces presente lo lejano,
La disonancia cubres de armonía,
Vuelves perla y diamante la poesía
Y música y pintura el castellano.

Tienes la llave de otro mundo arcano
Que transforma la luz en melodía,

Llenas de lumbre en tu melancolía
La condena de ser fugaz y humano.

En tu viaje a la isla de Citera
Vas por cumbres y abismos irisados,
Llenos de oro y ceniza enamorados.

Allí en costas de azur la muerte espera.
No tocará tus versos: son sagrados.
En ellos todo el año es primavera.

DE RUBÉN DARÍO A FRANCISCO TOLEDO

(A la manera de «Goya» en «Cantos de vida y esperanza»)

En la noche mexicana
Brilla entre su luz arcana
Nuestra señora la iguana.

Con el don extraordinario
Que hace al dibujo incensario
En el altar del bestiario,

Subes al mundo animal
Y con sangre de copal
Lo vuelves más hondo y real.

En tu jardín infinito
Consuma el arte su rito,
Se hace flor y canto el mito.

Tu línea al mundo ironiza,
Canta a la vida en su liza
Perpetua con la ceniza.

Desde aquí ves la otra orilla,
No ésta en que todo se astilla
En sangre y en pesadilla.

Ante el peso del dolor
Das a la noche el fulgor
Que enciendes con tu color.

Y contra el lastre satánico
Del caos que engendra pánico
Te alzas actual y prehispánico.

Pintor y mago y profeta,
Chamán, místico, poeta:
El infinito es tu meta.

Engrandeces lo pequeño,
Del mundo entero eres dueño,
Con tierra tejes tu sueño

En tu obra intensa y genial,
Toledo, artista ritual,
Oaxaqueño universal.

REUNIÓN ANUAL DE LA ACADEMIA DE RIMADORES

(En los 75 años de Hugo Gutiérrez Vega)

Para conmemorar el bicentenario
De aquella antología en que comenzamos:
Novísimos poetas de vanguardia,
Convoca la Academia de Rimadores
A su reunión anual.
Y como siempre sucede
Los antiguos adolescentes
Tenemos ya un pie en el abismo
Y unas Obras Completas para la Nada.

Figuras lamentables y ya vencidas
De estos pobres nosotros,
Los hoy decanos.
Cabezas canas
Y al lado nuestro la divina edecana.

Con la decrepitud
De los aquí reunidos contrasta
La lozanía
De la eterna muchacha
Que nace a diario
Y en dondequiera y a toda hora
Y es para siempre joven:
La Muerte.

JUAN SORIANO EN 1941:
*NATURALEZA MUERTA CON VASO Y CALAVERA**

En 1941 Juan Soriano tiene la cara
Que le pintó Ramón Gaya dos años antes
Cuando Soriano contaba
Diecinueve de edad y muchos siglos de malicia y talento.
Su inteligencia era *mala,* es decir sarcástica,
Pero inmenso aquel don de hacer el bien al pintar,
Tornar inteligible el mundo gracias al arte.
Soriano dirá después que en aquella época
Se sentía atrapado y en carne viva.
Frente a él estaba el mundo como mancha de aceite
Que al extenderse cerraba el paso a todo porvenir habitable.

En estas circunstancias pintó Soriano
Naturaleza muerta con vaso y calavera,
Un cuadro verdiazul, azul-verdoso, azul-verde
En que lo único natural son siete espigas
Ante una ventana abierta por paradoja
A otras ventanas cerradas que no dan a ninguna parte,
O tal vez se reflejan en el vacío
O contra un laberinto semejante

(En pintura, nunca en palabras)
Al paisaje interior o la catacumba habitada por los poemas
Que los «Contemporáneos» habían escrito poco antes
Cuando temieron ahogarse en su propia mancha de aceite.

Quizá pudo llamarse también «Estudio en cristal»
El misterioso cuadro radiante,

* Escrito para el catálogo de la última exposición que presentó Juan Soriano en el Museo Amparo de Puebla.

Profundo enigma de claridad que no cesa.
Hay un vaso vacío, no *medio lleno* sino del todo vacío.
A la distancia en que lo vemos ahora el vaso de ausencia
Recuerda los productos de Carretones, taller de vidrio soplado que ya no existe.
(Hoy el vaso a su vez parecería «naturaleza muerta», por tanto.)
Tiene un revolvedor también de cristal
Y junto a él dos canicas inmóviles,
Dos esferas abstractas con que jugaron niños ya fantasmales
Para el momento en que Soriano ha pintado el cuadro.

Estas canicas rotundas parecen miniaturas de un indefenso globo terráqueo.
En su interior los matices dibujan continentes de fuego y sangre.
Fragilidad del mundo, ser quebradizo
De todo lo que hacemos y cuanto somos.

La calavera domina el cuadro y como siempre es «serena y trágica».
La vemos de perfil, sólo cubierta por una capa de vidrio (no existían plásticos),
O tal vez un sudario o un manto de azul traslúcido.
Hecho, más que de tela, de un imposible cristal flexible,
Materia resistente que de improviso
Se ha vuelto dúctil como la seda o la cera,
La cera funeraria para otros cirios ausentes, fuera de cuadro,
En el velorio del mundo en perpetua guerra.

La unión de calavera y cubierta o velo
Invoca aquel *Cráneo azteca en cristal de roca*
Que está en el Museo Británico y Saint-John Perse elogió como «el objeto más hermoso del mundo».
En nuestro fin de siglo fue doloroso enterarnos
De que esa calavera no es antigua ni azteca ni mexicana.

No la falsificaron en un taller de aquí como Carretones,
Sino es obra de un artesano alemán de mil ochocientos noventa
y tantos,
Un genio del cristal que sin esclavizarse a la firma,
Sin pretensión de renombre ni de hacer arte,
Vendía el producto como decoración o pisapapeles.

La calavera aquí rima en silencio
Con las canicas que por partida doble están fuera del juego.
La infancia terminó. Ya es de noche y se ha acabado la fiesta
De los que tienen veinte años
En aquel tiempo inhabitable como éste y todos.
Los invitados se han ido sin dejar huella en el cuadro.
Quién sabe qué hacen allí las canicas, juego de azar inocente,
Segregadoras también pues pertenecen nada más a los niños, como
la fiesta a los jóvenes.
En vez de hundirse en su agujero de tierra
Las canicas yacen extemporáneas y desoladas y ajenas en el vaso
vacío.
Ni agua ni alcohol para la sed inmensa de vida.
O más bien la sed verde se opone al azul de muerte.
El enigma sigue.

La calavera observa al sesgo el espejo que nos devuelve la
Invisibilidad de su propia imagen,
O flota en esa alberca de Villaurrutia donde el que nada sólo
escucha la Nada,
O bien se asoma al aljibe de Pellicer,
Ni mar de Grecia ni río de Tabasco,
Sino estanque de desamor en algún valle entre montañas-pirámides.
Entonces lo que Soriano ha pintado aquí
Es el recinto de esas «muertas imágenes»,
Muertas de vida y de pasión por vivirla.

En qué imperiosa forma la calavera se va adueñando del mundo.
Lo coloniza con su omnipresencia. *Memento mori.*
Todos nos vamos a morir
Pero nadie sabe cuándo ni dónde o cómo,
Aunque siempre en cualquier momento.
Por eso la calavera se ríe
De los espejos que el azul-verde diluye.
Soriano emplea luz de cielo y colores de mar y tierra
En un espacio de confinamiento,
Un campo de batalla en que lo único vivo son las espigas,
Naturaleza, sí, pero *segadas, cegadas,* ciegas.

Las espigas semejan las flechas de oro
De un mediodía que volverá como siempre.
Por lo contrario, la calavera es aquella parte
Que nunca llegaremos a conocer de nosotros mismos
Y resulta nuestra indeseable herencia al planeta.
Los huesos no tienen ojos para mirarse al espejo
Y, como las ventanas, ya no ven nada.
Los demás, si se atreven, observarán
Con ironía o piedad la calavera monda y redonda,
No sus intransferibles poseedores,
Espigas también nacidas para ser pasto de la guadaña
Que alimenta de absurdo a la pobre Nada.

Al detener un instante del año atroz como todos
Soriano da movimiento inmóvil, presente ausente y espejo ciego
Al tiempo interno que se desploma en el vaso
Entre las dos canicas del azar,
Mínimas calaveras de cristal
O breves lunas entre el amanecer y la noche,
Junto al revolvedor que mezcla luz y sombra en el aire
Y funde ayer y hoy en el mar del tiempo.

Soriano pone velo nupcial y mortaja de adiós al cráneo,
Cubre y descubre una realidad que sin darnos tregua
Ilumina el silencio con penumbra de cripta y luz de playa
y montaña.
Su cuadro entonces podría ser también como un nocturno solar
Porque la hoguera central no se mueve,
Somos nosotros los que vagamos siempre en tinieblas.

Si una vez más el mundo parecía (como hoy) polvorín
A punto de convertirlo todo en desierto,
Naturaleza muerta, vaso sin agua, juego sin juego,
Calavera cubierta con el velo de Isis o con el velo de Maya
En una tarde de México,
Quedaba como espiga del porvenir,
Para nosotros y para Juan Soriano,
El triunfo de su arte.

V. LOS DÍAS QUE NO SE NOMBRAN

MORGUE

No hace calor en este anexo del infierno.

Los muertos han regresado a la edad de hielo.

Tal vez si los dejáramos aquí
Se volverían inmortales.

Horror la vida desde el iglú de la muerte.

¿Para esto hemos nacido?,
Nos preguntamos
Al profanar la morgue y advertir
Un gesto de reproche en los cadáveres.

Quizá malinterpreto:
Es compasión
Lo que muestran sus caras lívidas.

NUBES

En un mundo erizado de prisiones
Sólo las nubes arden siempre libres.

No tienen amo, no obedecen órdenes,
Inventan formas, las asumen todas.

Nadie sabe si vuelan o navegan,
Si ante su luz el aire es mar o llama.

Tejidas de alas son flores del agua,
Arrecifes de instantes, red de espuma.

Islas de niebla, flotan, se deslíen
Y nos dejan hundidos en la Tierra.

Como son inmortales nunca oponen
Fuerza o fijeza al vendaval del tiempo.

Las nubes duran porque se deshacen.
Su materia es la ausencia y dan la vida.

EXPIACIÓN

Qué sola ha de sentirse la luciérnaga
En el suburbio que era campo.

Arde sin nadie entre las casas tristes.
La repudió el enjambre intolerante
Que exige sumisión igual que todos.

No sé cuál fue su error o su pecado.
Acaso las luciérnagas también
Castigan sin piedad a las insumisas
Y les cortan la luz y el aire.

Tal vez la usó la tribu como chivo expiatorio.
Murmuradas las culpas a su oído,

La enviaron a perderse en el desierto
Para morir por la vileza de otras.

En la altura contrasta su brillantez
Con esos fuegos fatuos tan rastreros
Que hacen teatro de espectros en la noche
Y nos llenan de miedo.

No es verde de esperanza el mal color
De la pobre luciérnaga extraviada:

Su vuelo dice adiós a todo aquello
Que acaba de morir en este instante.

HONGOS

Los habitantes del silencio, los hongos
En su reino de esporas.

El hongo sin dejar de ser vegetal
Tiene algo de carne, piedra o enigma
Entre la hierba, el musgo o el poder
De los árboles tutelares.

Tocado por el ajo o el aceite,
El menos atractivo se convierte en delicia.
En cambio el que más bello nos parece
Oculta en su humedad la muerte pródiga
Que es la vida del bosque.

INCOMUNICABLE

Cada noche sin falta
La babosa escribiente deja en la alfombra
Una estela de plata
Rematada en un bucle exacto,
Siempre distinto.

¿Qué nos dirá
Ese alfabeto nocturno,
Esa plata viva
Trazada a ciegas
En las tinieblas que ignoramos?

Nunca haremos contacto
Con esta mayoría inmensa
Del mundo real que no sólo es nuestro.

Jamás podremos dialogar
Con la parte que no es humana.

SIMULACRO

> Lo más importante de una obra
> de arte es lo que no se dice.
>
> VIRGILIO FERREIRA

Arte de no decir, la telaraña que brilla
Como plata bajo el Sol de oro.
Su diseño parece abstracto.
Por su rigor debería
Estudiarse en un curso de arte.

La mente que concibió tal belleza
No puede ser despreciada
Aunque encarne en una alimaña
Que incita al exterminio a primera vista.

Sin embargo la obra no es arte puro.
Está comprometida con una causa feroz
Igual que la nuestra.

Es una trampa, un matadero sin sangre,
Un lugar de tormento donde no hay gritos.
Su limpidez, su gratuidad en apariencia
Y su espejismo de orden
No durarán mucho tiempo.

Cuando pase de nuevo por aquí encontraré
El laberinto mágico de urdimbres
Sembrado de cadáveres vacíos:
Los restos insepultos de las moscas
Que la araña atrapó en el simulacro
Para sorberles poco a poco
La amarga vida.

MERCADO DE SAN JUAN

Entre el mercado de San Juan el enorme pez
En su tumba de hielo sangra.

Visto así de perfil, hosco y sombrío,
Remota y acremente se parece a nosotros.

Hay la posibilidad de que él también
Sea nuestro consanguíneo antepasado.

Es mejor no pensar entonces
Que otra especie en peligro: la humanidad

Está muriendo
En la tumba de hielo del pez que sangra.

NUPCIAS DE LA UNICORNIA

Ignoro el verbo que define su cópula.
Lo que capta el video
Es el momento en que el rinoceronte
¿Monta, pisa, cabalga, cubre, traslapa?
A la rinoceronta que desde aquí no parece
Muy excitada
Sino más bien se resigna
Al débito impostergable
Por la perpetuación de la especie en riesgo.

Para nuestra soberbia resulta cómica
Esta visita conyugal en su cárcel.
No admitimos
Que el gran juguete acorazado de un dios cruel
Y aún no salido de la infancia
Sienta un impulso idéntico a lo que llamamos «pasión»
Cuando nos toma por asalto.

(Si los rinocerontes tuvieran jaulas para encerrarnos
Y cámaras y teléfonos para filmar

Nuestros actos sexuales,
También se burlarían de nosotros.)

Para él todo este embrollo es algo muy serio
Y la otra blindada no le parece
Aberración ni monstruo ni adefesio.

Frente a su amor o su lujuria
La unicornia durísima es su reina,
Miss Universo, la Playmate del Año,
El consuelo único
De estar aquí
Condenados sin culpa alguna
A cadena perpetua en el zoológico.

DEVEDÉ

Se conocen, se atraen y se unen
Y ponen en pantalla el mismo disco de siempre
Con la trama que ya sabemos.

DVD:
Debe de haber otra película humana
Que no sea esta mala copia pirata
De un melodrama esperpéntico

Pero invariablemente muy trágico.

HIERBA DE AYER

Nos encontramos para despedirnos
Ante el jardín hoy como nunca ajeno.

Corta hierba y qué más
La podadora en la tarde.

En su ferocidad lo ignora todo
Acerca de las vidas que anula entre sus cuchillas.

Borra este hoy que se vuelve ayer
La podadora implacable.

Te digo adiós.

Con esta hierba nos vamos.

LA CALLE DE TAJÍN

El edificio horrible ya está en ruinas
Y será demolido.

Temo que nadie llorará su ausencia.

Cuando lo echen abajo me daré
Valor para enfrentarme al gran ridículo
Y pedir un minuto de silencio
A la cuadrilla de demoliciones:

«Antes de que consumen su trabajo
Permitan por favor que me despida:

Estas paredes lamentables fueron
(Tal vez no solamente para mí)
La casa del amor y la poesía».

UN DÍA VOLVERÁ

> ... para traer la Eurídice dormida
> Hasta la superficie de la vida.
>
> ALFONSO REYES,
> «Arte poética» (1927)

Un día volverá
Por calles
Que nacerán para existir como entonces.

Le diré: «Eres la estrella
Del alba y el crepúsculo.
La más hermosa siempre *en todas partes*».

Pero no:
Es imposible.
Si volviera de nuevo aquí,
Si iluminara
El mundo de tinieblas que habitamos los vivos

¿Qué harían sin ella los muertos?

MELOPEA

> Melopea: Recitación con acompañamiento de piano. Debe de ser un mexicanismo ya en desuso porque no he visto ningún diccionario que registre este sentido del vocablo.
>
> JULIÁN HERNÁNDEZ, *Apuntes*...

Un señor toca el piano, otro declama
Una «poesía» muy dulce de hace cien años.

Estoy a punto de reírme o largarme,
Huir de esta catacumba en donde, pese a todo,
Soy por inmensa diferencia el más viejo.

¿Quién es el cursi, el anticuado, el ridículo?

Porque la gente se conmueve,
Brotan las lágrimas,
Se toman de la mano,
Se besan.

La melopea
Puede sonar grotesca
Pero ha logrado
Lo que nunca obtendré con mis versitos.

LOS DÍAS QUE NO SE NOMBRAN

En vano trato
De recordar lo que pasó aquel día.
Estuve en algún lado,

Hablé con alguien,
Leí algún libro...
Lo he olvidado todo.

A tan sólo unos meses de distancia
Parece que las cosas sucedieron
En el siglo XIV antes de Cristo.

¿Qué dije, qué pensé?
No tengo idea.
Jamás me enteraré de lo ocurrido.

Salí de las tinieblas,
Voy a ellas.

Todo es nunca por siempre en nuestra vida.

MICROSCOPIO

El microscopio me engrandece. Veo
Multitudes, batallas, grandes éxodos.
La vida que se mueve siempre en combate.
Y en todas partes el dolor y el miedo.

Sin ayuda de la óptica electrónica
Otros ven nada más
Una gota de agua o un corpúsculo
De tierra en que no hay nada.

Desde otro microscopio alguien observa
Nuestra afrentosa pequeñez y ficha

A tan ínfima especie con un nombre
Científico entre tantos:

Humanidad doliente.

POR DESGRACIA

A cambio
De mi voraz estupidez en materias
Accesibles y gratas para los otros
Destaqué en geografía.

Ahora supongo que me fascinaba
El sonido de aquellos nombres:
Dalmacia, Laconia, Tánger,
Corinto, Aquisgrán, Salónica...

Pero hoy de nada sirve mi infantil
Estudio de fronteras y capitales.
Ya me volví ignorante, desconozco
Los países, las lenguas, las banderas.

Nada resulta estable y hay lugares
Devorantes, borrados, engullidos.
El pez grande se quiebra y el pequeño
Implosiona y derrama sus pedazos.

Y sin embargo está lo que no cambia:
El mapamundi actual es como el de antes
Una mancha feroz de fuego y sangre.

LA ARCADIA

Los poetas neoclásicos,
Tan ilegibles hoy como nosotros
Lo seremos mañana,
Llamaron a su círculo La Arcadia,
Se dieron nombres de pastores:
Batilio, Clearco, Leandro;
Ocultaron el nombre de sus amantes
Bajo el velo de Cloris, Filis, Delia;
Escribieron confiados
Églogas rococó en almíbar rancio
Y no en seda y en mármol
Como los verdaderos antiguos;
Trataron de ocultar el deseo sexual
Bajo un manto falaz de clasicismo;
Pero lo que anhelaban en verdad
Era fornicar libres al aire libre
Con ninfas y con dríadas
Como en la Edad de Oro.

PARA QUÉ SIRVEN LAS ESTATUAS

Nadie ha de permitir que lo condenen a una segunda forma
de muerte
Si deja que lo empareden a la intemperie
Y lo conviertan en estatua efímera.

¿Para qué sirven las estatuas?
Para dar
Compasión a los árboles,
Risa a los transeúntes,

Letrina a las palomas y otras aves;
Para que los airados
Pinten sus maldiciones al poder;
Para que finalmente las derriben
Y las hagan pedazos
Las multitudes que en su furia son
El gran juicio final,
El veredicto de la Historia.

LA MANCHA

Desisto, cedo, renuncio, abandono
Mi esfuerzo inútil, mi irrisorio afán.

He probado jabones, detergentes,
Sustancias diseñadas contra el estrago.
Todo en vano: la mancha no se irá
De la camisa blanca. Su baldón
Fue producto del vino de la amistad
Consumido en afecto y calma.

La amistad indispensable no dura mucho.
El acuerdo encalla de pronto
En los filos de la discordia.

Porque nada está firme. Todo se va.
Sólo la mancha sigue aquí
Como una huella de sangre.

¿Qué significa, cuál crimen
Se empeña en reprocharme la imborrable?

ENIGMA

El misterio que tú eres para mí
Y yo soy para ti
Y todos somos para todos...

¿Por qué actuamos así?
¿Por qué llegamos
A este momento inexplicable
(Que es hoy y siempre)?

Si supiera quién eres y quién soy,
Si supiese por qué eres y por qué soy,
La vida perdería su intensidad lacerante.

Dejaría de ser lo que es en verdad:
El enigma sin fondo.

ALMANAQUE

En la última tienda que sobrevive,
Ahogada por las cadenas y las franquicias,
Para empezar el año amenazante
Me regalan un almanaque,
Un calendario de hojas desprendibles.

El almanaque es otra especie en peligro.
Ante el triunfo de la electrónica,
Pronto lo extinguirán por ser tan realista,
Pues nadie quiere ver la cara del tiempo.

En la agenda es posible borrar los días
O tacharlos en calendarios.
El violento almanaque nos obliga
A arrancarle una hoja noche tras noche,
Como si nos dijera: «Ya se va,
Ya te fue arrebatado el día
Por la invisible tempestad que sin pausa
Deshoja el árbol del mundo».

Me deshago del hoy que me deshace.
Lo que pasó se vuelve materia inerte,
Hojarasca en verdad.
Vuelan los días
En la selva sin paz del almanaque.

La vida sigue y no se acuerda de nada.

NOMBRE Y HUMO

En el tronco de un árbol que talaron
Para abrir más camino
Al Niágara incesante de automóviles,
Encuentro muy dañados por la intemperie
Y por la intemperancia de tantos años,
Dos nombres, una fecha:
Amalia y Pablo. Abril / 59.
Y me pregunto si recordarán
Que dejaron sus tenues huellas.

Cuánto hiere pensar en qué habrá sido
De esos amores, de esa juventud,

Aquel mundo
Sin relación alguna con el de ahora.

Tal vez ninguno vive.
Acaso forman
Un viejo matrimonio
O al poco tiempo
De haber *eternizado* su inmenso amor
Se apartaron por algo y no volvieron a verse.

Acaba el testimonio hoy vuelto leña.
En el humo se van Pablo y Amalia
Y aquel año del siglo también muerto.

LA CRUZ DE MI PARROQUIA

No negaré la cruz de mi parroquia
Porque la cruz
Es en verdad un pararrayos.

Cómo se cimbra todo cuando truena el relámpago
Y el cielo se desploma en un millón de fragmentos.
La cruz recoge entonces la violencia del aire
Y la hunde en tierra firme.
Allí el fragor se vuelve oscuridad
Y prepara en tinieblas otra tormenta
Que asciende sísmica y trémula.

En este caso no hay
Ninguna cruz que absorba el terremoto
Y sea capaz de hundir su iracundia
Entre las nubes negras.

TEZONTLE

Lo que explota o crepita a cada paso,
Algo como un chasquido o el rumor
Del tiempo al deshacerse...

Los jardines de grava que hay en México,
Senderos de tezontle desmenuzado
En que se pulverizan los instantes.

Hoy espuma de piedra y antes lumbre
En la boca del Xitle hace dos mil años,
Tezontle del Ajusco que nos da siempre
La sensación de caminar en fuego.

Vamos por el jardín como sobre un volcán al acecho.
El mundo entero, cráter que hierve en cólera
A la espera del estallido.

EN LA ACERA

Fulgor del mundo en esta pobre hierba
Brotada de la calle en las ranuras
De la acera en pedazos.

Mal proyecto
Andar los desniveles de una ciudad
Hendida por fragores subterráneos.

Aquí no puede hablarse de tierra firme.
Somos los habitantes de una isla
Rodeada de temblores por todas partes.

Quedan las ruinas del desastre aquel.
Siguen intactas, son el monumento
Al estrago que fue y será mañana.

La muerte acecha siempre,
El deterioro
Reina todos los días,
Marca y signo
De la ciudad en que nada permanece.

Sólo esta hierba ínfima,
Esta cumbre
Pisoteada, irrisoria, casi muerta
De sed cuando no hay lluvia.

A fuerza de endeblez
La hierba dura
Como señal del triunfo de la vida.

EL CANAL DE LA NADA

Desde el vagón final
Observo el túnel abierto
Entre las estaciones de Chilpancingo y Patriotismo
En la línea 9 del Metro.

Cuántos años vividos sobre estas calles
Sin pensar nunca en lo que yace aquí abajo.
Y no supe tampoco
Qué había ocurrido al fondo de mi propio pasado,
Tan misterioso
Como el ayer de todas las personas.

∞

Túnel irreal, surreal, canal de la Nada.
En él encuentro una imagen
De la ignota caverna que hemos dejado atrás
Para vivir este día.

CLAVO

Suprema
Sabiduría de la embriaguez:
El clavo
Que ha bebido pared
Durante muchos años rencorosos,
De repente se dobla y se viene abajo
Con su carga de pesadumbre.

Y al desplomarse arrastra consigo
El premio, el diploma, el título,
La constancia
De una antigua victoria
Que ahora,
Con su vidrio empolvado,
Yace,
Hiriente,
Por el suelo
En añicos.

EL LUGAR DE LA DUDA

Dice sin duda: «No hay lugar a duda».
Lo afirma, lo sostiene contundente
Desde el centro del Bien y la Verdad incontestables.

Ante su hosca certeza me pregunto cuál es
El lugar de la duda.
Y encuentro allí lo contrario
De lo que ve quien no duda.

No vivimos en calma, nunca hay paz,
La vida toda es un combate incesante.
Por eso nos convienen el tal vez, el acaso,
El quizá, el sin embargo y el no obstante.

El lugar de la duda sería entonces
El territorio de la reflexión,
La conciencia de ser también el otro
Para quien vemos siempre como el otro,
El campo de la crítica y la puerta
Que cierra el paso al dogma y a sus crímenes.

LITERATURA Y REALIDAD

El tremendismo de la realidad,
Su incurable tendencia
Al melodrama y a lo absurdo.

La realidad es psicópata:
Jamás se compadece de sus víctimas.
Hace trampa al jugar con la esperanza.

Todo lo escribe mal con letras chuecas
Llenas de errores de sintaxis.
Ignora el ritmo, el tono, la armonía.
Confunde los papeles asignados.
Olvida lo que dijo en la otra página.

Debería entrar en un taller literario,
Aprender cuando menos rudimentos
De verosimilitud, coherencia y orden.

Sin embargo posee en alto grado
Una virtud artística suprema:
No se repite nunca,
Siempre es nueva,
Siempre nos deja con la boca abierta.

REALISMO SUCIO

Realismo sucio del despertador,
Su irrupción malsonante
En el abismo lírico del sueño.

Bomba de precisión el feroz reloj
Que vuela en mil pedazos el video intimísimo,
Filmado noche a noche por nuestro inconsciente dramático,
Máquina de narrar extrañas ficciones,
Siempre al alcance involuntario de todos.

Nunca sabré cómo iba a terminar esa historia onírica.
Hicimos una cita y se quedó sin desenlace
Por culpa del despertador que no se apiada de nadie,

Por obra del estallido del deber y de la realidad,
Gran enemiga de los sueños.

LA HORA DE LOS NIÑOS

Los niños traficaban con una nueva especie de ratas,
Anilladas como langostas y de color magenta y celeste.
Sabor extraño al principio
Pero como el hambre no miente
Nos habituamos a hornearlas.

Ya que uno es lo que come, en menos de un año
Nos volvimos como ellas.
Primero los ojitos alarmados, la pelambre y la cola.
Poco después los dientes de taladro,
Las garras como sierra de partir huesos.
(¿Hará falta añadir que a este respecto
No tuvieron gran cosa que enseñarnos?)

Ahora son hombres los niños que vivían de las ratas.
Actúan como sicarios de un poder invisible
Y poco a poco pero noche tras noche
Nos eliminan sin clemencia.

AQUEL OTRO

Hoy vino a verme el que no fui:
Aquel otro
Ya para siempre inexistencia pura,

Ardid verbal para el *hubiera sido,*
Forma atenuada de decir *no fue.*

Ahora lo entiendo:
Quien no fui ha triunfado,
La realidad no lo manchó, no tuvo
Que adaptarse a la eterna sordidez,
Jamás capituló ni vendió su alma
Por una onza de supervivencia.

El que no fui se fue como si nada.
Ya nunca volverá, ya es imposible.

El que se va no vuelve aunque regrese.

MIENTRAS TANTO

En un prendedor de plata
La antigüedad de la herrumbre
Que han dejado la sal y el mar del tiempo.

Este recubrimiento vela el día
En que salió a la luz de la novedad
Un objeto
Destinado a la oscura pátina.

Debe de haber
Deidades o demonios que manipulen el tiempo
Y digan: «Todo
Nace para ofrendarse a la erosión.
Sólo nosotros
Perseveramos en seguir aquí

Inmutables y crueles
Como espuma que a cada instante
Impone su levedad a la pesadumbre
De la roca marina
Bajo la evanescencia corrosiva
Que muerde todo y demuele todo».

Hay sustancias
Para quitarle a la humilde joya
La cadena que la aprisiona
En un ayer inasible.

Ahora está «como nueva»
Pero no es nueva.
En su vistosidad reluciente
Se dibuja más bien un simulacro
De antigua juventud.

Por un instante se borra
La noche inmensa en donde estuvo guardado
—¿Por qué incógnita historia?—
Este objeto.

Al tocarlo siento la piel
De la muchacha que por primera vez se lo puso.
¿Cuándo?
Digamos por decir algo
Mil novecientos treinta y nueve.

El tacto me permite verla hermosísima
En un baile del Ciro's o el Country Club
O en el Hotel Montejo que se llevó el terremoto.

Ya no está aquí la muchacha.
Los lugares también se fueron.
Todo ese mundo
Ya se ha desvanecido como hoy se disipa este otro
Que mientras tanto se va cubriendo de pátina.

SEDA

Larva del aire entre la oscura tierra,
La todopoderosa Tierra saqueada
Por los que estamos sólo de paso.

Se gesta aquí la seda y ha de volar
Etérea como esa piel que es otra forma de seda:
El vestuario de la bellísima
En la noche de los deseos.

Y al centro de la gran fiesta
Y la celebración que es contemplarla,
Envuelta en el esplendor
De su manto traslúcido de seda,
Nadie nunca podría pensar
En el gusano ausente innombrable.

Y no obstante en la noche de oro,
Mientras arde el espacio en música,
El gusano paciente espera.

Sabe
Que es el último rey
Y siempre sale triunfante.

XIV

LA EDAD DE LAS TINIEBLAS

[2009]

ELOGIO DEL JABÓN

El objeto más bello y más limpio de este mundo es el jabón oval que sólo huele a sí mismo. Trozo de nieve tibia o marfil inocente, el jabón resulta lo servicial por excelencia. Dan ganas de conservarlo ileso, halago para la vista, ofrenda para el tacto y el olfato. Duele que su destino sea mezclarse con toda la sordidez del planeta.

En un instante celebrará sus nupcias con el agua, esencia de todo. Sin ella el jabón no sería nada, no justificaría su indispensable existencia. La nobleza de su vínculo no impide que sea destructivo para los dos.

Inocencia y pureza van a sacrificarse en el altar de la inmundicia. Al tocar la suciedad del planeta ambos, para absolvernos, dejarán su condición de lirio y origen para ser habitantes de las alcantarillas y lodo de la cloaca.

También el jabón por servir se acaba y se acaba sirviendo. Cumplido su deber será laja viscosa, plasta informe contraria a la perfección que ahora tengo en la mano.

Medios lustrales para borrar la pesadumbre de ser y las corrupciones de estar vivos, agua y jabón al redimirnos de la noche nos bautizan de nuevo cada mañana. Sin su alianza sagrada, no tardaríamos en descender a nuestro infierno de bestias repugnantes. Lo sabemos, preferimos ignorarlo y no darle las gracias.

Nacemos sucios, terminaremos como trozos de abyecta podredumbre. El jabón mantiene a raya las señales de nuestra asquerosidad primigenia, desvanece la barbarie del cuerpo, nos permite salir una y otra vez de las tinieblas y el pantano.

Parte indispensable de la vida, el jabón no puede estar exento de la sordidez común a lo que vive. Tampoco le fue dado el no ser cómplice del crimen universal que nos ha permitido estar un día más sobre la Tierra.

Mientras me afeito y escucho un concierto de cámara, me niego a recordar que tanta belleza sobrenatural, la música vuelta espuma del aire, no sería posible sin los árboles destruidos (los instrumentos musicales), el marfil de los elefantes (el teclado del piano), las tripas de los gatos (las cuerdas).

Del mismo modo, no importan las esencias vegetales, las sustancias químicas ni los perfumes añadidos: la materia prima del jabón impoluto es la grasa de los mataderos. Lo más bello y lo más pulcro no existirían si no estuvieran basados en lo más sucio y en lo más horrible. Así es y será siempre por desgracia.

Jabón también el olvido que limpia del vivir y su exceso. Jabón la memoria que depura cuanto inventa como recuerdo. Jabón la palabra escrita. Poesía impía, prosa sarnosa. Lo más radiante encuentra su origen en lo más oscuro. Jabón la lengua española que lava en el poema las heridas del ser, las manchas del desamparo y el fracaso.

Contra el crimen universal no puedo hacer nada. Aspiro el aroma a nuevo del jabón. El agua permitirá que se deslice sobre la piel y nos devuelva una inocencia imaginaria.

PARAQUET

Tengo en su jaula de oro un nuevo pájaro. Negro y azul, vivaz y melancólico, es una cruza entre el parakeet *(Melopsitacua undulatus)*, llamado en México Periquito de Australia, y la cuerva *(Corvus corax)* a la que Gabriel Zaid escuchó graznar «paraké, paraké».

Es lo único que dice nuestro pájaro. Por eso lo bautizamos Paraquet (nombre científico: *Interrogator jam priden*). Como el ave agorera llevada a Moctezuma al borde de su ruina, el Paraquet tiene un espejo por cabeza.

Al verse reflejados en él y escuchar su única palabra, su breve lección socrática de filosofía, los más se desalientan y derrumban. Sólo unos cuantos buscan y por fin encuentran el paraqué de todo este embrollo y nos rediman al salvarse.

ELLA

Hablas y al volverte la encuentras desafiante. Haces y antes de consumar tus actos y tus obras, Ella te sale al paso y te afrenta. Huyes y te sorprende en el camino. Llegas y ves que te esperaba en la Terminal. Guardas silencio, te quedas inmóvil, no te atreves a alzar los ojos. Entonces Ella se acerca y dice: «Es inútil».

No se equivoca la inmortal, la insaciable, la imbatible. Contra Ella nada logran ni el mayor poder ni la belleza perfecta ni la más aguda inteligencia. No la vence el terror, no la desalienta la autocrítica, no la derrota el ingenio ni la desarma la humildad.

Sagrada Objeción, no se puede contigo. Reinas en este mundo y los otros. Omnipresente y todopoderosa, no dejas columna en pie ni estatua con cabeza. Nadie jamás detendrá tu victoria.

ÁMBAR

Este trocito de madera petrificada por la sal guarda el Mediterráneo en que navegó 1983. Estas piedras son Bolivia y encierran toda su historia. Este casquillo desenterrado en el Tiergarten de 1990, cuando acababan de echar abajo el muro, es Berlín y es 1945. En cambio este ámbar prehistórico no sé de dónde viene, quién me lo dio, qué significa, en cuál lugar pude haberlo obtenido.

Como un ácido la desmemoria socava las reliquias. Su corrosión lo desordena todo y nos obliga a pensar: la vida está hecha para ser y desvanecerse, no para atestarla de *souvenirs.* Hacerlo peca contra la fugacidad, niega la naturaleza indestructible del cambio.

La existencia no sería tal si no pasara. Déjala ir, permítele acabarse, no intentes retenerla. Si guardas algo es como si quisieras frenar la inmensa ola. De nada sirve oponer a su estallido la palma suplicante de la mano.

ALGAS

El mundo estaba lleno de algas. De las algas salió el oxígeno y del oxígeno salimos todos. Fuimos durante millones de años bacteria, protozoario, pez, reptil, ave, mono y quién sabe cuántos otros animales. Un día nos erguimos en dos patas y al cabo de nadie sabe cuántos siglos inscribimos el primer texto en un libro de piedra.

La escritura nos hizo humanos. También nos permitió tiranizar al resto de la naturaleza con los resultados que estamos padeciendo. De todos modos el libro de piedra quedó allí con sus signos milenarios.

Hoy ya no existe lo que duró un tiempo sin edad ni memoria. Una bomba lo deshizo en segundos. Ya hemos comenzado el retorno a las algas.

AUSTRAL / BOREAL

Diciembre de 1950 en Buenos Aires. Reina el verano en el hemisferio austral. El calor llena de fuego y luz las horas. La evaporación del río que ya es casi mar humedece la gran ciudad como una esponja.

Un niño juega a solas con una esfera de cristal. En su interior nieva sobre un paisaje del norte: una cabaña de troncos a la orilla de un lago. Al mismo tiempo en Toronto que se hunde entre la nieve otro niño observa su propia esfera. Bajo el cristal diluvia arena.

Dice: perdido en el desierto, resisto el simún bajo un cielo de cal en un espacio sin agua. La arena está nevando sobre mi cuerpo. En la circunferencia líquida tengo sed. Bajo las tinieblas ardientes busco el lugar en donde nace el frío. Veo espejismos. Llego a un oasis y en vez de manantiales y palmeras encuentro abetos, un lago congelado y una cabaña.

Estoy, añade, en una bola de cristal llamada Tierra. Su circunferencia es mi límite. En ella deberíamos caber todos porque nos hace iguales el ser distintos. Mientras tanto, aunque la Cruz del Sur y la Estrella Polar no brillarán jamás en el mismo cielo, acepto que tu verano sea mi invierno y mi invierno resulte tu verano.

INTERROGACIONES

Soy uno más, otro habitante infinitesimal de un grano de arena perdido entre millones de galaxias. Qué extraño estar aquí y no en otra parte, hoy y no en 1204 o en 1827. Qué misterio ser yo y no tú, o tú y no yo. Enigma tan grande lo que sucederá mañana como lo que se oculta en la infinitud de nuestros pasados.

Jamás sabré el propósito de todo esto ni quién decidió que naciera aquí y no en la familia real de Nueva Zembla o en la casta más oprimida de la India. No puedo indagar las causas que determinaron este día entre los días, ni cuál porvenir saldrá de este hoy sin tomar en cuenta nuestra esperanza. En este instante aquel futuro ya urde a mi espalda su madeja impredecible e indescifrable.

EL SUEÑO DEL ESTRATEGA

Otro Moisés ordena a un nuevo Aarón golpear la tierra con su cayado. El polvo se transforma en mosquitos y desencadena contra nosotros la tercera plaga de Egipto. Tienen fama de ser el sueño del estratega. Forman un ejército imparable porque todos sus guerreros juzgan que morir en combate es su misión, su orgullo y su recompensa. Por cada baja un millón de nuevos soldados se incorporan a la ofensiva.

El zumbido del atacante inspiró el grito con que algunos animales aterrorizan al enemigo. Hitler se basó en él para fraguar la sirena de sus Stukas. El Führer quedó pulverizado, los mosquitos siguen invictos.

Nadie sabe cuántos milenios llevamos en esta guerra sin esperanza de victoria. No sirven los intentos de exterminarlos. No aceptan tregua ni armisticio. Quieren nuestra sangre para multiplicarse sin sosiego.

UNA TARDE

Contemporáneos, sí, pero sólo nos encontramos una tarde en plena juventud de los dos. Sólo una tarde bajo el mar del tiempo, ante sus cuadros en que estallaban el don de la pintura y el espíritu de una época hoy ya borrada. Gran amistad, profunda camaradería de unas horas. Acordes porque todo estaba por delante y eran para nosotros el porvenir y el arte.

Nos llevamos tan bien que sin decirlo preferimos no volver a vernos. Ella continúa, yo prosigo. Nos dejamos de ver a los veinte años, no nos reconoceríamos ahora. Seremos para siempre los mejores amigos de una tarde, una sola tarde en la inmensa vida.

En aquel año la Avenida Juárez, que será arrasada por el terremoto de 1985 en la Ciudad de México, aún es el centro del turismo. Abundan las tiendas de *Mexican Curious.* En la Casa Cervantes llaman mi atención de niño no las más bellas artesanías mexicanas, sino las pulgas vestidas y sus bodas con mariachi y cortejo en una cáscara de nuez, los dijes de plata, las miniaturas talladas en hueso y sobre todo los *jumping beans,* los frijoles saltarines.

En un cuenco de cristal brincan y se entremezclan las semillas pintadas de rojo. Por unos cuantos centavos compro diez *jumping beans.* La agitación prosigue en el tranvía y en mi cuarto. Como el globo de gas que si no escapa amanece desinflado, al día siguiente sobrevienen para los frijoles saltarines la inmovilidad, el triunfo de lo inerte, la vuelta al reino vegetal.

Parto de un martillazo un *jumping bean.* La atrocidad se revela ante mis ojos: en cada semilla, en el sarcófago que constituyen sus paredes, se agita un leve gusano en busca de aire, de espacio, de luz y de la salvación imposible.

Colmo de lo absurdo, el insecto nace enterrado en vida. Sólo puede consumir su existencia en la asfixia, la angustia y el sufrimiento infinitos. Su instinto de vivir se manifiesta con tal desesperación que su fuerza hace danzar una jaula hermética, una celda de manicomio, un sarcófago mil veces más pesado que su cuerpo.

La infancia terminó, la vida pasó, se fue la Casa Cervantes, el desastre borró la antigua Avenida Juárez. Nunca he vuelto a comprar frijoles saltarines. Ante ellos sólo caben dos actitudes. La primera, la más cobarde y tranquilizadora, descansa en no indagar jamás acerca de lo que hay en el fondo de las cosas. Si lo hacemos nuestra búsqueda revelará siempre alguna forma de horror.

La segunda actitud invita a pensar sin resignarse en que cuanto nos divierte, nos deleita, nos complace o exalta implica por necesidad un sufrimiento al que, para protegernos, debemos sentirnos siempre ajenos.

Los *jumping beans* son una alegoría insultante de nuestras vidas: estamos encerrados en un cuerpo, un lugar, un tiempo y un sector social que no elegimos. Nos oprime la doble herencia histórica y genética. No podemos ir más allá de los muros que nos confinan entre una fecha de nacimiento y otra de muerte. Hagamos lo que hagamos nunca saldremos de la cárcel que nos ahoga bajo un *yo* inescapable. Me pregunto quién se divierte con nuestros sobresaltos.

DESORDEN DE LOS FACTORES

Les digo buenos días a las tinieblas. A lo que ya se va le ruego tomar asiento en los salones más recónditos de la intemperie. Envío pésames a los recién nacidos y felicitaciones a los muertos. Arrojo fuego al agua. Lleno de nieve los campos de sal para que el lodo se abra paso contra nosotros. Escalo en vano el fondo de los mares. Desciendo sin querer a las más altas cumbres.

Doy armas al cordero y ofrezco asado de lobo a mis visitantes. Pugno por abolir la primavera y perpetuar el invierno. Ahuyento la calma y celebro la llegada de la tormenta. Escupo al pan y venero la hambruna. Injurio al colibrí y adulo a hienas y chacales.

Todo me sale al revés a pesar de mis buenas intenciones. La noche que me invade no sabe que es noche. La vida se me acaba sin entender de qué se trata. El mundo insiste en ser como es, no como yo quisiera. El desorden de los factores divide la multiplicación y suma una resta divisoria.

EL ÚNICO TESORO

De niño le dijeron: «Allí donde termina el arco iris hay un tesoro». Desde entonces, cada vez que aparece la ilusión óptica, él busca aquel lugar mágico a sabiendas de que no hallará juntos los siete colores. En vez de cofres, joyas o monedas de oro encuentra mares de plásticos, basura, cascos, latas y, de un tiempo a esta parte, muchos cuerpos decapitados.

No obstante, un arco iris lo lleva a otro. Él sigue buscando aunque sepa que lo aguarda siempre el desengaño. La esperanza, por absurda que sea, triunfa siempre contra la experiencia abrumadora.

DESPOBLACIÓN

Herida de hallar entre papeles destruibles una agenda remota: archivo muerto de los muertos, necrópolis de las ausencias y los afectos perdidos. La deshabitan personas de otras épocas y otros lugares. Unas cuantas siguen aquí a la distancia de algunas calles, un número telefónico o una dirección de Internet —pero en sitios que no volveré a ver, recintos adonde no hay retorno posible.

Entre tanta destrucción queda una parte edificante. En el zafarrancho general de la vida, en la guerra perpetua y la separación interminable, sobreviven, y nada puede ya borrarlos, el segundo de amor, el minuto de acuerdo, el instante de amistad. Basta para vivir agradecidos con esos nombres que no volveremos nunca a pronunciar.

MUSEO DEL NOVELISTA O EL PORVENIR DE OTRA ILUSIÓN

De paso por la ciudad me llevan al museo erigido en su casa a un novelista del lugar. Todo parece tan viejo que nunca llegará a ser antiguo. Muebles metálicos de los 1950, máquina Olympia con cinta negra y roja, pluma fuente Parker 51, momificados cigarros Casinos, cenicero de ónix, miniaturas de la Venus de Milo, el Calendario Azteca y la Torre Eiffel.

Conocí aquellos escritorios, esa máquina de escribir, la cinta bicolor, la pluma «aerodinámica», la vieja marca de cuando se fumaba. Me acerco ya a la otra frontera y hay una parte mía en este cenotafio.

No se venden sus libros porque el museo carece de ejemplares: las novelas que publicó entre 1936 y 1955 no alcanzaron reimpresiones. Se exhiben desencuadernados tomos amarillos y manuscritos en trance de disolución. Atestan las paredes retratos que llamaban «fotos de estudio», instantáneas muertas como los muertos, premios, diplomas, viñetas de artistas ya desconocidos, entrevistas patéticas, reseñas enmarcadas de críticos hoy aún más ignotos que el maestro.

Fuera de su tierra nadie lo recuerda. Historias y antologías no volvieron a ocuparse de él desde 1960 por lo menos. Sí, pero el escritor no se propuso la vida eterna imposible ni pidió que le alzaran un monumento funerario.

Escribió y escribió lo mejor que pudo. No compitió con nadie ni le hizo daño a nadie. Tuvo al menos la dicha de su trabajo. Su única ambición fue terminar algunas páginas que deben de haberle dado placer a muchas personas. Merece la más piadosa forma de respeto: el olvido.

Dejemos que el tiempo consume su aniquilación. En vez de levantar mausoleos inhabitables entreguemos al fuego, al viento y no a la urna las cenizas de lo que fuimos y de lo que hicimos.

Pongo una frase hueca y firmo el libro de visitantes. En unos años más al ver mi nombre en esa página alguien dirá: «¿Quién era?»

NOCHE DEL INSECTO

En la noche del insecto hay un minuto en que se pregunta a qué sabrá sentirse humano. El tema no le interesa demasiado: se considera superior a nosotros. Es inmortal, no piensa en la muerte ni se imagina que ahora mismo voy a aplastarlo.

Ocupa con naturalidad un sector del mundo y una ración de tiempo. No se enreda en consideraciones filosóficas. Su Nada es un abismo del que nunca sabremos. Por eso en cada encuentro nos miramos con total desconfianza y mutua hostilidad.

Tengo miedo.

LA EDAD DE LAS TINIEBLAS: EL QUINQUÉ

Arde la noche. El aire húmedo parece hervor de ciénaga. Bajamos del yip para tomar agua mineral en un cobertizo a orillas del camino que se interna en la selva. Sobre el mostrador hay un quinqué. Si nada recordamos de la niñez y sólo podemos inventar lo inmemorable a partir de unas cuantas imágenes, este quinqué engendra ahora su propio teatro de sombras, me lleva hasta un puerto donde hubo una casa que ya no existe.

Se va la luz. La familia enciende otro quinqué. Me intriga pensar en lo que han dicho mis padres: en el petróleo de la lámpara flotan reducidos a esencia bosques y dinosaurios de la prehistoria. Millones de años se han necesitado para humedecer la lengüeta de jerga que convertida en mecha soporta la llama. Una campana de cristal la protege y le permite iluminarnos. En el quinqué se consumen los restos fósiles de una vida improbable. La noche huele a luz carbonizada.

Este humilde fuego resulta el antitelevisor. Prende la imaginación de quienes se reúnen en torno a él como ante la hoguera primitiva: abuelos, padres, hijas, hijos. Sobrevienen relatos de cosas verdaderas y fingidas y, cuando las narraciones han terminado, el ballet de las manos, la pantomima de las siluetas.

La pared se convierte en un zoológico fantasmal, un circo de espectros. Aquí están las fauces del cocodrilo, el loro de perfil, el gato de espaldas, las alas del gavilán, la huida del venado, la tortuga que lleva a cuestas el mundo.

Al volver la electricidad el escenario se apaga. La familia queda en silencio. Sabe que está condenada a la dispersión y es como el humo que el petróleo suelta al inmolarse. Somos apenas sombras que alguien proyecta en un muro invisible.

El quinqué se extinguió hace millones de años. Su luz más submarina permanece. Esta noche su olor ha regresado bajo el violento aroma de la selva. Tal vez nosotros, sus animales y sus árboles también seremos combustible de una futura edad de las tinieblas.

MONSIEUR RÉGRET

Para otros la madera, el mármol o la arcilla: Monsieur Régret esculpe directamente en lodo. Así está más cerca de la vida y la Tierra, el comienzo y el fin. Trabaja mucho tiempo en cada obra. Cuando la ha concluido el lodo ya está seco y se desmorona.

Monsieur Régret no aspira a la fama ni a la riqueza. Su elección del material abrevia el camino que sigue toda obra de arte. En cuanto el polvo ha regresado al polvo, Monsieur Régret colecta otra vez lodo y se dedica a su nueva escultura.

ODIO

Para ser *Dios* a la palabra *Odio* le falta una letra y le sobra otra. No obstante, ejerce la potestad absoluta sobre nosotros. Hay declaraciones contra todo excepto contra el odio. En los edificios vemos letreros: *No entre, no pase, no se detenga, no pregunte, no hable.* Jamás he visto ninguna que ordene: *No odie.*

El odio como el aire lo llena todo. Su expansión satura de rabia al mundo. Inventamos artefactos que le dan rienda suelta y lo multiplican en infinitas series de venganzas.

O-d-i-o. La *d* son las fauces que devoran al planeta. La *i,* la espada y la flecha que nos aniquilan. La primera *o* es un cero a la izquierda: la inutilidad de querer derrotarlo. La segunda *o* es otro cero y esta vez simboliza la mutua aniquilación a la que el odio nos condena.

CABEZA A PÁJAROS

La perdiz se perdió en el laberinto de la oreja. Anidó en el cerebro hueco del poderoso. Las nuevas perdices buscan salida. El aleteo provoca tormentas en el cráneo desierto de la víctima.

No puede atribuirse a maldad humana la demencia del poder: es responsable la conducta aberrante de algunas aves.

A LA EXTRANJERA

En los Bosques de Viena usted me dio a probar el vino recién nacido y me dijo: «La Ciudad de México también fue parte del imperio habsbúrguico. Por tanto, más que un Schönbrunn o un Belvedere, tendríamos la obligación de regalarle un poco del Danubio. En la cuenca lacustre sólo quedan el lago de Xochimilco y el triste río Magdalena. A fines del XIX un violinista pobre de veintiún años le compuso al Magdalena, quién lo diría, *Sobre las olas,* el mejor vals vienés del mundo. Lo digo como austriaca».

A usted le duele esta ciudad que también ha hecho suya y lamenta ver cómo la hemos destruido y la seguimos arrasando. No entiendo sus razones para amar un sitio desesperante y sin esperanza. O tal vez existe la esperanza porque usted se encuentra aquí una vez más y llena de luz otra estación sombría.

Nací en un lugar que se llamaba como éste y ocupaba su espacio. Ahora también en mi suelo natal soy extranjero en tierra extraña. Ya no conozco a nadie ni reconozco nada. Usted, en cambio, no es extranjera en ningún lado. Usted es de todas partes como la música.

Por favor, no se vaya. No se lleve al partir un fragmento de luz entre el desierto pardo y la barbarie que por codicia y estupidez hemos engendrado.

REALITY SHOW

En otro tiempo le pagaban por actuar. Él era Ulises, Orestes, David, Edipo, Calígula, Pilatos, Hamlet, Segismundo, Raskólnikov, Lincoln, Trotsky, Estragón o Kowalsky. Ahora le dan dinero por verlo vivir. Día y noche se registran hasta sus actos más íntimos, se recogen sus palabras triviales y todo es televisado a todas partes.

Cámaras y micrófonos testimonian qué triste y sórdida es la existencia humana. La única ventaja de su *reality show* es ser de verdad interactivo: a su vez el actor puede mirar a quienes lo enriquecen a cambio de observarlo en el gran circo del mundo como pantalla.

Pronto acabarán con él la insoportable convivencia y el tedio de que nuestras vidas sean en el fondo tan iguales. Todos queremos lo mismo y hacemos cosas terribles para lograrlo.

Si no lo conseguimos (lo más frecuente) la envidia, el odio y la amargura nos devoran. Si por excepción alcanzamos nuestros fines nos espera lo de siempre: el temor a perder el botín, la angustia del animal herido que se hunde en la poza atestada de pirañas.

El actor dice que ahora mismo lo único que anhela es la paz de los sepulcros. Pero la paz no existe en ningún lado y la tumba es uno de los lugares más activos del mundo.

A la corrupción nada le cuesta hacer visible la infinita fealdad que llevamos por dentro, convertirnos al fin en la viva imagen muerta de lo que siempre hemos sido bajo apariencias y disfraces.

Éste es el verdadero *reality show* y nunca nos atreveremos a exhibirlo.

EL COLOR DEL CALOR

No me explico que en un día gris pueda hacer tanto calor. Es como si el viento y la lluvia se hubieran ido para siempre y un vengativo sol invisible reinara sobre el planeta muerto de sed.

Me dicen en la aldea: «Hay calor amarillo y calor verde. El de ahora es calor rojo. No, el infierno no ha ascendido a la superficie. Es que a causa del progreso la Tierra desciende al orbe subterráneo en donde sólo existe fuego oscuro. Poco a poco bajamos sin darnos cuenta hasta el centro en llamas. Nos fundiremos con la hoguera en que empezó este error ya irreparable».

BOLOTÓ

Bolotó es el terror de las hormigas. Al verlas se apresura a pisotearlas. Sus adversarias son tan pequeñas que la gente sólo nota los saltos, cabeceos y contorsiones de Bolotó. Supone que está danzando para los transeúntes y rara vez pasa de largo sin arrojarle unas monedas. Bolotó es muy afortunado: logró convertir su obsesión en un *modus vivendi.*

EL CORREDOR

Los jóvenes no se acercan a este rincón del parque. No quieren abrumarnos con la fuerza de su presencia ni la presencia de su fuerza. Cada día somos menos quienes, para intentar no ser vistos, nos reunimos aquí en cuanto se disipan las tinieblas y se abren las puertas. Aun en esta minoría que debiera estar unida por la certeza de su derrota hay enfrentamientos y rivalidades. Cada uno tiene su fundamentalismo y considera error y pérdida de tiempo los otros ejercicios.

Entre todos los yoguis y gimnastas prefiero al Corredor. Me gusta verlo alejarse a la escasa velocidad que ahora le dan sus piernas en otro tiempo tan veloces. La huida a toda carrera, él bien lo sabe, no detendrá la vejez que ya nos tiene en sus manos ni la enfermedad ni la muerte. Pero cada paso adelantado y cada metro recorrido se vuelven una victoria provisional contra los enemigos que se disponen a acabar con nosotros.

LA CALLE DE ALCALÁ

Como otras noches la esperabas entre los árboles de El Retiro. Después llegarían de nuevo hasta el piso en la calle de Alcalá en donde todo seguía como estaba al empezar 1936.

La última cita no se cumplió. El vigilante del Museo llegó para decirte que era inútil tu afán. La joven te agradecía tu adoración pero ya no iba a materializarse de nuevo, ya no dejaría de ser en un cuadro *La Maja Desnuda* para estar contigo unas horas en la calle de Alcalá. Sin embargo, podrías contemplarla cuantas veces quisieras en la obra de Goya.

Te dolió mucho perderla. Nunca más volverías a tener en tus brazos el cuerpo amado. Plebeya o duquesa, espectro o presencia real, para ti esa muchacha era Madrid y era el mundo todo.

Al regresar a solas encontraste, en vez del piso intacto en la calle de Alcalá, las ruinas de tu tiempo y los desastres de la guerra.

LA DORSA

A la velocidad con que extinguimos las especies pronto la dorsa habrá desaparecido bajo el cambio climático. Esta flor sólo se da en el Valle de México. Se distingue por ser invisible. Crece en los pavimentos y en los muros, en los cables eléctricos y en los desagües. Nadie de fuera puede reconocerla porque no tiene olor. Únicamente los de aquí sabemos hallar dorsas: su aroma a Nada nos acompaña desde la cuna.

INOCENTES EN EL JARDÍN

Inocentes en el jardín, pensábamos que todo era un juego. A nadie podía dañar lo que nos daba tanto placer. Cómo íbamos a imaginarnos que nuestro goce engendraría tanta descendencia. A su vez gemelos y mellizos se acoplan en cuanto pueden y producen camadas y camadas más y más numerosas.

Del edén sólo quedan ruinas humeantes. En el agua, en el aire y en la tierra los otros animales se han extinguido. Nuestros descendientes viven en guerra perpetua y en coito que no cesa. Su auténtico placer es destruir y matar.

Sin el menor respeto a nuestros millones de años, a ella y a mí nos tienen enjaulados. Nos insultan, nos apedrean, nos escupen. Nos condenan por cuanto ha sucedido. Dicen que somos la maldición de este planeta. Sería mejor que lo poblaran nuestras víctimas indefensas, los humanos, y en modo alguno nosotros, los feroces conejos.

En la ciudad para siempre a medio hacer, para siempre a medio destruir, abundaban en aquel tiempo los terrenos baldíos, reinos del cempasúchil y el pirú, la flor azteca y el árbol quechua, inermes ante la tempestad del progreso. El asfalto y los edificios avanzaban sobre tierras que hasta ayer habían sido campos y haciendas. La estación de las lluvias dejaba pozas habitadas por seres destinados a no alcanzar la edad adulta.

La vibración plural de sus cuerpecillos y la angustia de sus diminutos ojos redondos encarnaban la vida en perpetuo debate con la muerte. Los llamábamos «ajolotes» aunque eran simples renacuajos, larvas de rana. Los confundíamos con el extraño batracio de los lagos del Anáhuac: el *Siredon humboltis* o *Proteus mexicanus* que obsesionó a Julio Cortázar, a Juan José Arreola, a Salvador Elizondo y a Roger Bartra. Un siglo atrás los estudió y dibujó José María Velasco, el gran paisajista del Valle de México.

El axólotl de nuestras aguas casi muertas no sobrepasa el estado larvario. Ni pez ni salamandra, ni sapo ni lagarto, posee rasgos humanoides y es, como nosotros, el habitante quintaesencial de Nepantla, la cuna de Sor Juana, la tierra de en medio, el lugar de nadie, el recinto y la tumba de quienes, a lo largo de todas nuestras metamorfosis, tampoco llegamos de verdad a ser adultos y lo único que sabemos es reproducirnos.

Cuando en la clase elemental de biología nos mostraron por vez primera aquellas imágenes la comparación surgió de inmediato. Se parecen, es cierto, aunque los espermatozoides tienen una cola más esbelta que les sirve de remo y de timón. Su cabecita sin ojos guarda (y no lo sabíamos entonces) toda la información genética que hará de nosotros gran parte de lo que somos y seremos.

Su punta, nos dijo el profesor, se llama acrosoma. Es un ariete, una daga, un barreno en miniatura. Comete una violación infinitesimal, ejerce violencia contra las membranas para forzar su entrada en el óvulo. Entre millones de sus semejantes, añadió, sólo uno triunfa: el más violento, el más violador. Los espermatozoides que fracasan se vuelven menos que nada.

El maestro veía en este proceso aterrador otra maravilla del mundo, una muestra renovada de la inteligencia y la perfección de Dios. «Aquí tienen ustedes una prueba irrefutable de que Nuestro Señor existe y su Creación, a imagen y semejanza Suya, es perfecta. En este diminuto fragmento están todos los reinos de la Tierra.»

Concluía que el objeto de nuestro desdichado paso por la vida era, sí, ganar el Cielo, pero antes producir dentro de la santidad del matrimonio generaciones que alabaran al Creador y en todo momento le dieran las gracias por el privilegio de la existencia como áspero camino a la eternidad.

No piensan en esto las parejas que se unen. Creen que es amor, deseo, pasión. Les dolería verse como ciegos trasmisores de los genes, esclavos del óvulo y el acrosoma.

Entre las multitudes incontables sólo un espermatozoide alcanzará a encajarse en la morada en que espera la milagrosa vida. Bajo la masa de los derrotados acaso se quedarán con su carga genética, jamás lo sabremos, un nuevo Mozart, un segundo Hitler.

IBIS

«Quién como yo», croa Ibis a medida que se hincha de vanidad. «Soy el mejor poeta de esta charca. Nadie me iguala, nadie me aventaja. Soy el más grande, el único, el supremo.»

El sapo guarda silencio y contempla su efigie en las aguas turbias. Un minuto después vuelve a croar:

«Soy el mejor poeta, soy el más grande».

«Eras», dice la garza y engulle a Ibis.

«No hay nada perdurable», sentencia impávida la rana. «Lo que asciende desciende. Lo que ha empezado acabará también. La arrogancia encuentra siempre su castigo.»

El coro de la charca entona un breve elogio fúnebre de Ibis —y no vuelve a acordarse del sapoeta.

EL ARTE DEL ESTRAGO

Durante más de un siglo el casco estuvo allí, árbol derribado que ya no da su luz, muro incapaz de frenar nada. El barco encalló y nadie se ocupó de retirar sus despojos. Fue como si alguien hubiera querido mantenerlo a la vista del puerto para recordar que las navegaciones suelen terminar en naufragios.

El mar primero desmantela y luego coloniza lo que dejamos a las olas. Bancos de peces, comunidades de moluscos, ejércitos de crustáceos, multitudes de algas, generaciones incesantes de microorganismos hicieron su fortaleza, su campo de batalla y su mausoleo en la estructura ya sin forma.

Ante todo el casco inútil fue el imperio del óxido. Los artesanos medievales colocaban su obra maestra, pulida a lo largo de toda su existencia, en el sitio más inaccesible de las catedrales. Si sólo el ojo de Dios podía verla ellos quedan libres de vanidad y ambición de alabanza. Así, el óxido abnegado esculpió el casco y le dio las más hermosas texturas.

Excepto los niños que estaban aprendiendo a nadar y se fijaban como su meta aquellos restos, nadie se acercó a admirar el arte del estrago. Los adultos preferían mantenerse en silencio y a distancia, pensaban que aquel desecho era un llamado a la mala suerte.

Se ignora cómo pudo la nave encallar en esa celda de arena. No es posible que ningún timonel haya conducido el barco hacia esa trampa en las aguas bajas. Tal vez el desastre ocurrió en alta mar y la deriva llevó la embarcación hasta su sepultura al aire libre. Con el tiempo sólo quedó el casco roído por la intemperie y el oleaje.

Un día fuimos a buscarlo y ya no estaba. Hasta los restos de las ruinas se hallan sujetos a la corrosión del tiempo. El casco se había disuelto por fin. Pero cuando el Sol se hunde en el océano un brillo metálico apagado recuerda por un instante el último testimonio de aquel naufragio.

CONCISIÓN

Concisión de la lluvia, soberanía del agua al caer en los árboles. Cuando todo se ha vuelto un poco añil la lluvia obliga al amanecer a prolongar su grisura. Es grato mirar el mundo cubierto por un velo que afirma su continuidad, la perduración de una vida en la que ya no estaremos.

OTRO ESPEJO

Duelen los pasos por la noche erizada de destrucciones, pero al menos una vez dentro del año debo poner los pies en la propia tierra, ir con riesgo de la vida (que ya está en peligro dondequiera) a los lugares que nadie quiere ver de frente.

Deshecha como por un bombardeo, la zona se envuelve en el estruendo de músicas discordes que se unen para expresar una agresión omnipresente. Puestos desoladores ofrecen cabezas y trozos de animales. Se fríen en aceite de algo, se bañan en salsas misteriosas y se devoran en tacos. La materia repugnante produce por paradoja olores y sabores deliciosos. La Extranjera, que atestiguó el genocidio en Bosnia, dice: «Así huele la carne humana al arder en las grandes pilas de cadáveres».

Mala cara tiene «mi» ciudad a la hora en que la infame noche se convierte en otro día de horror. Ya somos demasiados en todas partes. Aquí parecen concentrarse las multitudes que vienen del campo sin futuro a la ciudad en ruinas. Las niñas esclavas son prostituidas en cada puerta. Los adolescentes venden *globitos,* bolsas de plástico que contienen un gramo de cristal, la droga de los pobres, la más destructiva, la que causa más daños irreparables en el organismo y en el tejido social. Pero es el *pharmacon nepente,* el elíxir de olvido, el único escape provisional del infierno, tentativa de huir que sólo refuerza, ahonda y perpetúa el infierno.

Policías y ladrones, ya indistinguibles, hacen cuentas sobre el botín de la jornada nocturna. Circulan de mano en mano billetes en que se ha impreso toda la mugre del país y del mundo manchado de sangre y la vida sin esperanza.

Pestilencia del aire envilecido, Cloaca Máxima que ha devorado a México entero, descomposición unánime del planeta. El rencor y el desprecio con que nos miran todos se multiplica en el resentimiento de la masa inorgánica. Cómo nos aborrece desde su acumulación insensata de basura, sus despojos, sus piedras, sus oquedades el cruel México pétreo donde nacimos y moriremos.

Su fealdad externa e interna es el reflejo de la nuestra. Su corrupción es nuestra podredumbre. Su desorden responde a nuestro íntimo caos. Abomino lo que este vil azogue me devuelve. Yo también me parezco a la caricatura insultante grabada en el espejo del odio.

¿QUÉ TE CREES?

En las paredes de mi celda trazo un puente sostenido en seis arcos. Quiero salir de aquí, librarme del cadalso. El puente no se mueve, no se ahonda, no me conduce a la otra orilla. Me observa irónico y me dice: «¿Qué te crees?» Luego se convierte de puente en reja y de reja en muro. Intento otra vía de escape: alas o túneles.

Pero el cabo de lápiz se ha gastado.

BABEL COLGANTE

Vértigo del hotel que no tiene centro. El edificio hueco atrae el vacío. Desde el enésimo piso domina la sensación de estar en un panóptico espectral. Todos mis ayeres desfilan por corredores ilegibles. Veo siluetas y sombras, jamás caras. No escucho música ni voces, sólo el rumor confuso de una representación que me estará vedada para siempre.

En esta cárcel al vuelo, Babel colgante de la Nada, se vuelve simultánea la multiplicidad de mis pasados. Los personajes cruzan y se van. En la escena involuntaria aceleran el papel protagónico o no que desempeñaron en mi vida.

Al fin la fantasmagoría se desvanece. Entre la vegetación artificial de la planta baja florece el sentimiento irreparable de las *lacrimae rerum*, la tristeza que hay en todas las cosas.

PARA EVITAR EL TORMENTO

No soy tú, jamás seré tú, no tendré lo que tú. Cometería un error al castigarme por este hecho irreparable y aceptar el tormento de la envidia. No me dejarían en paz su túnica de llamas, sus cilicios y sus púas. Diluvios de palabras emponzoñadas no bastarían para mancharte con la impotencia de mi ira, con mi rabia suicida. Nadie vaciaría jamás el pozo del resentimiento, nunca me libraría del veneno amarillo.

Me niego a alojar la víbora interior que corroe las entrañas, la lombriz solitaria alimentada por la humillación autoimpuesta y el odio admirativo. No acepto ser tu prisionero ni tu víctima. No dejaré que sin proponértelo me tortures a diario.

Aquí mismo declaro mi independencia, afianzo mi libertad. La única manera de impedir que tu victoria consume mi derrota es no envidiarte. No capitularé ante la dictadura de tu sombra.

NADA DE ESO

Entra de noche, se anuda a la ventana, se deja caer y me desafía. Invadirá la casa, la ciudad, el mundo entero. Maleza, pulpo, hidra proliferante, se dispone a asfixiarnos con sus tentáculos.

Cuando la conocí me pareció hermosa, algo verde entre la fealdad hiriente de nuestro páramo. «Es bueno tenerla aquí», dije. «Nos da vida.» Me advirtieron: «Nada de eso. Se trata de una mala hierba. Nunca se sacia, no le bastan la tierra, el agua ni la luz. Devora las paredes, se come los edificios y se nutre de sus habitantes. Es muy hermosa, de acuerdo; pero estamos ante una planta carnívora, un vampiro vegetal. Finge inocencia y calma. Por dentro se consume de odio contra nosotros».

Me puse en su lugar y vi las cosas desde su perspectiva. «La hiedra es más antigua que la especie humana. Estaba en el planeta cuando invadimos sus dominios.» Pese a mi buena voluntad ella no me tiene la menor simpatía. Rechaza mis intentos de congraciarme y ve en mi mansedumbre la prueba de su poder.

No me atrevo a cortarla. La cuido, la riego, le quito el polvo de las hojas a mi alcance. Todo en vano: su furia permanece. «Vete de aquí», me dice. «Tarde o temprano el mundo volverá a ser nuestro reino. Sobrevivimos a muchas especies hostiles. Ustedes no constituyen la primera ni mucho menos la más fuerte. No durarán, eso ya es evidente. No son invulnerables. Por sí mismos no pueden ocupar sino el ínfimo suelo. En cambio las plantas nos elevamos hacia el sol y sabemos adentrarnos bajo la superficie. Qué no darían ustedes por tener la fuerza de nuestras raíces.

»Al adueñarse de todo y convertirlo en dinero frágil que se desmorona y vuelve a ser Nada, parecen no darse cuenta de que les proporcionamos oxígeno. Sin él la Tierra sería Marte, un desierto.

»Así pues, córtame si quieres, destrúyeme si te atreves. Cuando ustedes sean polvo en el polvo, ceniza en la ceniza, las plantas nos extenderemos inmortales y triunfantes para abarcar todo nuestro planeta, ya para siempre libre de plagas como tu especie agonizante.»

EL REY SOL

Conocí al Rey Sol ya muy apagado, tinto en sangre bajo la lentitud de su crepúsculo. Quién te ha visto y quién te ve, iba a decirle pero cerré la boca. No debía sentir lástima: el Rey Sol tuvo todo, el poder y la gloria, la dicha amarga del triunfo, la alabanza sin tregua de sus aduladores que después, como siempre, lo traicionaron.

Por fortuna el Rey Sol no esperaba ser eterno ni dominar para siempre. Ahora acepta sin lamentarse la decadencia y la caída. Sabe que nadie está exento de las leyes humanas. Al final del camino la Nada nos espera a todos con sus fauces abiertas.

PACTO

Jamás se me hubiera ocurrido unir sus nombres pertenecientes a dos ámbitos incomunicables. Fueron mis amigos hace mucho tiempo en dos épocas, dos lugares, dos mundos aparte. En su momento cada uno me dio afecto y ayuda. No volvimos a vernos pero nunca los olvidó mi gratitud.

Me estremece saber hoy que han muerto frente al mar en un pacto suicida. Todos censuran su adulterio y condenan su egoísmo al no pensar en sus cónyuges ni en sus hijos, dañados para siempre por este acto supremo. No puedo aprobar a los suicidas ni tampoco sumarme a la condena. Mi cobardía provoca la hostilidad de uno y otro bando.

En el mundo del desamor ellos se amaron. Ya no eran jóvenes ni hermosos pero no podían vivir separados. Su decisión nos afrenta porque demuestra la inestabilidad de todo y la naturaleza atroz de la pasión.

INVENCIBLE

Nadie te pide que regreses pero estás aquí siempre. En ocasiones te distraes, no te dejas ver y te damos por muerta, a ti que no morirás nunca. Te oponemos las armas oxidadas de la esperanza, la ilusión de la buena suerte, la fugaz creencia en que nos has perdonado. Más tardamos en distraernos del combate que tú en reaparecer victoriosa.

Nada iguala tu imaginación devoradora, tu genialidad para urdir tramas inesperadas. Estallas en el mar de la tranquilidad y en el abismo de la confianza. Das por tierra con los castillos de naipes edificados bajo la ilusión de que así íbamos a engañarte por un instante.

Invisible, invencible, omnipresente, nunca te jactas de tu continua victoria. A veces se creería que actúas de mala gana, no te gusta tu papel en el desorden del mundo, repudias el monótono juego de gato y de ratón que define nuestro vínculo. Y al menos por un instante, Desdicha, te compadeces de nosotros.

Se trata, dice Alfonso Reyes, de un ritual masoquista inventado por los asirios. Quizá fue la manera de distanciarnos de los hirsutos antepasados. El rostro libre de vello demostraba que ya no éramos antropoides.

Ningún arte llega a aprenderse de verdad. Hasta en la disciplina practicada a diario desde edades tempranas hay siempre fallas, errores, movimientos en falso que se pagan con sangre. Inútiles la experiencia, el aprendizaje, la constancia, la técnica, la atención, el cuidado: como la página perfecta, la absoluta lisura no se alcanza jamás, aunque el cartucho de varias hojas se lleve jirones invisibles de piel y abra heridas microscópicas.

No importa el tiempo invertido. Así como en el texto mil veces revisado saltan los errores cuando ya no hay remedio, al terminar de afeitarse nunca falta un sector impune, una leve maleza irreductible a las navajas.

Quién sabe cuántas horas de mi vida he gastado en esta ocupación sin esperanza. Dentro de poco la barba asomará de nuevo y tendré que reanudar el proceso. Abandonada la tarea interminable, quedan millares de fragmentos. Formaron parte de mí un día y una noche y los arrasé como si fueran una vegetación enemiga.

¿Adónde habrán ido en tantos años los billones de barbas en embrión que he podado o talado ante el espejo? Si la materia nunca se destruye, produce vértigo imaginar el destino de cada una de ellas. Estarán como parte de la Tierra, el mar o el polvo en algún sitio inconocible.

El ritual cotidiano deja una enseñanza: la verdadera recompensa del trabajo es el placer que hay en intentar hacerlo bien, aun a sabiendas de que en poco tiempo nuestro esfuerzo será inútil y habrá que recomenzar a partir de cero.

La última vez no seré yo quien pase metales afilados por mi cara. Nuestras costumbres funerarias exigen que el cadáver se despida del mundo tan pulcro como el día de su boda. La barba se mofa de nuestras pretensiones y sigue oscureciendo el rostro del muerto.

EL INVICTO

Pasa el día entero sentado a una mesa del bar. Ya casi nadie se le acerca. El dueño lo juzga parte del mobiliario y le regala licor barato y sobras de comida. Cuando la muerte se aproxima el consuelo único es la narración. Vivir para él es sólo recordar su épica de oro.

«Yo fui el campeón y los campeones nunca dejan de serlo. Aquella noche en el cuarto round todos me daban por muerto. Era el viejo de treinta y cuatro años contra el retador de veinte. Sangraba de las cejas y mi mánager iba a tirar la toalla. Pero una vez más salí del pozo en que me habían hundido sus golpes, acorralé al muchacho en una esquina y mi izquierda infalible lo derrumbó como un poste.»

Después habla de los presidentes, los empresarios y los gángsters ya desaparecidos que lo colmaron de beneficios y regalos. Exagera las fortunas derrochadas en estrellas de cine y otras mujeres, «a las que sin el boxeo nunca me hubiera atrevido a mirar de frente».

Termina siempre con el relato del alcoholismo, las parrandas, los daños físicos de su profesión, los divorcios, los falsos amigos que lo ayudaron a consumir los millones de dólares, el descenso a un infierno de miseria y soledad que se ha alargado muchos años.

Si alguien hace un gesto de lástima o intenta darle dinero contesta: «Por favor no me compadezcan. Perdí por decisión mis últimas peleas hasta que ya nadie quiso contratarme. Me llegó el fin como les llega a todos. Y ahora soy un guiñapo, estoy en la calle, me quedé sin nada, sí —pero no me noquearon. Nadie jamás me vio tendido en la lona».

LOS VERSOS DE LA CALLE

Hay demasiados versos en el mundo. Como el canalla que engendra y abandona, echo a andar otro atajo aunque nadie lo exija ni lo espere. Los veo formarse indefensos y salir en busca de alguien que los resguarde. La inmensa mayoría les da la espalda. Cuando ellos se acercan las personas desvían la mirada y hacen como si los versos no existieran.

En su desamparo los versos se drogan aspirando la Nada y se quedan inertes en la esquina. Algunos se dan valor para entrar en lugares públicos. Tampoco allí los toman en cuenta y el personal los expulsa de mala manera.

Entonces suben a los vagones del Metro e intentan pregonar su mercancía entre la hostilidad, el desprecio o cuando menos la indiferencia de los pasajeros. No les queda más remedio que entrar en las casas cuando nadie los ve y tratar de abrirse camino en los ojos, el oído y la mente de quienes no los han invitado.

Cómo no vivirte agradecido si tú los recoges por un instante y los vuelves parte de tu voz interior, de tu respiración y el rítmico fluir de tu sangre. Al menos por esta noche los versos de la calle, los hijos de la inconsciencia y la intemperie, están a salvo. Mañana quién sabe. Sólo hay algo seguro: dentro de poco ellos también se habrán evaporado. Nuevas legiones atestarán las ciudades.

FILOZOOFÍA

Lección de una semana en el campo: los animales que nos benefician se resignan a nuestra ingratitud. El caballo, la vaca, el cerdo, el burro, la oveja, el cabrito, el cordero tienen mirada triste y bondadosa. En cambio los ojos del halcón irradian vivacidad, soberbia, alegría, confianza en sí mismo.

El halcón, modelo para la flecha, es la máquina de matar, el avión de combate, el misil tierra-aire. Ave de rapiña contra animal de carne y carga, los otros nos dan todo: el halcón sólo sabe dar muerte. Debe su orgullo al sentirse del lado del poder, entre los vencedores.

Seguro de cómo funciona el mundo y de quiénes ganan las guerras, el halcón me observa, me desprecia y alza el vuelo.

CRÓNICAS DE LA CONQUISTA

En el imperio brutal de los amores él no fue nunca el conquistador sino el colonizado. Las grandes potencias lo sometieron, le impusieron su lengua y lo marcaron a fuego. Nada lograron las armas de pedernal contra la pólvora y los metales. Todo fue arrasado sin consideración para su ser, su modo de vida, sus creencias y tradiciones.

Los nuevos templos se alzaron sobre los recintos sagrados. Lo esclavizaron y saquearon su naturaleza hasta convertirla en desierto. Tras haberse llevado todo a sus dominios, ahora no lo dejan entrar en busca de unas cuantas migajas de todo aquello que fue suyo.

Aun así, quieren que celebre los aniversarios de su derrota, les alce estatuas en sus calles y las venere y viva agradecido. En el reparto injusto del planeta ellas son las metrópolis imperiales y él sólo otro desdichado tercer mundo.

TIERRA QUEMADA

Desciendo peldaños excavados en tierra, llego al campo de los manantiales y me detengo ante uno en que la cólera del planeta arroja un líquido humeante. Aún no es lava y ya dejó de ser agua. Los arroyos desatados aquí fecundan todo en su carrera hacia el mar. Sólo el nacido de la furia quema la hierba a cada paso.

Más abajo la corriente feroz se une a otra helada que al apagar su hervor la domestica. Vuelve a hundirse en el suelo y, como si sólo pudiera vivir en los extremos, emerge kilómetros adelante transformada en un riachuelo frío. Tal vez anuncia que la Tierra morirá calcinada por los gases de invernadero y luego la cubrirán otra vez los hielos.

ÁCAROS O LA GUERRA DE LOS MUNDOS

Dices: mi cama. Pero no es tuya: es de los ácaros, poderes invisibles que ordenan y dominan. Son los emperadores del silencio. Te tratan como lo que eres: su colonia. Se alimentan de ti y por eso mismo te desprecian.

Desde su pequeñez omnipotente los ácaros nos vejan, nos humillan, hacen de nosotros lo que quieren. Mientras nos afanamos todo el día en labores sin mérito, ellos reposan, juegan y copulan. Cuando la oscuridad desciende los ácaros abandonan libros, alfombras, colchones y almohadas para cebarse en nuestros cuerpos y reducirnos a la condición de perros sarnosos.

Qué vulnerables somos ante esas fuerzas armadas que jamás dan la cara. Son nuestros enemigos de otro mundo.

CUCHILLO DE PALO

En casa del herrero hallé el cuchillo de palo. Quise abolir de un solo tajo las fortalezas y las prisiones del tirano, doblegar a sus huestes, arbolar los desiertos y remar contra la catarata que abismará mi frágil balsa.

Cuchillo de palo, arma que me desarma, escudo que no acierta a defenderme de lanzallamas y cañones, amuleto basado en creencias ya inexistentes. Desde hace mucho perdí la batalla y sin embargo no me rindo.

LA CASA
(Una estación de amor)

Ha desaparecido, ella también, la casa en donde jamás entré y no voy a ver nunca. No fue el escenario del amor sino su epílogo en un otoño a mitad de otra década sombría. Estaban prohibidas las relaciones entre adolescentes aún sin edad formal para ser novios. Sobre ellas pendía el terror de la sexualidad inmencionable.

El deseo era obra de Satanás. Su cumplimiento alcanzaba un precio infernal: un embarazo a los catorce años, un matrimonio urgente en vano disimulo de la ignominia. Para la niña quedaba abolido el casamiento con alguien que iba a comprar tanta belleza a cambio de una gran fortuna y un buen apellido. Para mí, un consultorio o un despacho posibles rodarían sepultados por la necesidad de mantener a la nueva familia con el trabajo de urgencia en una tienda o en un taller mecánico, o bien la venta puerta a puerta de utensilios domésticos.

La moral infundida desde el bautismo se hundiría en el naufragio de las ilusiones familiares. Las esperanzas de la clase media quedarían arrasadas por la intervención diabólica del cuerpo. El cuerpo, la criatura estúpida y bestial a la que, como no cesaban de recordarnos en la escuela y en la iglesia, San Francisco llamó «el hermano asno».

El único recurso fue la clandestinidad a plena luz del día. Gracias a las amigas de la niña era posible vernos unos minutos a la salida de la escuela. A veces lográbamos abrazarnos y besarnos en la calle sin nadie, atrás del paraíso cerrado lleno de árboles y flores. El edén fue abolido: hoy ocupa su lugar un monumento al gran fracaso mexicano.

Nuestro mayor desafío era caminar tomados de la mano por Insurgentes. En ese tramo de la avenida no queda una sola piedra de entonces. Por todas partes hallábamos la mirada condenatoria de los adultos.

Al cumplirse el breve plazo nos despedíamos en la esquina. Jamás sabré cómo era su existencia tras la puerta de su casa. En diciembre sus padres se fueron y se la llevaron nadie sabe adónde. Ni sus amigas ni yo volvimos a tener noticias de ella. La Ciudad de México es el otro Cañón del Sumidero: sus aguas jamás devuelven lo que se precipita en sus abismos.

Me pregunto dónde estará la niña de entonces en este otro planeta de ahora, cómo habrá vivido segundo a segundo las décadas veloces y lentísimas que ancianizaron a los adolescentes de aquel otoño sin memoria.

Esa pareja irreal fue por una estación de amor la más nueva del mundo, la primera del mundo. Inmune a las devastaciones, la casa siguió en pie durante muchos años como prueba de que todo aquello no fue una fantasía. Al ser demolida todo se ha afantasmado. Tanto tiempo después y ya cerca del fin, ahora sí he perdido a la niña para siempre.

EL OCÉANO DEL TIEMPO

Estoy aquí y allá, en México y en el extremo norte del mundo. El río brilla bajo la noche como una luna que se va. Más que fluir parece volar hacia su fin. Me veo en este instante y en aquel momento. Son los días terminales del otro siglo. Las aguas corren así porque tienen prisa de llevárselo entero. Van a anularlo, absorberlo, nulificarlo, entregarlo —uno más— al océano del tiempo: el verdadero Mar de las Tinieblas que no se aparta de la costa y sin embargo no regresa nunca.

LA PRIMAVERA EN MARYLAND

La primavera en Maryland hizo pensar a Henry Adams que así debió de haber sido en la Grecia clásica. Al esplendor solar y vegetal, a la gloria de las flores y de las frondas que parecen brotadas de la nieve, contribuyen en gran medida los pájaros. Despierto entre su canto, bajo una sensación de dicha y paz. Su música, sus vuelos y colores disipan por un instante el horror del valle de lágrimas.

Hablo con el ornitólogo y me echa a perder la ilusión. Lo que veo es otro Auschwitz y una escenificación poética de lo que el hiperrealismo de las pantallas arroja como noticias todos los días. El concierto no representa sino la trágica supremacía del más fuerte.

Estas aves, añade, se encuentran aquí porque son las vencedoras en una guerra de exterminio. Han hecho un largo viaje de ida y vuelta a este suelo natal a fin de regir en tiempo cálido los mejores lugares para comer, acoplarse, anidar y reproducirse.

Son tropas de asalto que han desterrado a la mayoría en campos de exterminio en donde no podrán alimentarse lo suficiente para emprender el vuelo de regreso. Se quedarán a morir en el exilio o caerán en la voracidad de las mareas.

Por obra de la ambición humana los lugares de hibernación desaparecen a gran velocidad. Se van estos refugios como se ausentan de la Tierra las abejas y las ranas. Si nada hacemos por frenar tales acciones no tardará en llegar un momento en que no existan primavera ni pájaros.

Mientras tanto los gorjeos que suenan a nuestro oído a manera de notas en un concierto, ante las aves son gritos de guerra que marcan su territorio y reclamos sexuales para atraer a su pareja.

Se desvanece el esplendor de la primavera en Maryland. El ámbito inocente de las aves se revela tan sórdido y violento como el nuestro. El mundo entero queda reducido a la guerra y la cópula.

LA PLEGARIA DEL ALBA

Hace milagros este amanecer. Inscribe su página de luz en el cuaderno oscuro de la noche. Anula nuestra desesperanza, nos absuelve de nuestra locura, comprueba que el mundo no se disolvió en las tinieblas como hemos temido a partir de aquella tarde en que, desde la caverna de la prehistoria, observamos por vez primera el crepúsculo.

Ayer no resucita. Lo que hay atrás no cuenta. Lo que vivimos ya no está. El amanecer nos entrega la primera hora y el primer ahora de otra vida. Lo único de verdad nuestro es el día que comienza.

EDICIONES ORIGINALES E ÍNDICES

EDICIONES ORIGINALES

I. *Los elementos de la noche* [1958-1962], Colección Poemas y Ensayos, México, Universidad Nacional Autónoma de México, 1963.

II. *El reposo del fuego* [1963-1964], Letras Mexicanas, México, Fondo de Cultura Económica, 1966.

III. *No me preguntes cómo pasa el tiempo* [1964-1968], Las Dos Orillas, México, Joaquín Mortiz, 1969.

IV. *Irás y no volverás* [1969-1972], Letras Mexicanas, México, Fondo de Cultura Económica, 1973.

V. *Islas a la deriva* [1973-1975], México, Siglo XXI Editores, 1976.

VI. *Desde entonces* [1975-1978], México, Ediciones Era, 1980. Incluye *Jardín de niños* [1978], escrito para el libro-objeto de Vicente Rojo que lleva el mismo título, México, Ediciones Multiarte, 1988.

VII. *Los trabajos del mar* [1979-1983], México, Era, 1983.

VIII. *Miro la tierra* [1983-1986], México, Era, 1986.

IX. *Ciudad de la memoria* [1986-1989], México, Era, 1989.

X. *El silencio de la luna* [1985-1993], Era, 1994. En la presente edición de *Tarde o temprano, El silencio de la luna* incluye con el título de *Aire oscuro* los poemas escritos para acompañar los *Escenarios* de Vicente Rojo, México, Galería López Quiroga, 1996.

XI. *La arena errante* [1992-1998], México, Era, 1999.

XII. *Siglo pasado (Desenlace)* [1999-2000], se publicó en la revista *Golpe de Dados,* núm. CLXVI (Santafé de Bogotá, julio-agosto de 2000), y, con nuevos poemas, en un cuaderno de la serie que conmemora los cuarenta años de Era.

XIII. *Como la lluvia. Poemas / 2001-2008* [2009], Biblioteca Era, México, Ediciones Era / El Colegio Nacional, 2009.

XIV. *La edad de las tinieblas. Cincuenta poemas en prosa* [2009], Biblioteca Era, México, Ediciones Era / El Colegio Nacional, 2009.

ÍNDICE ALFABÉTICO DE TÍTULOS DE POEMAS

Este índice incluye todos los títulos de poemas. En el caso de aquellos que no lo tienen, consigna los primeros versos. Respecto a los poemas extensos y a las secuencias de poemas, recoge también los primeros versos de sus distintas secciones.

ÍNDICE GENERAL